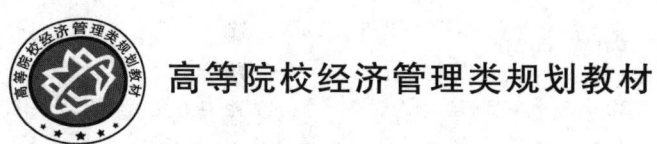

高等院校经济管理类规划教材

金融市场学案例评析

赵 睿 傅巧灵 韩 莉 编著

北京邮电大学出版社
www.buptpress.com

内 容 简 介

《金融市场学案例评析》共有 8 章,收录了 32 个教学案例,既包括金融市场学的经典案例,也包括根据国内、国际金融市场最新进展和金融创新编写的案例,内容主要涉及金融市场概述、货币市场、股票市场、债券市场、外汇市场、保险市场、金融衍生品市场和另类投资市场等方面。本书的体系结构及内容与主流的金融市场学相关教材篇章编排相适应,每个案例都包含案例内容、案例评析和案例讨论等,所以本书非常适用于课堂案例教学或课后的案例讨论。

图书在版编目(CIP)数据

金融市场学案例评析 / 赵睿,傅巧灵,韩莉编著.
北京 : 北京邮电大学出版社,2025. -- ISBN 978-7-5635-7540-4

Ⅰ. F830.9

中国国家版本馆 CIP 数据核字第 2025JE5406 号

策划编辑:马晓仟　责任编辑:孙宏颖　责任校对:张会良　封面设计:七星博纳

出版发行:北京邮电大学出版社
社　　址:北京市海淀区西土城路 10 号
邮政编码:100876
发 行 部:电话:010-62282185　传真:010-62283578
E-mail:publish@bupt.edu.cn
经　　销:各地新华书店
印　　刷:保定市中画美凯印刷有限公司
开　　本:787 mm×1 092 mm　1/16
印　　张:9.5
字　　数:242 千字
版　　次:2025 年 5 月第 1 版
印　　次:2025 年 5 月第 1 次印刷

ISBN 978-7-5635-7540-4　　　　　　　　　　　　　　　　　定价:48.00 元

· 如有印装质量问题,请与北京邮电大学出版社发行部联系 ·

前　言

　　金融是现代经济的核心,是资源配置的枢纽。在互联网和信息技术革命的推动下,新的金融生态、金融服务产品及模式成为金融业发展的新领域。植入互联网思维的新金融正以更加包容的理念和更加开放的态度,支持金融的改革开放与普惠发展,为我国全面建成小康社会、实现中华民族伟大复兴的中国梦,发挥着推动高质量发展及提高全要素生产率的重要作用。金融市场学是金融学专业的核心课程,是理论性、应用性和时代性相结合的一门课程,为金融学专业学生的学习架起了从一般理论到微观构成以及运行机制的桥梁。由于金融市场风云变幻,新现象、新事件层出不穷,需要学生从宏观层面理解一国的经济金融政策和金融体制改革,观察并分析金融市场的新问题和新动向,因此围绕专业核心素养培养目标开展案例探究式学习,培养学生提出问题、分析问题和解决问题的能力,有助于促进学生知识内化,强调过程性和成果化,提高学生的学习获得感。在金融市场学教学中不乏传统经典的案例资源,但是有关国内、国际市场最新进展和金融创新的案例尚有缺口,因此本书将中国金融市场最新实践、专家分析评论、新闻素材等资料进一步梳理编撰成教学案例,可将其应用于课堂案例研讨,有助于学生了解金融市场实务操作的流程与规范,关注金融市场的理论与实践创新,认识金融学科发展的新动态和中国金融实践的新问题。

　　《金融市场学案例评析》共有8章,收录了金融市场学的32个教学案例,每章都包含4个案例,每个案例都包含案例内容、案例评析、案例讨论等。本书既适用于课堂教学,也可以作为金融市场学课程的配套教材,同时也适用于金融从业人员和研究人员自主学习和阅读。

　　本书具有以下特色。①系统性和配套性。本书共8章,内容主要涉及金融市场概述、货币市场、股票市场、债券市场、外汇市场、保险市场、金融衍生品市场和另类投资市场,包含金融市场学课程涉及的基本内容,具有较强的系统性和配套性,特别适合课堂案例教学,同时也适合课外拓展阅读。②可操作性。本书的案例都包含案例内容、案例评析和案例讨论等内容。案例内容部分兼顾新闻性、实用性、知识性,通俗易懂,便于读者对案例有一个完整的、深层次的掌握;案例评析部分针对案例内容进行了深入挖掘;案例讨论部分根据每一个案例的内容设计了案例研讨问题,适合学生自主学习分析,也适合教师在课堂上进行专题讨论。

　　本书由北京联合大学商务学院金融学专业老师和学生合作完成。其中,赵睿负责拟定大纲并负责全书的统稿,赵睿、傅巧灵、韩莉、王冬妮负责初稿的撰写与审稿工作,刘祖娴、宋路杰、李扬帆、苏智媛、贾煜菲、逄小涵、付含逸等同学参与了本书案例的撰写工作。

本书在编写过程中参考了大量的文献资料，在此向这些作者表示衷心的感谢！

由于作者水平有限，书中难免存在错误和纰漏之处，恳请读者批评指正。

赵　睿

2025 年 2 月

目　　录

第一章　金融市场概述 ··· 1

案例 1　黄金时代 ·· 1
案例 2　布雷顿森林体系与现代货币制度 ··· 4
案例 3　香港货币制度的变迁 ··· 8
案例 4　海南发展银行倒闭案 ·· 11

第二章　货币市场 ·· 15

案例 1　中国的利率市场化进程 ··· 15
案例 2　我国大额可转让定期存单的发展历程 ···································· 20
案例 3　我国同业存单的发展历程 ·· 22
案例 4　中国同业拆借市场的发展历程 ··· 28

第三章　股票市场 ·· 33

案例 1　2018 年香港交易所上市规则的改变 ······································ 33
案例 2　美国股票市场熔断机制分析 ·· 39
案例 3　德隆系的崩塌 ··· 43
案例 4　2020 年瑞幸咖啡的财务事件 ··· 48

第四章　债券市场 ·· 54

案例 1　"327"国债风波 ··· 54
案例 2　2010 年欧洲主权债务危机 ·· 58
案例 3　"11 超日债"违约始末 ·· 61
案例 4　绿色债券市场的发展 ·· 66

第五章　外汇市场 ········· 71

案例1　2016年印度大面额货币废除事件 ········· 71
案例2　"石油美元"体系 ········· 73
案例3　日本的利率市场化进程 ········· 77
案例4　1998年亚洲金融危机 ········· 79

第六章　保险市场 ········· 87

案例1　众安在线开启互联网保险之旅案例 ········· 87
案例2　由相互宝谈金融创新 ········· 92
案例3　车险市场的"风雨改革路" ········· 96
案例4　保险资产管理行业的变革与发展 ········· 102

第七章　金融衍生品市场 ········· 109

案例1　巴林银行倒闭 ········· 109
案例2　中航油巨亏事件 ········· 114
案例3　轰然倒下的金融大厦：雷曼兄弟 ········· 118
案例4　美国次贷危机 ········· 123

第八章　另类投资市场 ········· 130

案例1　北京"淡马锡"的打造——北京国有资本运营管理有限公司 ········· 130
案例2　S基金与私募股权二级市场 ········· 135
案例3　基础设施开发新模式——REITs基金 ········· 138
案例4　对赌协议方式下的私募股权投资案例——小米、俏江南的对比 ········· 142

第一章

金融市场概述

案例1 黄金时代

【案例内容】

黄金曾经长期被赋予一定的社会属性,执行货币职能,作为交易媒介及财富计量的标准。1976年以后黄金虽然已非货币化,但仍是通货膨胀和货币危机情况下较可靠的保值手段和避险工具。

1. 皇权垄断时期的黄金货币

据史料记载,约公元前3000年的古埃及时代人们已经在使用黄金,黄金被认为是神的恩赐,宗教供奉的神灵广泛采用黄金来修葺,法老的饰物甚至死后的棺材也用黄金装饰,珍稀的黄金被当作皇权和财富的象征,一般平民难以拥有。公元前564年,小亚细亚中西部的一个富庶小国——吕底亚国(位于今土耳其西部)铸造了世界上第一枚金币,金币开始用于当地商业活动交易中,黄金从此开始作为货币走向大众化,不再是君王的特权。公元306年,为维持军队的统治,刚刚即位的君士坦丁大帝铸造了质量及纯度非常稳定可靠的拜占庭金币(包括苏勒德斯币和半西斯币),这种金币持续发行了700多年,是历史上发行期最长的金币,之后没有哪一个王国的货币可以与之相比,被后世称为"中世纪的美元"。黄金史学家伯德·史蒂芬·格雷(Bernd-Stefan Grewe)称:"古埃及和古罗马的文明是由黄金培植起来的。"以金属作为货币的欧洲长期受制于"钱荒",这种情况在哥伦布发现新大陆之后得以改善。地理大发现之后,欧洲殖民者为了掠夺金银,对美洲、非洲的当地土著居民进行了疯狂的奴役和掠夺,在人类文明史上留下了血腥的一页。仅葡萄牙在16世纪就从非洲掠夺黄金276吨,西班牙在1545—1560年间平均每年从非洲运回黄金5 500千克,一度控制了世界金银开采量的83%,黄金、白银的大量流入为欧洲资本主义社会的发展提供了原始积累,成就了欧洲的黄金之梦。中国古代将黄金作为货币使用最早应在夏代,司马迁在《史记》中称:"虞夏之币,金为三品,或黄(黄金)或白或赤。"证明黄金的货币职能已在当时发挥作用。春秋战国时期,《管子·国蓄》中也有记载:"黄金刀币,民之通施也。"当时楚国盛产黄金,曾铸造金版(郢爰)及金饼铸币。秦始皇统一全国以后规定黄金为上币,汉代沿袭秦代货币制度,在大宗交易中使用黄金,小额零星买卖使用以铜为币材的五铢钱,黄金履行着赏赐、储藏财富及价值尺度的职能。魏晋南北朝时期,战乱频繁,币制混乱,盛行实物货币,黄金淡出流通领域,流通范围缩小,黄金制的钱币在梁朝时期开始出现,但多用于典礼而不是作为流通货币。唐宋时期黄金的金融货币属性不及白银,贵重的黄金被视为财富宝藏,用于赏赐、馈赠、贿赂等。元代流通纸币,黄金的货币作用逐渐消失,进一步退出流通领域,明朝中后期至清朝时期,实行"银钱兼用"的货币体系,黄金的货币地位被取消,主要起到储藏作用。

2. 金本位时期的黄金货币

虽然人类很早就已经用黄金进行商品交易,但正式确立以黄金作为货币充当流通手段的货币制度,是近200年的事情。19世纪以后,俄国、美国、澳大利亚及南非等国发现了丰富的金矿资源,黄金生产能力迅速发展。全球在19世纪后半叶的黄金产量超过了过去5 000年的总和。因黄金产量的提升,人类增加黄金需求有了现实的物质基础,黄金被更广泛地应用。黄金从皇权走向社会,货币体系进入金本位时期。

英国于1717年实行金本位制,时任皇家铸币局局长的科学家牛顿规定只有黄金才是法定货币,每盎司成色为90%的黄金价格为3英镑17先令10又1/2便士,英镑建立了与黄金的平价,金本位制的雏形初现。1816年,英国通过了《金本位制度法案》,黄金第一次正式以法律形式被确立为本位货币,英镑成为英国的标准货币单位,每英镑含7.322 38克纯金。之后,德国、丹麦、瑞典、挪威、美国、法国、日本等主要资本主义国家纷纷效仿建立了金本位制。全世界共有59个国家实行过金本位制,中国一直没有实行过金本位制。金本位制是黄金货币属性表现的高峰,黄金作为商品交换的一般等价物,成为商品交换过程中的媒介。金本位制具体有金币本位制、金块本位制和金汇兑本位制三种形态。金币本位制就是以黄金为货币单位铸造金币,作为本币,金币可以自由铸造、自由熔化,具有无限法偿能力,黄金可以自由出入国境,国家与国家之间使用黄金进行商品交易,黄金不仅是一国国内货币,也充当国际货币,促进了国际贸易的发展。第一次世界大战期间,各参战国费用开支猛烈增加,纷纷停止金币铸造及金币与纸币之间的兑换,禁止黄金自由买卖和进出口,这些措施破坏了金币本位制存在的基础,导致了金币本位制的崩溃。1922年世界货币会议在意大利热那亚城召开,会上各国达成协议,决定采用"节约黄金"的原则,实行金块本位制和金汇兑本位制。在金块本位制下,各国中央银行发行的纸币仍然规定含金量,但不再铸造金币和实行金币流通,人们持有的银行发行的纸币累计达到一定数额以上可以按规定的含金量与黄金进行兑换,以此来压制市场对黄金的需求,节约流通中的黄金。各国的中央银行保持一定数量的黄金储备,维持黄金与货币之间的联系,严控黄金的输出、输入,禁止私人买卖黄金。金汇兑本位制又称"虚金本位制",实行金汇兑本位制的国家将外汇和黄金存放在他所依附的大国,货币同大国货币保持固定比价,国内不能流通金币,只能流通有法定含金量的纸币,纸币只能兑换外汇,在国内不能直接兑换黄金。金块本位制及金汇兑本位制的实质是被削弱了的金本位制,反映了黄金紧缺和纸币发行泛滥之间的冲突。1929年经济危机的爆发,迫使各国放弃金块本位制和金汇兑本位制,加强贸易管制,禁止黄金自由买卖和进出口,公开的黄金市场难以存在,伦敦黄金市场因此关闭(重新开放是1954年),金本位制随之退出了历史舞台。

3. 布雷顿森林体系时期的黄金货币

1944年,美国邀请44个同盟国的代表出席在美国布雷顿森林举行的国际金融会议,签订了"布雷顿森林协议",通过政府间的合作建立了一种新的国际货币体系。布雷顿森林体系的实质是以美元和黄金为基础的金汇兑本位制,美国承担以官价(1盎司黄金等于35美元)兑换黄金的义务,其他各国的货币只有通过美元才能同黄金产生联系,美元在其中处于中心地位,起着世界货币的作用,黄金在货币流通、国际储备方面的作用被大大地限制。

20世纪60年代,美国财政赤字增加,国际收支恶化,美元贬值,人们纷纷抛售美元抢购黄金,由此爆发了美元危机。到1971年,美国政府的黄金储备减少60%以上,8月,美国政府宣布实行新经济政策,暂时停止按官价兑换黄金,金价进入自由浮动的时期,布雷顿森林体系宣告解体。

4. 黄金的非货币化进程

1976年,国际货币基金组织成员方在牙买加首都金斯敦召开会议,通过"牙买加协议",两年后通过对该协议的修改方案,实行黄金非货币化,废除黄金官价,黄金不再是货币平价的标准,承认浮动汇率合法。国际货币基金组织将其六分之一的储备黄金出售,建立帮助低收入国家的优惠贷款基金,创建推广特别提款权(Special Drawing Right,SDR)代替黄金用于国际货币基金组织与成员国之间的结算支付,黄金失去了国际货币的地位。黄金非货币化后,作为世界流通货币的职能弱化,但其依然保持着一定的金融属性,仍然是一种特殊的商品、保值的手段和投资的工具,成为一种近似货币。

【案例评析】

从19世纪末国际金本位制的建立,到1914年第一次世界大战爆发的近20年间,是国际金本位制运转最顺利的时期。然而在第一次世界大战爆发后,由于国家之间的政治、军事关系发生了根本的变化,因此各国都相继停止了他国或本国的居民和组织机构用本国纸币兑换黄金的业务。这就是说,各主要资本主义国家为了战争的需要,实际上放弃了国际金本位制。一方面各国都脱离本国的黄金储备大量发行纸币,另一方面禁止黄金外流,因此国际金本位制实际上陷于瘫痪。

第一次世界大战结束后,虽然各主要的资本主义国家企图努力恢复战前的国际金本位制,但已经力不从心了。除了美国因远离欧洲战场而没有受到战争的破坏,所以还有能力在战后仍坚持金本位制外,其他各国都已经没有足够的经济实力再实行金本位制了。他们不得不对战前实行的金本位制作了改动。英、法实行了金块本位制,规定纸币必须达到一定的金额才能兑换黄金,即货币发行机构只为大的客户兑换大块的黄金,而不再针对众多的散户进行黄金的买卖。如英国在1925年公布的《新金本位制法》规定:英镑兑换黄金的数量至少为90盎司,即只有积累了1 700英镑以上数额的纸币,才能向国家的货币发行机构兑换黄金。法国在1928年规定:至少需积累21.5万以上的法郎才能兑换黄金。其他主要资本主义国家(包括德国、奥地利、意大利等30多个国家)实行的则是金汇兑本位制。所谓金汇兑本位制指的是本国纸币不能从国家货币发行机构直接兑换黄金,但可从国家货币发行机构兑换到实行金块本位制的国家的货币,如英镑、美元、法郎等。因此,实行金汇兑本位制的国家采取的是与黄金间接挂钩的方式。实行金汇兑本位制的国家的货币发行机构,以机构所持有的相应外币储备为货币发行的基础。然而无论是金块本位制,还是金汇兑本位制,都是对金本位制的修正。它们虽然大大地削弱了金本位制在金融全球化过程中的作用,但又确实在一定程度上缓解了当时各国货币发行机构普遍感觉到的缺乏足够量的黄金的压力,对当时国际货币制度的恢复和金融全球化的发展起了一定的作用。

尽管欧洲各个主要的资本主义国家对于国际金本位制做了重要的修改,但是当时各国的黄金储备数量仍远远不能满足各国经济发展的需要。勉强恢复起来的、已经经过重大修改的金本位制,在战后却导致了世界范围的通货紧缩,并给各国经济带来了巨大的灾难。由于各国在战后勉强恢复起来的并做了重要修改的金本位制所规定的金铸币平价,还是和战前的金铸币平价相同,因此已经不符合各国战后经济发展的实际情况。这种金铸币平价已经变得非常不合理。可是无论是高估还是低估金铸币平价,都会严重影响国际贸易的发展,影响各国的竞争能力。金铸币平价的不合理使得金融全球化受到了极大的破坏,导致一些国家人为地产生贸易逆差,并导致其黄金储备大量流失;相反,又有另一些国家的货币,由于金铸币平价的缘故,被明显压低,人为地产生贸易顺差,并导致其黄金储备大量增加。美国就因为这种不合理的金铸币平价而获益,1928年美国拥有世界官方货币黄金储备量的37.8%。正是因为金融全球化被破坏,所以才最终导致在1929年发生了世界范围的经济大萧条,并使得当时已经十分脆弱的国际金本位制最终崩溃。

国际金本位制的崩溃,虽然其直接的诱因是战争、经济萧条,以及黄金供应的缺乏,但是其最根本的原因是在第一次世界大战后,各主要资本主义国家从各自的国家利益出发,开始追求独立的国内经济政策,不再愿意为了金融的全球化而牺牲本国国内的经济发展目标。这就是说在第一次世界大战后,已经没有一个国家愿意为了遵循国际金本位制的"游戏规则",维持国际收支平衡和汇率稳定而放弃国内的经济调整措施,也不愿意以牺牲本国经济利益的代价来维持金融全球化。在这种"各怀鬼胎、打自己小算盘"的条件下,旨在金融全球化的金本位制自然也就难以维持了。

【案例讨论】

1. SDR为什么被称作"纸黄金"?
2. 为什么中国没有"黄金时代"?中外货币史发展有何异同?
3. 从金本位制、金块本位制、金汇兑本位制的角度讨论你对固定汇率制度的看法。

【参考文献】

[1] 杜平.缺席的金本位制[J].金融博览(财富),2016(6):76-77.
[2] 童西琳.国际金本位制和金融全球化[J].江苏市场经济,2001(2):58-61.
[3] 向松祚.从金本位制到布雷顿森林体系:从旧秩序和新秩序[N].企业家日报,2015-06-28(W03).
[4] 格雷.黄金:权力与财富的世界简史[M].陈巍,译.北京:民主与建设出版社,2021.

案例2 布雷顿森林体系与现代货币制度

【案例内容】

布雷顿森林体系是以美元和黄金为基础的金汇兑本位制,其实质是建立一种以美元为中心的国际货币体系,基本内容包括美元与黄金挂钩、国际货币基金会员国的货币与美元保持固定汇率(实行固定汇率制度)。布雷顿森林体系的运转与美元的信誉和地位密切相关。

1. 布雷顿森林体系的形成

早在第二次世界大战临近尾声时，美国和英国为了结束国际金本位制崩溃后国际货币金融领域的混乱局面，建立国际货币秩序，取得国际金融领导权，便开始酝酿建立新的国际货币体系。为此，两国在1943年4月分别提出了各自的方案，即英国的凯恩斯计划（Keynes Plan）和美国的怀特计划（White Plan）。

尽管两国的方案都着眼于结束国际金本位制崩溃后国际货币金融领域的混乱局面，都主张稳定各国的货币和禁止外汇管制，但是两国却存在着很大的分歧，主要分歧如下。

第一，怀特计划强调昔日金本位制下汇率的稳定，强调以黄金为基础来稳定各国的货币，而凯恩斯计划则强调国际金本位制下国际货币供应因受黄金限制而不能满足世界经济发展需要的弊病，主张以国际信用货币代替黄金作为国际清算单位，通过多边清算来稳定各国的货币。

第二，关于国际收支失衡的调节，凯恩斯计划建议成立国际清算联盟，依靠各成员国在联盟的账户进行清算和调节，并主张逆差可以通过向联盟申请透支的办法弥补逆差；怀特计划则坚决反对透支原则（overdraft principle），认为透支等于强迫顺差国向逆差国提供信用，不仅会增加顺差国的负担和风险，而且并不能真正消除国际收支失衡现象，建议建立一个通货总库筹措稳定基金，仅同意成员国用黄金或本国货币按规定向基金借调外汇头寸以应付短期的国际收支逆差。

第三，归根到底，分歧的焦点在于战后国际金融的领导权。经过第二次世界大战，美、英两国的经济实力对比发生了很大的变化，不仅美国的工业生产和出口贸易在世界上所占的比重远远超过英国，而且美国的黄金储备从战前1937年的127.90亿美元增加到1945年战争结束时的200.8亿美元，而同一时期英国的黄金储备则从41.47亿美元减少到19.18亿美元。在战争结束时，美国的黄金储备在世界上所占比重已高达70%以上，更不是英国所能比拟的。显然，战后国际货币体系如若建立在黄金的基础上，国际金融领导权必将落在美国手中，英国则根本没有办法与美国相争。这就是怀特计划强调黄金的作用，而凯恩斯计划强调国际金本位制的弊病的历史经济背景。

1944年7月，第二次世界大战结束的前夕，在美国的倡议下参加筹备联合国的44个国家的代表在美国新罕布什尔州的布雷顿森林举行了"联合国货币金融会议"，通称"布雷顿森林会议"，讨论战后世界货币金融关系问题，英国代表团团长凯恩斯和美国代表团团长怀特代表各自的国家分别提出上述的两个计划，以供各国代表讨论。由于战后美国的政治和经济实力远远超过英国，在美国的宣传、操纵和影响之下，参加会议的各国基本上接受怀特计划，该会议通过了国际货币基金协定，并决定建立国际货币基金组织开展这方面的活动。这便为战后建立统一的国际货币体系奠定了基础。

2. 布雷顿森林体系的主要内容

布雷顿森林体系实质上是一种国际金汇兑本位制，主要内容包括"两个挂钩"和两条调节国际收支的渠道。

"两个挂钩"是美元与黄金挂钩及其他成员国的货币与美元挂钩。美元与黄金挂钩主要表现在两方面。一是各国确认美国在1934年1月所规定的每盎司黄金等于35美元的黄金官价，并把它当作这一世界货币体系的基础。为了保证美国黄金官价不受国际黄金市场金价的冲击，各国货币当局应协同美国干预国际市场黄金价格，使其稳定于美国黄金官价的水平。二是美国政府恪守国际货币基金协定第8条第4款关于"兑付外国持有的本国货币"的规定,同意各国货币当局可以随时用美元按上述黄金官价向美国兑换黄金。这样,美元便按这一美国黄金官价与黄金直接联系起来,被当作黄金的"代表"或者"等价物"。其他成员国的货币与美元挂钩是指各国货币与美元保持固定的比价,与美元建立比较固定的汇率关系,通过"可调整的钉住汇率制"(a system of "adjustable peg")与美元联结在一起。

布雷顿森林体系调节成员国国际收支的机制包括两条调节逆差的渠道,即通过国际货币基金组织来调节及通过调整汇率来调节。第一,通过国际货币基金组织来调节:当成员国发生暂时性的国际收支不平衡(temporary disequilibrium balance of payments)时,逆差国可以通过换购外汇的方式取得国际货币基金组织的贷款,来弥补逆差。最初,国际货币基金组织仅仅向逆差国的货币当局(中央银行和财政部)提供普通贷款(normal credit tranches),来应付各国由于出现暂时性国际收支经常项目逆差而产生的短期资金需要。方式是先由逆差国提出申请,经核准后即可按该国在"基金"所缴纳的份额用本国货币向国际货币基金组织购买一定数量的外汇(取得一定金额的外币"贷款"),累计"贷款"最高额度是该国所缴纳份额的125%,贷款期限为3~5年,逆差国须在此期限之内纠正逆差,用黄金或外汇购回本国货币,即"偿还贷款"。各成员国按规定向国际货币基金组织用普通贷款来应付暂时性国际收支经常项目逆差的权利,称作普通提款权(ordinary drawing rights)。1969年9月国际货币基金组织决定创设特别提款权,并于1970年1月开始分配给各成员国特别提款权单位,各国如发生国际收支逆差,除了可以向国际货币基金组织取得普通贷款之外,还可以动用其特别提款权单位,将它转让给国际货币基金组织另一成员国,换取外汇,偿付逆差。特别提款权是国际货币基金组织创设的一种储备资产和记账单位,由国际货币基金组织将其分配给各成员国作为原有普通提款之外的一种使用资金的特别补充权力。第二,通过调整汇率来调节:布雷顿森林体系的汇率制度是"可调整的钉住汇率制",各国货币"钉住"美元,汇率变动幅度平日不得超过其货币平价上下的1%,在成员国的国际收支出现根本性不平衡时可以改变其货币平价。不过,如调整的幅度超过其平价上下的1%,则须取得国际货币基金组织的同意。

3. 布雷顿森林体系的衰落

① 美元停止兑换黄金。1971年7月第七次美元危机爆发,尼克松政府于8月15日宣布实行"新经济政策",停止履行外国政府或中央银行可用美元向美国兑换黄金的义务。这意味着美元与黄金脱钩,支撑国际货币制度的两大支柱有一根已倒塌。

② 取消固定汇率制度。1973年3月,西欧出现抛售美元、抢购黄金和马克的风潮。3月16日,欧洲共同市场九国在巴黎举行会议并达成协议,联邦德国、法国等国家对美元实行"联合浮动"的政策,彼此之间实行固定汇率制度。英国、意大利、爱尔兰实行"单独浮动"的政策,暂不实行"共同浮动"的政策。此外,其他主要西方货币也都实行了对美元的浮动政策。至此,战后支撑国际货币制度的另一支柱,即固定汇率制度也完全垮台。这宣告了布雷顿森林体系的最终解体。

③ 当欧盟中央银行执行的统一货币政策与成员国保有的财政政策发生矛盾时,协调难度很大。统一货币政策推行后,为保持欧元的稳定,欧盟中央银行执行统一的货币政策,但成员国仍保留推行本国财政政策的权力,当二者发生矛盾、利害冲突巨大时,二者关系协调兼顾就很难达到。就像布雷顿森林体系存在特里芬难题一样,欧元的内部机制也存在难以

克服的内在矛盾。

④ 欧盟扩大、欧元推行必然加剧欧洲与发展中国家的矛盾。欧洲统一货币政策的实施,势必进一步释放欧洲统一大市场的潜在经济力量,欧盟成员国间的贸易关系将更加紧密,对外竞争力提高,这无异于欧洲贸易保护主义加强,排他性上升,并会增加开放型发展中国家进入这一市场的难度,这不仅会加剧欧洲与发达国家之间的竞争与矛盾,也会加深欧洲与发展中国家的矛盾,甚至会遭到发展中国家的抵制。

【案例评析】

从初建到成熟,再到衰落,约三十年的时间瓦解了盛极一时的布雷顿森林体系。原因主要分为两方面:内部原因和外部原因。

内部原因主要是布雷顿森林体系本身存在着不可调和的矛盾。布雷顿森林体系形成后,美元成为整个资本主义世界货币体系的中心,由于和黄金挂钩以及固定汇率,美元币值坚挺,战后各国都愿意将美元作为对外支付货币和储备货币,美元无形之中身兼双职:国际支付手段和国际储备手段。但这在客观上要求美元保持足够的稳定,就需要有足够的黄金储备支撑。于是当美国在对外贸易中处于出超地位、保持贸易顺差时,就能吸引黄金流入美国,积累更多的黄金储备,这对美国有利。但顺差长期下去,流入市场的美元就会过少,使各国面临因所持美元不足而无法清偿的窘境,贸易中断;若美国在对外贸易中保持逆差,足够多的美元流通到市场中,则能满足各国贸易清偿所需。但美元的流失会使美国的黄金储备相应减少,没有足够保证金的美元币值也会松动,35美元一盎司的黄金官价自然无法维持,这在根本上会动摇布雷顿森林体系。

外部原因主要是美国经济的衰落和外部经济的冲击加速了布雷顿森林体系的衰落。20世纪50年代以来,由于庞大的军费开支和财政赤字,美国政府只能通过向市场发放没有黄金作为支撑的货币来应对。但后果是带来了较为严重的通货膨胀,美元不断贬值,信誉一落千丈。就在美国经济不堪重负、严重下滑的时候,西欧和日本的经济步入了高速发展时期,出口贸易不断扩大,逆转了战后初期的贸易逆差,一扫经济阴霾,国际经济格局的突变、美元的信任危机使各国纷纷手握大量美元要求美国政府兑换黄金,社会上也出现了抛售美元的风潮,为此,美国采取了一系列措施,如1960年的"君子协定"、1961年的"巴塞尔协定"及"黄金总库"的建立,都旨在限制或阻止各国政府向美国兑换黄金,但这已经无法从根本上改变各国抛售美元、追逐黄金的洪流。

现代货币体系可以拥有双重价值,并且在此双重价值的支撑下可获取双重的信用支撑。各国央行储备黄金的目的就是打造最后一道信用防御体系。双重价值即实物价值与虚拟价值组合,将提供双重的信用保障,这将是支撑货币价值体系的最优法则。随着全球逐步认识到基于虚拟信用体系的现代货币体系正是突破经济发展总量瓶颈的另一把钥匙,主要央行开始出售黄金并且打压黄金在国际金融领域中的地位。有众多证据证明,国际储金银行是导致黄金失落20年的主要力量,而英、美两国央行借出的黄金是打击黄金货币属性的主要弹药。从1950年到2008年,英格兰银行的黄金储备从2 543吨减少到310吨,同期美联储的黄金储备从2.02万吨减少到了8 100吨(由全球占比75%下降到4.9%)。至此,以政府虚拟信用为基础的现代货币体系给全球经济活动带来了更多的灵活性,可自由兑换的浮动汇率制度能够更好地反映一种货币的真实价值,通过市场价格调节供求,提高全球金融市场的效率和活力。政府可以根据财富的增长和流通需要印刷足够的钞票,还可以针对经济过冷或过热调节货币供应量。

如果现代货币体系可以拥有双重价值,并且在此双重价值的支撑下获取双重的信用支撑,一方面,可以纠正错位的信用配置比例(从当前全球政府的举动来看,未来欧美等面临着虚拟经济膨胀过度的地区和国家会逐渐进入去杠杆化,抑制虚拟经济的过度膨胀,改善虚拟经济和实体经济之间失衡的问题,从而在一定程度上抑制前期膨胀过度的虚拟信用);另一方面,可以将实物货币重新加入信用评价体系中,让货币适度回归其真正的实物价值,进而为货币提供一种真正意义上的信用支撑。

【案例讨论】

1. 在布雷顿森林体系内调整国际收支有什么意义?
2. 通过分析布雷顿森林体系的构建到崩溃,试比较固定汇率制度和浮动汇率制度的优劣。
3. 如何评价现代货币体系的双重价值?

【参考文献】

[1] 孟宪扬.浅析布雷顿森林体系[J].南开经济研究,1989(4):1-10.

[2] 史杰.布雷顿森林体系崩溃的原因和对国际关系的影响[J].经贸实践,2018(17):59.

[3] 赵江超.布雷顿森林体系兴衰及教训[C]//《国际货币评论》2014年合辑.2014:359-375.

[4] 丁怿,施佳哲.现代货币体系下美国次贷危机发生机制分析[J].商业文化(下半月),2011(4):131.

[5] 付鹏.黄金与信用货币融合奠定现代货币体系基础[N].中国黄金报,2013-05-10(6).

案例3 香港货币制度的变迁

【案例内容】

2016年年初,采用货币局制度的香港又一次受到冲击和考验,美元兑换港币的汇率最高触及7.819,金融大鳄重返香港攻击外汇市场的传闻甚嚣尘上,这使得淡出公众视野多年的货币局制度又回到聚光灯下。

1. 香港货币制度的发展历程

历史上香港实行过几种不同的联系汇率制度。1863—1935年,香港实行的是银本位制。1935年,港府把港元按16比1的汇率与英镑挂钩。1972—1974年,港元改为与美元挂钩,后因美元汇率下跌,1974年1月改为自由浮动汇率。此后由于种种原因,港元不断贬值,引起经济波动。为稳定汇率,香港政府于1983年10月15日建立了新的联系汇率制度,并保持至今。香港当前的联系汇率制度运作的机制是这样的:官方设定汇率为7.8港元兑换1美元。香港没有中央银行，政府并不直接发行港元，而是把发钞业务委托给汇丰银行、渣打银行和中国银行3家发钞银行。发钞银行可以用美元资产按7.8港元发钞额度兑换1美元的价格向金管局购买发钞额度，并依照发钞额度发行港元纸币。发钞银行也可以把发钞额度退还给金管局（同时销毁等额的港元纸币）换回美元资产。金管局把获得的美元储备投资于一些低风险的美元资产。最初金管局几乎完全不承担任何中央银行的责任，而是委托汇丰银行提供银行间流动（interbank liquidity）资金，承担最后借款人的角色。1988年7月，金管局采用新会计安排，收回了提供银行间流动资金的权力。1992年6月8日，金管局引入流动资金调整机制。1996年12月9日金管局开始使用实时总结算系统（real time gorss settlement system）。这些新措施一方面为管理银行系统的流动资金提供了便利，另一方面让金管局开始行使部分央行的权力和职能。

蒙代尔-弗莱明（Mundell-Fleming）模型是开放经济体系的标准模型。该模型构建了"蒙代尔不可能三角形"："资本完全流动"、"货币完全独立"和"汇率完全稳定"不可能同时实现，实现其中任意两个目标就必须放弃第三个目标。所以，小型开放经济体系如果实行固定汇率（或名义上浮动，实际上固定）制度，则不能有独立的货币政策。

针对这一问题，金管局通过引入各种金融工具行使一些央行职能，其中最重要的是通过实时总结算系统管理银行系统流动资金，间接调整市场利率。1988年起，金管局通过在同业市场上直接借贷港币，进行港币和外币之间的买卖，在公开市场操作中发行、出售或购买短期、中期外汇基金券，在国库和外汇基金之间转移资金等对同业市场的流动性水平实施控制。同业市场的流动性变化反过来又影响同业利率，并最终影响港币的市场汇率。金管局还通过"流动性调整便利"影响和稳定短期同业利率。流动性调整便利是一个贴现窗口，使银行得以通过与金管局签订的政府债券出售和回购协议，对其流动性头寸进行进一步的调整。金管局也使用利率目标使隔夜香港银行同业拆借利率（HIBOR）稳定在由流动性调整便利的借贷利率所确定的范围内。金管局向银行体系注入流动性，以防止隔夜HIBOR超过流动性调整便利的借贷利率；而当隔夜HIOBR接近流动性调整便利的借贷利率时，金管局又会收回过度的流动性。

从香港汇率制度的演进和运作可以看出，长期以来，香港基本上采取的是固定的联系汇率制度，只不过联系本位不同（英镑或美元）。香港以往经济的成功，谈不上完全是由于采取某种汇率制度的结果，但相应的汇率制度对香港经济过去的繁荣的作用是不可低估的。但是，在联系汇率制度下，香港失去了调节自身经济货币政策的自立权，而且汇率本身的不可调节性，大大地降低了香港应付外来冲击的能力。一旦有投资者狙击港元，就可能给香港经济造成巨大的负面影响。

2. 香港货币危机

1997年年底和2004年年底，香港爆发了两次不同性质的货币危机。

1997年7月，亚洲金融危机于泰国爆发后迅速波及香港，金融大战爆发。炒家意图通过迫使港元贬值牟利。炒家的攻击策略分为直接攻击和两手攻击（double play）两种。直接攻击是指炒家通过金融杠杆，从银行借来大量港元并将其兑换为美元，再把美元转投到欧美金融市场。如果港元贬值，炒家就把美元按贬值后的汇率兑换回港元并将其归还给银行。由于港元汇兑价格已经下跌，炒家可以获利。两手攻击策略是指炒家同时攻击香港股市和汇市。在汇市上，仍然沿用直接攻击手法，狂沽港元。同时，在股市上，炒家大量卖空恒生指数。如果港股下跌,他们再买进平仓。只要股市下跌,炒家就能从股市中获利。如果金管局仍然推高利率,高利率会造成投资收缩,总产出下降,香港企业收益下降,股市必然暴跌。当然,炒家在汇市上会因为高利率而受损,但只要精心控制投资比例,股市获利足以弥补汇市损失。起初金管局没有意识到炒家策略的变化,仍然推高利率打击炒家。1997年10月23日,金管局对银行发出警告,准备对反复向金管局拆借流动资金的银行征收惩罚性高息,这实际上意味着金管局对提供流动资金进行了严格限制。银行为避免被处罚,不得不大幅加息吸引港元存款,香港同业拆息飙升到280%。高利率造成股市暴跌,恒生指数从16 000多点暴跌到7 000点以下,经济陷入严重衰退。而炒家虽然在汇市上略有损失,在股市上却获得了巨大收益。

随着危机不断加深,金管局意识到高利率政策不但不能击退炒家,反而会毁灭香港经济。于是金管局也以两手攻击策略还击,于1998年8月14日史无前例地介入股市,大量购买蓝筹股以推高恒生指数,在股市、汇市同步打击炒家。入市行动引发了8月间的"官鳄大战"。大战十分惨烈,香港政府累计投入1 000多亿港元,8月28日一天的港股交易量达到前所未有的790亿港元。最后恒生指数恢复到7 829点。总体来看,香港政府小胜,但并未重挫炒家。

2004年年底,香港经历了另一次较温和的汇率危机。一些投资者相信人民币会升值并带动港元也升值,产生了升值预期。一时间,大量外资涌入香港,超额外资和升值预期推动港币的利率下降。过低的利率有可能引发通货膨胀和经济泡沫。于是,金管局于2005年5月18日宣布设定港元波动幅度,保证汇率达到7.75港元/美元时就增加港元供应。这一政策增加了升值成本。这一政策宣布后,升值预期减弱,外资开始撤离,利率回升。

【案例评析】

所谓货币制度,是指一个国家法律规定的货币流通的结构和组织形式,简称币制。货币制度的选择对任何一个国家或者地区都是至关重要的,不恰当的货币制度会带来潜在的货币危机。

在本案例中,香港的货币制度也经历了从银本位制到纸币本位制的变迁历程。香港目前实行的联系汇率制度是由其特殊的历史地位所形成的特有的货币制度。从本质上说,联系汇率制度是一种固定汇率制度,它的运作方式是利用银行同业现钞市场和公开外汇市场之间的竞争,促使市场汇率向官方汇率靠拢。一般情况下,联系汇率制度可以依靠市场自身的力量使市场汇率趋近官方汇率,但在实际运作过程中,尤其是在一些特殊情况下,香港政府仍需运用多种政策工具直接或间接维持该制度正常运作。

十多年来联系汇率制度的实施进程显示出其对香港经济的发展具有不容抹杀的积极作用。一方面,其迅速扭转了港元贬值的局面。20世纪80年代初,香港政府宣布实施联系汇率制度后,港元兑美元市场汇率迅速回升,不到一周便恢复至接近官方汇率的水平。另一方面,其保持港元兑美元汇率的长期稳定,有利于宏观政策与对外经贸关系的协调。本案例也说明,事实上任何一种货币制度都是适应特定时候的经济环境的产物,一旦其不再适应国际环境和经济的发展便会被新的货币制度所取代,香港的货币制度正是这样不断地建立和完善起来的。

鲁迪格·多恩布什（Rudiger Dornbusch）认为，联系汇率制度的好处有二：第一，从总体上解决了本币的潜在信任危机问题，引进了发达经济的货币信用；第二，由于汇率与世界硬通货相联系，厂商经济活动的确定性大大增加，降低了风险平滑和筹集资本的费用，这些因素再转化为低利率和高速经济增长。从理论上讲，在货币局制度下，当国际收支出现持续逆差时，当局发行货币的外汇储备就会减少，国内货币供应量也将随之减少，利率就会偏高。这将有助于减少进口需求，减缓国内工资、物价的下跌，也会降低生产成本，增加出口竞争力。同时，货币局制度相对稳定的汇率有助于稳定投资者信心，保持国际贸易的稳定发展。实践证明，对于过去高度依赖美国市场、进出口主要以美元计价的出口导向型香港经济而言，实行钉住美元的联系汇率制度降低了汇率风险，可维持外国直接投资者对本市的信心，从而对香港的经济稳定起到了较大作用，同时也为香港发展成区域金融中心提供了有力保障。货币的稳定增加了投资者的信心，令外资不断流入香港，这也是为什么特区政府一直强调，香港虽然是一个贸易中心并对出口活动有相当程度的依赖，但香港是一个以服务业为主的经济体，其主要外汇收入来源并非出口，而是靠资本流入，这是香港联系汇率制度仍然得以运作及维系的基础。

【案例讨论】

1. 结合联系汇率制度的理论分析为什么港币与美元挂钩。
2. 通过香港货币制度的变迁分析利率与汇率的传导机制是什么？
3. 分析预期管理对汇率调节的重要性。

【参考文献】

[1] 吴立雪,陈清华.香港货币局制度适应性研究——关于货币局制度的反思[J].上海经济,2016(3):110-117.
[2] 孙茂辉.香港货币局制度的变迁与创新[J].当代港澳,2002(1):20-25.
[3] 马兹晖.香港货币制度的演变及反危机分析[J].世界经济研究,2005(12):79-83.

案例4 海南发展银行倒闭案

【案例内容】

1. 背景

1997年之前，即海南发展银行（以下简称"海发行"）兼并托管信用合作社事件之前，海南省被设立为经济特区，经济开始快速发展，房地产业也大规模扩张，同时伴生了许多金融机构。但是这些并没有得到政府的有效监控，房地产业出现了泡沫，并在20世纪90年代中后期，泡沫开始崩溃。海南省的银行类金融机构数目很大，在这种激烈的市场竞争情况下，各个信用社都采取了高利息的方式来吸引存款。后来随着房地产业泡沫的破灭,许多信用社都出现了大量的不良资产,而对储户承诺的高利息也加剧了这些信用社的经营困境。1997年12月16日,中国人民银行宣布,关闭海南省5家已经实质破产的信用社,其债权债务关系由海发行托管,其余29家海南省境内的信用社,有28家被并入海发行。这28家信用社及关闭的5家信用社,最终使得海发行走向了末路。

2. 海南发展银行的经营历程

海南发展银行起初经营情况不错。据1997年的《海南年鉴》记载,海发行收息率为90%,没有呆滞贷款,与中华人民共和国境外36家银行及其下属的403家分支行建立了代理关系,外汇资产规模达1.7亿美元。虽然兼并了28家信用社、托管了5家信用社的债权债务,这使得海发行账面上实力增强——海发行的股本金增长为106亿元,存款余额为40亿元,债务为50亿元,但由于这些信用社的资产大多是不良资产,海发行背上了沉重的包袱,而且兼并后的海发行员工剧增为3 000多人,是原有员工的数倍。海发行兼并信用社后,其中一件事就是宣布,只保证给付原信用社储户本金及合法的利息。因此,许多在原信用社本可以收取20%以上利息的储户在信用社被兼并后只能收取7%的利息。1998年春节过后,情况开始急转直下。不少定期存款到期的储户开始将本金及利息取出,转存到其他银行,并表示因为利息降低,不再信任海发行。随后,未到期的储户也开始提前取走存款,导致储户在海发行各营业网点开始排队取钱,发生了大规模的挤兑。后来海发行规定了每周取款的次数及每次取款的限额,而且优先保证个人储户的兑付。但是由于挤提存款问题严重,次数和限额规定一变再变,储户每次能取到的钱越来越少,而且每月可以取款的次数也越来越少,加剧了个人储户的不满情绪,公司储户几乎难以从海发行提出款项。此时,应对储户挤提存款几乎成了海发行这段时间里全部的活动,其他业务已经基本无法正常进行。同时,由于房地产泡沫破灭,海发行账期内不少的贷款难以收回。有的营业部为了减少储户挤兑,同时吸引存款,发布了18%的年存款利率,但此时已没有什么人愿意再把存款存入海发行。海发行见在海南岛内无法缓解困境,想以岛外的力量帮助恢复,于1998年5月在深圳设立了分行,然而并没有起明显作用。

1998年6月21日,中国人民银行发出公告:由于海南发展银行不能及时清偿到期债务,根据《中华人民共和国中国人民银行法》《中华人民共和国公司法》和中国人民银行发布的《金融机构管理规定》,中国人民银行决定关闭海南发展银行,停止其一切业务活动,由中国人民银行依法组织成立清算组,对海南发展银行进行关闭清算;指定中国工商银行托管海南发展银行的债权债务,对其境外债务和境内居民储蓄存款本金及合法利息保证支付,其余债务待组织清算后偿付。

从宣布关闭海南发展银行起至其正式解散之日前,由中国工商银行托管海南发展银行的全部资产负债,其中包括:接收并行使海南发展银行的行政领导权、业务管理权及财务收支审批权;承接海南发展银行的全部资产负债,停止海南发展银行新的经营活动;配合有关部门清理海南发展银行的财产,制定、落实海南发展银行的清算方案和债务清偿计划。对于海南发展银行的存款,则采取自然人和法人分别对待的办法,自然人存款即居民储蓄一律由中国工商银行兑付,而对法人债权进行登记,将海南发展银行全部资产负债清算完毕以后按折扣率进行兑付。1998年6月30日,在海南发展银行各网点开始了海南发展银行存款的兑付业务。由于公众对中国工商银行的信任,兑付业务开始后并没有出现大量挤兑的情况,大部分储户只是把存款转存到中国工商银行,现金提取量不多。

【案例评析】

1. 破产原因

（1）不良资产比例过大

早在海南发展银行成立之时，就已经埋下了隐患。成立海南发展银行的初衷之一就是挽救一些有问题的金融机构。1993年海南的众多信托投资公司由于将大量资金压在房地产上而出现了经营困难的情况。在这个背景下，海南省决定成立海南发展银行，将5家已存在问题的信托投资公司合并为海南发展银行。据统计，合并时这5家机构的坏账损失总额已达26亿元。有关部门认为，可以靠公司合并后的规模经济和度化管理，使他们的经营好转，信誉度上升，从而摆脱困境。1997年年底，遵循同样的思路，有关部门又将海南省内28家有问题的信用社并入海南发展银行，从而进一步加大了其不良资产的比例。

（2）银行体制混乱

海南人曾骄傲地说，海口银行的密度在全国最大，银行的数量多过了米铺。正因如此，海南的银行走上了恶性竞争的道路。在海发行未兼并托管城市信用社之前，各信用社无一例外地采取了高息揽储的方式吸引存款，有的年利率高达25%。这直接造成了多数城市信用社高进低出、食储不化的结果，只能靠新的高息存款支付到期的存款，然后再吸入高息存款，进入了严重违背商业规律的恶性循环。于是，资不抵债、入不敷出，无法兑付到期存款成了信用社的通病，并严重地影响了社会安定。这正是中国人民银行决定兼并海发行、托管信用社的最直接原因。

（3）经营模式不规范

合并后成立的海南发展银行，并没有按照规范的商业银行机制进行运作，而是大量地进行违法违规的经营，其中最为严重的就是向股东发放大量无合法担保的贷款。股东贷款实际上成为股东抽逃资本金的重要手段。有关资料显示，海南发展银行成立时的16.77亿元股本在建行之初，甚至在筹建阶段，就已经以股东贷款的名义流回股东手里。海南发展银行是在1994年12月8日经中国人民银行批准筹建，并于1995年8月18日正式开业的。但仅在1995年5月至9月间，海南发展银行就已发放贷款10.60亿元，其中股东贷款9.20亿元，占贷款总额的86.71%。绝大部分股东贷款都属于无合法担保的贷款；许多贷款的用途根本不明确，实际上是用于归还用来入股的临时拆借资金；许多股东的贷款发生在其资本金到账后1个月内，入股单位实际上是"刚拿来，又带走；拿来多少，带走多少"。这些不负责任的行为显然无法使海南发展银行走上健康发展的道路。

（4）挤兑

如前所述，海发行兼并信用社后，许多在信用社可以收取20%以上利息的储户在信用社被兼并后只能收取7%的利息。1998年春节过后，存款到期的储户开始将本金及利息取出，转存到其他银行，随后，未到期的储户也开始提前取走存款，海发行各营业网点发生大规模挤兑现象，导致海发行的其他业务已经基本无法正常进行。同时，由于房地产泡沫破灭，海发行账内不少的贷款也难以收回。取款次数和金额的受限引发了储户的恐慌，负面信息迅速扩散，舆论压力陡增，海发行的此次降息决策成了"压倒骆驼的最后一根稻草"。

2. 破产启示

(1) 银行监督管理亟待加强

海南城市信用社高息揽储未能得到及时有效的制止,酿就了海发行关闭的隐患,假如当初有关当局能够加强对信用社的日常监督管理,及时发现问题并消除隐患,也许海发行非但不会受其拖累,反而还能通过兼并扩充自身实力,促进自身的发展。由此可见,我国应尽快建立有效的银行监管机制,确保银行审慎运营并保持足够的资本和储备抵御业务风险,以防患于未然。

(2) 银行兼并要充分考虑兼并行的实力和被兼并行的状况

理论上,对于银行兼并,就兼并方而言可以增强自身实力,减少竞争对手,迅速扩大市场;对被兼并方而言可以缓解危机,改善经营活动,提高竞争能力,因此对兼并双方都有好处。但是,如果兼并时不能合理考察兼并双方的真实情况,则会出现水中救人不成反被落水之人拖入渊的后果。海发行兼并城市信用社被其拖下水就是一个沉痛的教训。随着金融改革的深入,还会出现银行资源的变动和再配置等情况,因此对兼并行和被兼并行的综合素质衡量和评价就显得至关重要。

(3) 建立存款保险制度

存款利率放开后,银行为竞争存款,会抬高银行吸储成本,一些小型银行如果经营不善,可能会面临破产倒闭的风险,存款保险制度可以保障存款人的利益。银行生存严重依赖公众的信任,海发行遭受关闭命运的直接原因就是储户疯狂地挤兑。因此,在市场金融兴起和银行业务竞争不断加剧的形势下,有必要建立存款保险制度,有了这种制度存款人犹如服了一颗定心丸,在心理上获得保障,从而有利于维护公众对银行的信心,减轻银行可能发生的挤兑压力。

【案例讨论】

1. 银行经营首要考虑的是什么?海发行成立的背景与一般银行有什么不同?
2. 高息揽储会对银行造成什么影响?银行应该如何提高自身竞争力?
3. 银行如何预防和处理挤兑风险?

【参考文献】

[1] 王智勋,陈欣.海南发展银行如何走向深渊[J].社会,1999(3):14-15.
[2] 刘桂香.海南发展银行的破产及启示——新中国历史上第一家被关闭银行案例[J].消费导刊,2016(6):147.

第二章 货币市场

案例1 中国的利率市场化进程

【案例内容】

20世纪70年代,罗纳德·麦金农(Ronald I. Mckinnon)和爱德华·肖(Edward S. Shaw)的"金融抑制理论"与"金融深化理论"指出,政府对金融的严格管制,虽然在一定时期对经济有保障作用,但是从长远意义上来讲,会抑制经济的发展,因此,这两个理论启发人们要冲破束缚,要求金融深化。同时,伴随着各国以及各地区经济的恢复与发展,尤其是全球经济一体化进程的加快,国家对经济的过度干预,对金融市场的严格管制,已经不能适应当代经济的发展形势,各种问题也渐渐地凸显出来。在20世纪最后二十年中,大部分国家和地区都加入利率市场化改革的行列,逐步放松本国(地区)金融市场的严格管制,金融自由化的浪潮在全球蔓延。

1. 中国利率市场化改革背景

首先,在20世纪末,我国一直以来的计划经济已经不能作为规划国民经济的向导,在经过中共十四大、十五大等几次重大会议反复研究和讨论之后,最终决定,我国要建立社会主义市场经济体制,更加充分地发挥市场调节的作用。其次,我国利率的市场化,一方面给予金融机构自主定价的权利,让更多的金融主体在激烈的市场竞争中发挥自主权;另一方面金融产品之间存在着复杂性、多样性和差异性的特点,这给自主定价的金融机构增添了难度。最后,与计划经济相反,市场经济在强调利率在市场中自由形成的同时,并不否定政府宏观调控的能力,而是减弱政府对利率严苛的管制或者直接管制。例如,政府可以在同业拆借市场、证券市场等,通过开展再贴现、再贷款、公开市场业务等方式,间接达到调节利率等金融市场的目的。

2. 中国利率市场化改革进程

从1996年开始,我国利率市场化改革逐步从简单到复杂,从同业拆借市场到银行间债券市场,再到票据市场,最后到存贷款利率市场,从小幅度到大调整,一步步地向前推进。下面,将从同业拆借市场、银行间债券市场、票据市场以及存贷款利率市场等方面分析我国利率市场化改革的进程。

(1)同业拆借市场利率市场化

1996年6月我国允许同业拆借市场利率可由拆借双方自行商讨决定,对同业拆借市场利率上限的管制予以撤销,在同业拆借市场中,我国利率市场化率先完成,这将新一轮地开启我国其他市场利率市场化改革的大门。利率管制的放开促使参与者积极地进行同业拆借,从实际状况看,在1996年一年的时间里,全国银行间同业拆借资金总额达到了5 917亿元。

同业拆借市场促进融资中心的发展,从当时来看,融资中心的功能主要有两个:一方面调节资金在银行和其他金融机构之间的融通,搭建起金融机构之间的桥梁;另一方面融资中心的发展,可以通过资金拆借的方式向我国中小企业提供中介服务。融资中心业务的开展不仅使得资金需求方得到项目融资,而且使得资金供给方获得利润,同时也活跃了资本市场。任何事情都有两面性,其带来积极作用的同时,也反映出明显的缺陷,在市场化节奏加快的进程中,自由的范围和程度越来越大,国家监管控制的程度则越来越弱。犹如弹簧一般,原来受管制过严的行业一旦被放松,就会产生膨胀效应。例如,在金融房地产行业,原本在国家政策的监督控制下,房价在一定的范围内波动,但是放松管制以后,居民住房和商业用房普遍大幅度涨价,几乎超出管控的范围值。由此带来的"蝴蝶效应"甚是严重,由于房价的上涨,居民房贷负担加重,致使一些长期被占用的资金不可流通,银行贷款出现呆账、坏账、死账等非常严重的问题。

融资中心作为资金流通的龙头,暴露出来了种种不良现象,中国人民银行毅然决定在1997年停止其之前开始的自营业务,同时开始清收过期的债权或即将过期的债券,直到1998年,融资中心被撤销。融资中心自营业务的终止,对同业拆借市场产生了很大的影响,出现了不少的问题,例如,交易双方供需不平衡,交易信息不对称,交易资信不明确等,正是因为这些,在1998年就导致我国银行间同业拆借市场交易量呈现大幅度下滑的趋势。随着同业拆借市场的发展,其出现的新问题层出不穷,面对如此波折,1998年我国央行立足国情,搭建了我国货币市场发展的总体框架,建立了全国统一有序的、有层次性和结构性的金融市场,作为金融市场重要角色的货币市场,其核心主角是中国人民银行和公开市场上的一级交易商(由一些具有良好信用的商业银行组成骨干)。除此之外,商业银行与其他大大小小的金融机构通过一些公开市场业务和代理业务等相联系,形成整个货币市场,通过利率的传导机制使得整个市场得以运行。

在这一总体思路下,中国人民银行在货币市场上取得了重大进展。但由于融资中心的撤销,二级市场活跃度下降,随之同业拆借量大幅缩减,为此我国同业拆借市场建立了电子信息交易系统,随着同业拆借市场利率市场化的拓展,央行逐步扩大了系统辐射的范围,其目标就是把全国金融机构纳入该系统中。这样不仅可以为全国银行、中小企业融资机构提供技术和信息支持,而且电子信息交易系统可以及时有效地将全国各家金融交易机构的交易情况报告给央行,央行及其他监管机构也可通过此信息技术的电子平台掌握有效的市场信息,进行监管和调控。而且为了帮助小型金融机构便利融资,我国鼓励商业银行开办融资代理业务。同时央行通过对证券基金、期货期权等非银行性金融机构的高规格的财务检测和风险监测,允许其加入能保证资金稳定流动的拆借市场和债券市场,在央行授权的业务范围内进行资金融通。

(2) 银行间债券市场利率市场化

1997年,国务院下发文件,对全国商业银行进行统一部署,要求商业银行不得和证券交易所进行混业经营。同时,中国人民银行决定在银行间建立债券市场,在债券市场上,全国各商业银行可在一定程度上持有相当规模的央行融资证券以及政策性金融机构发放的债券,在各国商业银行和政策性金融机构间进行控制货币存量的正回购和逆回购交易。这一规定的实施标志着我国银行间债券市场的启动。

自 1990 年开始,每年国家开发银行都会发放长期的、上千亿元的贷款,资金来源主要是央行每年根据各大商业银行的内部和外部具备的不同条件发放的金融债券。此类金融债券的利率水准和规模大小是由央行调整和配置的。1998 年,在商业性和政策性银行间债券市场,国家开发银行首先开展了投放债券的试点工作。为了债券在市场上更好地运行和发展,国家开发银行收到了中国人民银行的重要指示:债券首发成功之后,可以在公开市场中进行业务交流活动。假若发债情况不理想,央行协助其进行风险分流。在国家开发银行的积极带动下,中国进出口银行和财政部也不甘示弱,有条不紊地将债券投放到了市场中。

20 世纪 80 年代末 90 年代初,我国债券市场打破"瓶颈",迈向了一个新的阶段。在政策法规上,中国人民银行对银行间债券市场进行了深刻而又全面的部署。为了对债券的发行加以规范整治,国家通过法律法规等规章制度的制定,使得管理和运行在法律层面上更加严谨。一旦察觉出现纰漏现象,第一时间将其扼杀在萌芽状态。在此期间,我国债券市场蒸蒸日上。

(3) 票据市场利率市场化

1995 年,我国颁布了《中华人民共和国票据法》,并于 1996 年 1 月正式实行,这标志着我国票据市场向更加规范化、合理化的方向发展。在 1997 年,香港回归之际,中国人民银行颁布了《中国人民银行对国有独资商业银行总行开办再贴现业务暂行办法》和《商业汇票承兑、贴现和再贴现管理暂行办法》,设立了总行再贴现窗口,规范和完善了商业汇票的承兑、贴现和再贴现的操作,对再贴现操作效果实行量化控制,以发挥定量再贴现政策的作用。这两个文件同时明确指出,中国人民银行要通过再贴现的手段,充分发挥国家对资金流向的引导管理作用,调整金融结构。

为了进一步推进票据市场利率市场化,完善利率形成机制,央行分别对商业银行的贴现和再贴现利率放手。1998 年 3 月 25 日,为了满足取消国有商业银行贷款规模管理、加强间接调控力度的需要,中国人民银行改革了贴现利率、再贴现利率的生成机制,贴现利率不再与贷款利率挂钩,而是在再贴现利率的基础上通过加点的方式生成,再贴现利率不再直接与同期中央银行再贷款利率挂钩,而是作为一种独立的利率体系存在。伴随着我国票据市场利率市场化的发展、宏观经济的健康增长,我国贴现、再贴现以及转贴现业务不断扩大,票据市场利率市场化程度越来越高。

利率市场化是我国金融体系改革不可逆转的趋势,票据业务将在商业银行经营转型的过程中发挥不可替代的重要作用:第一,直贴业务弥补了传统的信贷业务收入;第二,转贴业务的资金流动,又将贡献金融市场的业务收入,因此票据业务的发展也将全方位地推动商业银行的发展,在利率市场化的背景下,两者相辅相成。

(4) 存贷款利率市场化

利率市场化改革的核心部分就是存贷款利率,央行对其市场化改革格外重视,因为改革的一丝偏差,都决定着全局的成败,因此我国对存贷款利率的市场化改革慎之又慎,并且提出了总体思路和方针,即"先外币,后本币;先贷款,后存款;先农村,后城市;先提高幅度,后放开"。存贷款利率市场化改革就是遵循着这样一条主线按部就班开展的,这也是我国首次对存贷款利率市场化改革的摸索。

我国利率市场化改革进程一览表如表1所示。

表1 我国利率市场化改革进程一览表

领域	时间	主要措施
同业拆借利率市场化	1995年	提出要建立同业拆借市场
	1996年	银行间同业拆借利率上限正式开放,我国利率市场化迈开实质性步伐
	1996年5月	允许贷款利率上下浮动10%
	1997年	公布CHIBOR(中国银行间同业拆借利率)
	1998年	逐步授权外资银行及部分债券、基金、保险公司进入银行间拆借市场
国债市场与金融债券市场	1982年	恢复发行国债
	1988年	正式恢复国债流通市场(具有收益性、安全性和流动性)
	1997年	开始以市场利率发行国债,标志着国债利率市场化起步
	1998年	国家开发银行首次运用市场利率招标发售债券
	2000年	开始试行浮动利率
	至今	金融债券市场已实现了利率定价市场化
扩大商业银行利率浮动范围	1996年	上调商业银行与信用社对企业的贷款利率上浮范围至10%
	1998年	再次上调上浮范围至20%,最大下浮范围保持10%
	1999年	金融机构(除信用社)贷款利率最大上浮范围扩大至30%
存贷款利率部分市场化初步尝试(先外币,后本币)	1996年5月	贷款利率浮动范围扩大至10%
	2000年	放开300万元以上等值的外币存款利率,货币贷款利率实现市场化
	2002年	社保基金、邮政储汇作为存款新试点,并统一中外机构外币利率政策
	2004年1月	扩大贷款利率浮动区间,不再根据企业规模和所有制区分利率水平
	2004年10月	允许人民币贷款利率下浮区间10%
	2005年	取消对金融机构同业存款利率的限制,银行间证券市场正式出现远期债券交易
	2006年	初步确立建立中国货币基准利率
	2007年	中国货币市场基准利率SHIBOR正式启动
	2012年	放开人民币存款利率上浮10%

【案例评析】

改革数十年来,我国利率改革条件日趋成熟:宏观经济环境近些年趋于稳定,政府宏观调控的水平和能力有所提高,商业银行风险控制的意识不断加强,金融市场也有了相关法律法规制度为之正常运行提供了保障。然而,我国现阶段利率市场化并未全面实行,总结目前改革结算所面临的问题如下。

1. 基准利率决定权高度集中,中央银行宏观调控的方式有待转变

政府改革的初步是运用间接引导的机制,通过中央银行来调控货币流通量,从而影响市场利率水平的波动。目前,我国仍以国际控制利率为主,实际上国务院掌握利率的变动权,央行控制有限的利率浮动权,商业银行只拥有执行权。央行频繁利用利率政策直接规定商业银行的存贷款利率,而忽视了调整存款准备金率、再贴现率以及公开市场操作的间接调控手段。这样的不规范行为导致利率失去了反映市场资金的供求状况能力。

2. 商业银行风险定价能力有待提高

在利率改革前,我国的商业银行贷款通常面向风险低、信用良好的大客户,并维持长期合作,目的是降低贷款的风险。然而利率市场化缩小了银行存贷款的利差,银行需要自主选择贷款对象和贷款项目。此时,风险管理与评估也是商业银行需要考虑的问题。截至2013年年初,我国银行总体不良贷款率为0.65%,几大国有商业银行的信用风险成本仅不到0.5%,说明相较于其他成功实行利率市场化的国家来说,我国对于贷款项目的风险管控能力月贷款风险波动容忍度偏低,银行对利率市场化后高风险、高收益项目的准备尚不充分。

3. 金融监管体系不健全

分业监管行政权力分散,监管效率大打折扣。我国实行分业监管模式,初衷是分散监管权力,直接且有效地监管相对应的金融机构。但是,目前我国的行政权力分散,由于分业,监管部门也是自成体系,国家没有设置可以协调分业监管部门的机制,致使各部门执行监管时效率低下,互相扯皮。监管跨行业环节薄弱,从而导致监管对象"打擦边球",出现跨业违规经营现象,监管效率大大降低。我国金融监管体系不健全,监管手段单一。金融风险成因的复杂性决定了监管手段的多样性,即经济手段、法律手段和行政手段结合。现实情况是我国仅实行了过多的行政干预,致使监管效率低下、约束力不够等问题出现。金融监管与金融创新脱节。金融创新改变了金融机构的运作方式,监管机构应当适时作出相应调整。新金融工具的出现模糊了金融业务的界限,金融监管部门应当根据现况调整监管范围、方式和力度,从而使监管部门与金融创新同步发展。

【案例讨论】

1. 市场在资源配置中的作用从"基础性"到"决定性"意味着什么?
2. 利率市场化与人民币国际化之间的关系是什么?
3. 政策利率的制定依据是什么?利率的传导路径是什么?

【参考文献】

[1] 马坚波.中国的利率市场化进程探究[J].产业与科技论坛,2015,14(19):14-17.

[2] 周韬.中国利率市场化现存问题的探讨及对策[J].商场现代化,2017(7):163-164.

[3] 杨倩.中国利率市场化的进程分析[D].郑州:河南大学,2015.

案例2　我国大额可转让定期存单的发展历程

【案例内容】

大额可转让定期存单业务作为一种创新型金融工具,促进了西方国家的短期融资市场发展,与西方国家相比,我国的大额可转让定期存单业务发展比较晚。我国第一张大额可转让定期存单面世于1986年,最初由交通银行和中央银行发行,1989年经中央银行审批其他的专业银行也陆续开办了此项业务,大额可转让定期存单的发行者仅限于各类专业银行,不准许其他非银行金融机构发行。存单的投资者主要是个人,企业为数不多。

1. 大额可转让定期存单的发展历程

中国银行的大额可转让定期存单业务随着相关政策的变化经历了曲折的发展历程,1989年中央银行首次颁布了《大额可转让定期存单管理办法》,1996年对该办法进行了修改,1997年由于大额可转让定期存单业务出现了各种问题而实际上被暂停。早在1986年交通银行就已经引进并发行了大额可转让定期存单,1987年中国银行和中国工商银行相继发行了大额可转让定期存单。当时大额可转让定期存单的利率比同期存款上浮10%,同时又具有可流通转让的特点,集活期存款流动性和定期存款盈利性的优点于一身,因而面世以后即深受欢迎。由于全国缺乏统一的管理办法,在期限、面额、利率、计息、转让等方面的制度建设曾一度出现混乱,因此中央银行于1989年5月颁发了《大额可转让定期存单管理办法》,对大额可转让定期存单市场的管理进行了完善和规范。但是,鉴于当时对高息揽存的担心,1990年5月中央银行下达通知规定,向企事业单位发行的大额可转让定期存单,其利率与同期存款利率持平,向个人发行的大额可转让定期存单,其利率比同期存款上浮5%。由此导致大额可转让定期存单的利率优势尽失,大额可转让定期存单市场开始陷于停滞状态。1996年,央行重新修改了《大额可转让定期存单管理办法》,明确了大额可转让定期存单的审批、发行面额、发行期限、发行利率和发行方式。然而,由于没有给大额可转让定期存单提供一个统一的交易市场,同时由于大额可转让定期存单的出现产生了很多问题,特别是盗开和伪造银行存单进行诈骗等犯罪活动十分猖獗,中央银行于1997年暂停了审批银行的大额可转让定期存单发行申请,大额可转让定期存单业务因而实际上被完全暂停。随着我国市场机制的进一步完善发展,为了拓宽筹资渠道,努力集聚社会闲散资金支持国家经济建设,2013年经中国人民银行批准,一度曾停止发行的大额可转让定期存单又开始在各专业银行中发行。

2. 大额可转让定期存单的主要问题

(1) 产品定价问题严重

大额可转让定期存单是一种特殊的存款形式,其作为一种产品推销给顾客的关键就是合理的定价,而存款产品的定价则取决于利率的高低。我国以前发行的大额可转让定期存单初期将利率定为比同期存款利率上浮10%,而后又担心高息揽储的问题,将其调整为企业大额可转让定期存单利率与同期存款利率持平,个人大额可转让定期存单利率比同期存款利率上浮5%,这种利率的调整对客户而言吸引力可谓大打折扣,也同样体现了我国利率的开放程度之低,因此利率的市场化程度在当时严重地阻碍了我国大额可转让定期存单业务的开展。

(2) 监管手段相对滞后

由于大额可转让定期存单业务属于银行创新型业务,其审批、运作的全部内容对于商业银行乃至我国银行业而言都是前所未有的新兴事物。任何创新业务的背后都需要相关的规范制度去约束,而我国大额可转让定期存单业务的开展一直处在运作与规范交替进行的状态,而相比运作,制度的约束则显然滞后,这样就致使了在监管上更加滞后。

(3) 转让环节不够灵活

大额可转让定期存单业务最大的特点便是可转让,其可转让的灵活程度直接决定其业务发展的趋势。而转让的灵活度主要取决于两方面,第一是转让市场的开放程度,第二是大额可转让定期存单的记名与否。从第一方面看,当时我国缺乏统一规范的大额可转让定期存单二级市场,致使客户手里的大额可转让定期存单往往只能在银行柜台进行兑现;从第二方面看,我国开展的大额可转让定期存单一般为记名,这样在转让时增加了其繁琐性。

【案例评析】

大额可转让定期存单业务的开展对于商业银行和存款人以及我国金融市场都具有重要意义。从商业银行角度来看,大额可转让定期存单虽然类似定期存款,但其可转让且不能提前支取的特点使得商业银行资金占用的稳定性大大提升,这为银行资产业务的开展提供了保证。从存款人角度来看,由于大额可转让定期存单利率通常比普通定期存款利率要高,这就为存款人提供了更好的投资途径,而且由于其可转让性,可以解决存款人不能提前支取的后顾之忧。从我国金融市场角度来看,目前我国金融市场中短期金融工具比较单一,而且短期融资市场活跃度不足,大额可转让定期存单的加入,可以丰富金融工具的种类,也可以促进我国利率市场化进程的推进。因此,恢复并开展大额可转让定期存单业务对我国金融业的发展具有强有力的促进作用。而为了避免以往大额可转让定期存单运作中出现的问题,商业银行、监管机构及相关主体应该审时度势,对业务发展的具体内容有所部署,保证大额可转让定期存单业务的顺利进行。

1. 持续推进利率市场化进程

利率市场化的实现可以从根本上解决我国大额可转让定期存单的定价问题,因为由市场决定的价格才最合理。但就目前我国利率市场化进程来看,存款利率的放开还需要循序渐进,这就导致大额可转让定期存单的利率也要逐步放开,放开要与利率市场化的步伐相一致。当前我国在允许存款利率上浮的同时还规定了最高限,那么大额可转让定期存单也可以在规定限额的条件下采取利率上浮的方式进行操作,随后逐步将限额放开,实现真实市场化的定价模式。

2. 完善大额可转让定期存单的二级市场

大额可转让定期存单的转让一直是其运作的最大问题,转让场所的欠缺直接限制了其业务的持续发展,对于这样一个新产品,如何才能建立起完善的二级市场,是解决其今后发展的关键。我国需要首先建立起一个大额可转让定期存单转让交易的试运行市场,起初应该严格审核进入市场的主体,对其资格进行高要求,以保证其在初步发展阶段的良性循环。在该市场步入正轨并运作正常的情况下,先扩大其覆盖面,将试运行市场全国铺开,最后再增加二级市场交易主体,以确保流通市场的繁荣持续发展。

3. 修改大额可转让定期存单发行的基本条件

首先大额可转让定期存单顾名思义金额相对较大,因此从以往我国曾发行的存单面额来看,应提高存单的金额,可以保证银行短期筹资的资金额度,并且对交易的主体进行筛选,便于银行利用资金以及交易主体的规范。其次是存单的记名与否,为了便于大额可转让定期存单的转让,通常这种产品采取不记名的方式,因为存单在二级市场转让的便利程度对于投资人是否投资该产品有着至关重要的影响,因此应该将以前的记名存单逐渐向不记名靠近。

【案例讨论】

1. 试比较银行大额可转让定期存单与普通定期存款。
2. 为什么大额可转让定期存单在我国的实践问题重重?
3. 查找资料比较各个商业银行的大额可转让定期存单产品的异同。

【参考文献】

[1] 王娅楠.大额可转让定期存单的中国发展之路[J].时代金融,2013(33):212-213.
[2] 孙春涛.重启我国大额可转让定期存单市场的思考[J].中国经贸导刊,2012(34):29-31.

案例3 我国同业存单的发展历程

【案例内容】

同业存单是存款类金融机构在全国银行间市场上发行的记账式定期存款凭证。2013年12月7日,中国人民银行发布了《同业存单管理暂行办法》(中国人民银行公告〔2013〕第20号),由此,我国同业存单不断发展壮大,但同时也存在着发展困境。

1. 同业存单的发展历程与现状

(1) 同业存单市场逐渐扩大,规模增速趋稳

2013年12月以来,我国同业存单规模不断扩大。2013年12月7日,中国人民银行发布了《同业存单管理暂行办法》(中国人民银行公告〔2013〕第20号),以规范同业存单业务,拓展银行业存款类金融机构的融资渠道,促进货币市场发展。同年12月12日、13日,中国银行、中国建设银行等10家金融机构分别发行了首批同业存单产品,发行总量为340亿元,期限涵盖1个月、3个月和6个月。2015—2017年上半年,同业存单规模增长迅猛,从2015年的1万亿元增长至2017年4月的8万亿元,月度复合增长率均在5%以上,此后逐渐步入平缓期。2018年以来复合增长率维持在0%~1%的水平,同比增速也在20%以下。截至2020年10月21日,同业存单存量规模达10.8万亿元,占债券市场的比重为9.73%,加权平均期限为0.74年。

(2) 存单供给:中小商业银行是发行主体,季末明显放量

1) 中小商业银行对存单的依赖性高,是主要发行主体

相比于实力强、资金雄厚的国有银行和大型商业银行,中小商业银行更依赖于同业存单

缓解负债压力,进行资金流通和流动性管理。2014年股份行、城商行和农商行存单发行规模占比分别为56.4%、28.2%和5.5%。

随着城商行和农商行存单发行规模占比逐渐提高,同业存单发行主体结构更加均衡。截至2020年10月21日,20年以来共发行存单14万亿元,其中：股份制银行占比达37.1%;城商行次之,为35.7%;农商行紧随其后,为9.8%。

2) 存单供给呈现明显的周期性波动

每个季度末存单发行规模一般会明显上升,这种周期性波动主要受季度考核影响,银行为了监管达标,会增加同业存单发行量以弥补负债缺口,提高季末流动性。如2018年3月存单发行量为2.2万亿元,4月、5月明显回落,6月则大幅回升至2.2万亿元,三、四季度也是如此。

然而,2020年存单发行情况出现了超季节性变化。受新冠肺炎疫情影响,央行采取一系列宽松政策,银行流动性较为充裕,因而5月同业存单发行量并未像往常一样回升。而后由于结构性存款压降,叠加货币政策趋于中性,银行负债端压力加大,7—8月同业存单供给量呈现超季节性的走高。

(3) 发行久期：近年来整体拉长

在2013年12月首次发行的存单中,发行期限大多数为0.25年。2014—2016年,存单仍处于试探性的起步阶段,加权平均久期依然较短,只有少数期间的加权平均期限高于0.5年。2017年在强监管下资金面偏紧,存单发行久期缩短至0.39年。2018年以来存单久期整体拉长,各月加权平均期限基本在0.5年以上。

(4) 存单利率：围绕MLF利率波动

1) 同业存单利率以SHIBOR为基础,以市场化方式定价

根据《同业存单管理暂行办法》,同业存单发行利率主要参考同期限的SHIBOR定价。2017年以后存单定价逐渐稳定,围绕SHIBOR利率在-25~40 BP范围内波动,偶尔会超出50 BP,且存单利率一般高于同期限的SHIBOR利率。两个同业存单发行成本明显较高的时间段均对应着资金面的明显收紧：一是2016年11月中旬—2017年1月中旬,利差大幅走阔,2016年12月27日利差高达190 BP;二是2019年8月—2019年11月,利差超过40 BP,在45~60 BP。

2) 不同银行和不同期限具有不同存单发行利率

分银行看,农商行和城商行的发行成本略高于国有银行和股份制银行,因此发行利率也略高。分期限看,3M-1M存单发行利差与存单发行利率走势基本一致,但同时具有季末效应,季末1M存单供给大,推升1M存单发行利率走高,3M-1M利差转负。

3) 存单利率以政策利率MLF为锚

观察同业存单到期收益率与MLF利率的走势,我们可以发现：货币宽松阶段,1年期同业存单利率大多低于1年期MLF利率(平均利差为-9 BP);在2020年上半年的宽货币、宽信用政策下,1年期存单到期收益率远低于MLF利率。当货币转向中性时(2016年9—10月、2020年6月以来)存单利率围绕MLF上下波动,波动范围在-30~15 BP之间。在货币收紧叠加金融监管收紧时期,存单利率往往明显高于MLF利率,如2017年监管大年,1年期同业存单和MLF利差走扩,并于2017年12月达到最大值175 BP。

(5) 需求端：流动性快速提升，广义基金和银行为主要持有人

1) 从成交量角度看，同业存单交易情况大致可分为 3 个阶段

第一个阶段是 2013 年 12 月至 2016 年 5 月，为初始的小规模阶段，除 2016 年 3 月外，月存单成交规模均在 1 万亿元之下。第二个阶段是 2016 年 6 月至 2018 年 8 月，存单成交体量增长迅猛，2017 年、2018 年存单成交规模占比稳定在 36％左右，超过金融债，成为第一大交易券种。第三个阶段是 2018 年 9 月至今，存单成交规模占比回落并趋稳在 17％～25％的区间内。2018 年以来（截至 10 月 21 日），成交规模排名前三的券种依次为金融债、存单和国债，占比分别为 41％、20％和 19％。

2) 从投资者角度看，广义基金和商业银行是存单的主要投资主体

2020 年 9 月，上海清算所同业存单托管规模合计 11.2 万亿元，其中，广义基金（银行理财、证券投资基金、资管产品、社保基金等）和商业银行持有量分别为 5 万亿元和 4.5 万亿元。

3) 货币型基金持仓偏好存单

同业存单流动性好，是货币市场的重要投资工具。货币型基金持有的存单市值占其债券投资总市值的比例从 2015 年第三季度的 26％爬升至 2016 年第四季度的 60％左右，2018 年第四季度占比达到峰值，为 77.1％。

2. 同业存单发展的困境

(1) 监管趋严，存单相对优势弱化

从 2013 年 12 月重启至今，一系列相关政策出台以及管理体系建立后，存单市场的运行越加规范。2014 年 4 月，《关于规范金融机构同业业务的通知》界定并规范了同业拆借、同业存款、同业借款、同业代付、买入返售（卖出回购）等同业投融资业务，标志着同业监管进入新阶段。

从 2016 年下半年开始，为打击资金空转、引导资金流向实体经济，我国加快了金融去杠杆进程，对同业业务的监管也逐渐加强。2017 年第一季度，表外理财被纳入 MPA 考核范围。2017 年 3—4 月，监管部门集中发布七大监管政策文件旨在进一步防控金融风险，治理金融乱象，督促银行业金融机构加强合规管理，规范银行同业业务发展，对高杠杆、多嵌套、长链条等问题进行专项治理。随后，关于存单发行期限以及纳入考核的政策规定相继出台，银行"存单＋同业理财＋委外投资"规避监管、空转套利的模式受到阻碍，存单的相对优势弱化。

同业业务主要政策梳理如表 1 所示。

表 1 同业业务主要政策梳理

时间	政策/规定名称	主要内容
2013 年 12 月 7 日	《同业存单管理暂行办法》	规定了同业存单的发行和交易规则，包括发行方式、交易市场、信息披露、监督管理等相关条款
2014 年 4 月 24 日	《关于规范金融机构同业业务的通知》	规范同业业务经营行为，加强并改善同业业务的内外部管理，提出了同业业务创新、风险管理等方面的指导意见，明确了同业业务的监管要求

续表

时间	政策/规定名称	主要内容
2017年3—4月	七大监管政策文件集中发布	针对同业业务、投资业务、理财业务等领域存在的高杠杆、多层嵌套、链条长、套利多等问题开展专项治理,要求银行业金融机构严格控制信贷、同业、理财等业务风险,加强流动性管理
2017年8月11日	第二季度《中国货币政策执行报告》	将同业存单纳入MPA(宏观审慎评估体系)考核
2017月8月31日	《同业存单管理暂行办法(修订)》	从2017年9月1日起,金融机构不得新发行期限超过1年(不含)的同业存单
2018年4月24日	《商业银行大额风险暴露管理办法》	对商业银行大额风险暴露事项提出要求,以促进商业银行加强大额风险管理
2018年5月11日	第一季度《中国货币政策执行报告》	规定资产规模5 000亿元以下的银行发行的同业存单纳入MPA考核

资料来源:中国政府网、中国人民银行官网、中国银监会官网。

(2) 中小银行存单融资不易

1) 成本高

从存单发行成本来看,中小银行融资能力有限,资产规模较小,相对于大银行来说会更依赖存单,但由于中小银行信用风险更大,所以存单发行成本更高。当中小银行以高成本发行存单筹集资金时,如果盈利不足以弥补成本,存单到期时存在一定的偿还困难,再次发行存单时成本进一步推升,因此,中小银行容易陷入"恶性依赖循环"。

2) 发行率低

中小银行存单发行成功率明显低于大银行。2020年以来,中小银行的月存单发行成功率(实际发行规模/计划发行规模,下同)低于国有大银行约20个百分点。具体来看,城商行发行成功率最低,2020年城商行存单发行成功率均低于80%,农商行发行成功率为80%～90%,股份制银行发行成功率整体略高于城商行,而五大行发行成功率最高。

从信用等级看,评级高的发行主体存单发行成功率明显高于评级低的发行主体。2020年6—9月,AAA级发行主体存单发行规模占计划发行总规模的90%左右,高出AA+和AA级20～30个百分点。而低评级主体又以中小银行为主,较低的存单发行成功率难以满足短期资金需求,反过来也对信用评级产生不利影响。

(3) 易受监管环境和流动性环境冲击

存单发行易受宏观政策和市场环境的影响而波动。如2020年2—5月,政府实行宽松货币政策以刺激经济增长,央行加大再贴现、再贷款以及公开市场操作力度,向市场投放大量货币,存单量价齐跌。2020年5月,存单发行量为1.1万亿元,较2月下降0.7万亿元;截至5月底,3M存单到期收益率(AAA)为1.5%,较2月底下降2.8%。而后受结构性存款监管、货基规模收缩、货币政策转向中性等因素影响,存单放量价升。6月以来存单发行量持续增加,利率上行违背近年季节性规律。从历史数据看,6月、7月同业存单利率出现下降趋势。2016—2019年,6—7月3M AAA级同业存单收益率分别下行26 BP、55 BP、155 BP和26 BP。但2019年6—7月,AAA级同业存单收益率不降反升106 BP至2.57%,

8—10月存单利率整体延续缓慢上行态势。

(4) 短期内利率难降

2019年9月结构性存款压降不及预期,第四季度存单提价趋势延续。结构性存款规模收缩4 400多亿元,压降规模低于预期,其中,全国性大银行结构性存款规模不降反升,中小银行加大压缩规模至5 600多亿元。展望第四季度,按照年底压降至年初规模的2/3来测算,10—12月全国性大银行和中小银行每月需要分别压降4 300多亿元和4 200多亿元,规模比6—9月压降规模分别增加165%和下滑23%,可见全国性大银行压力或更大。展望第四季度结构性存款压降压力依然很大,这意味着第四季度存单量价抬升趋势可能还要维持。

【案例评析】

1. 同业存单对金融市场和商业银行的影响

(1) 提高银行流动性管理水平,助力利率市场化改革

2013年9月24日,央行首次公布了推进利率市场化的三大任务是建立市场利率定价自律机制、开展贷款基础利率报价工作以及推进同业存单发行与交易。目前我国正处于利率市场化改革的深水区。无论是对于资金融通还是对于构建市场利率体系,同业存单都承担着重要角色。

1) 存单有助于拓展金融机构融资渠道,促进货币市场发展

同业存单可以与同业拆借、同业存款等其他同业业务形成互补,实现银行之间的资金调配,是重要的流动性调节工具,因此发行主体不断扩容。此外,同业存单既可以二级交易,也可以质押,受到货币基金等投资者的青睐。

2) 存单有助于提升金融机构的自主定价能力

相较于实际上暂未完全市场化的存款利率,存单发行成本采取的是市场化定价方式。存单可发行期限为1月、3月、6月、9月及1年,丰富了银行负债端的期限品种,有利于银行资产负债期限结构的匹配,增强银行的抗风险能力。存单在弥补银行短期负债缺口的同时,还利于商业银行调控主动负债规模,在获取投资收益的同时提高流动性管理水平。

3) 同业存单利率丰富了货币市场利率品种,是我国利率市场化改革中重要的一步

相较于报价形成的SHIBOR,存单发行量和发行利率反映了银行负债的真实需求及资金成本,在某种程度上存单利率比SHIBOR更能够准确、迅速地体现货币市场利率波动。从利率期限角度,R和DR往往对应1天至14天的市场利率,LPR对应的是中端市场利率(1年和5年期),国债利率是长端市场利率,存单利率则弥补了7天以上、1年以内的短端市场利率,有助于完善利率曲线期限结构,有助于巩固利率市场化定价自律机制。

(2) 可能的风险隐患

1) 加大金融杠杆,同业资金链条拉长,给市场带来风险隐患

2013—2017年,存单受到的监管限制相对较少。因而,银行通过发行存单筹集资金、扩张资产规模,在弥补负债缺口的同时不断加杠杆,以购买同业理财等方式进行扩表和套利,拉长资金链条,规避监管。2012—2017年我国杠杆率不断攀升,金融部门资产方和负债方杠杆率分别于2017年达到峰值77%和65.4%。2017年同业存单尚且不在监管考核范围内,银行发行存单筹集资金再变相放贷,以绕开监管,这或许是2017年9月存单发行量创历史新高的原因。

2）存单导致期限错配，引发经营风险和信用风险

随着银行主动负债增加，经营风险和信用风险也不断累积。商业银行通过发行存单（期限为1年及以内）获取资金，将其投向收益和风险兼具的长期限投资项目，通过期限错配获取收益。随着后续存单的大规模到期，银行以新还旧，在这个过程中存单规模被滚大，流动性风险被积聚，若资金链断裂，风险会如同蛛网，以点动面。

2. 解决发展困境、助力存单发展的措施

① 中小银行存单发行目前面临成本高、发行成功率较低的困境，例如，2020年10月中小银行存单发行成功率为77%，流动性传导在一定程度上受阻。建议在流动性分层局面较为严峻时期可以通过结构性货币政策、扩大央行交易对手至中小银行甚至非银机构来疏通流动性传导渠道，从而提升中小银行存单发行成功率。

② 经存单利率作为利率市场化中重要的组成部分，定价市场化是存单的优势，却也是存单利率波动过大以至于失真的风险点。对于存单利率波动过大的特殊时点（如季末），央行可以通过公开市场操作来熨平短期利率波动。

③ 同业存单经过几年的快速发展，部分机构用其营利性和规模扩张效应替代了原有的流动性调节功能，期限错配和高杠杆率暗藏着严重的隐患。因此，监管部门应当坚守同业存单推出的初衷，理顺商业银行在流动性管理和资产规模扩张上的关系，突出其短期负债特性，严格控制同业存单在同业负债中的比例，降低期限错配风险。

④ 同业存单推出以来，无论作为债券还是作为存款，其属性并未明确，这是其快速扩张并带来同业套利的原因之一。在央行宏观审慎评估体系考核框架下，应明确同业存单属于债券还是存款，并从基本的会计科目层面明确其类别，以规范同业存单的发展，压缩监管套利空间。另外，待口径明确以后，应在政策上给予同业存单业务规模较大的银行一定的过渡期，避免出现因快速收缩而引发的市场波动。

⑤ 监管部门应设定监管红线，加大对同业存单资金运用、投向情况的监测，以防范部分机构过度利用同业存单层层加杠杆积聚风险，防范系统性风险。同时，各银行要提升流动性风险管理水平，将同业存单置于流动性管理框架之下，在期限、利率、规模等方面对资金予以合理匹配，完善流动性分析、监测指标体系和流动性限额管理体系，建立有效的流动性风险应急处置机制。

【案例讨论】

1. 我国中小银行发行同业存单的主要目的是什么？
2. 为什么我国中小银行存单发行利率大于国有银行和大型商业银行？
3. 我国同业存单市场监管的重点是什么？

【参考文献】

[1] 姜超,姜珮珊、孙丽萍.同业存单市场的发展历程、难点与建议[J].中国货币市场，2020(11):9-13.

[2] 范念龙.监管视角下我国同业存单规范化发展研究[J].西部金融，2019(9):42-45.

案例4 中国同业拆借市场的发展历程

【案例内容】

同业拆借市场是指具有法人资格的金融机构及经法人授权的金融分支机构之间进行短期资金融通的市场。其最早起源于1921年美国的联邦基金市场,用以调剂联邦储备银行会员银行的准备金头寸,满足金融机构的流动性需求。中国同业拆借市场相比发达国家起步较晚,其发展历程大致经历了初步建立时期、曲折发展时期和日趋成熟时期3个阶段。

1. 初步建立时期

我国同业拆借市场的发展最早可以追溯至1984年,在中国人民银行专门行使中央银行职能以后,国内银行业金融领域实行了"实存实贷"的信贷管理体制。在这一信贷管理体制下,具有金融监管职能的中国人民银行鼓励各专业银行(现称商业银行)金融机构利用资金的行际差、地区差和时间差进行同业拆借。鼓励各个金融机构以有偿方式相互融通资金,从而促进了我国同业拆借市场雏形的形成。

1986年1月,国务院颁布实施了《中华人民共和国银行管理暂行条例》,第一次规定了各个专业银行之间的资金可以相互拆借。至此,我国同业拆借市场真正建立起来并开始运行。

2. 曲折发展时期

自1986年中国同业拆借市场建立以来,同业拆借市场发展迅速,但也出现了一系列问题。特别是1988年,部分金融机构违反了法律有关借贷资金使用范围的相关规定,将同业拆借的短期资金用于固定资产投资,从而导致无法到期收回资金。在此背景下,中国人民银行根据国务院指示对于我国同业拆借市场进行了第一次大的整顿,一方面撤销了融资公司,严格限制进入同业拆借市场的主体,另一方面设定了拆借利率上限,并严格规定拆借期限和拆借资金用途。但这次整顿并未达到理想效果。

与之相对应的是,中国人民银行也有针对性地在20世纪90年代对国内同业拆借市场发展中出现的问题先后制定并实施了一系列规章制度和监管措施。1990年,中国人民银行第一次明确针对我国同业拆借市场的发展制定并实施了《同业拆借管理试行办法》,并对国内同业拆借市场建立以来出现的混乱市场秩序进行了整顿。经过这次治理后,国内同业拆借市场秩序得到明显改善,但是由于我国同业拆借市场仍处于发展初期,市场准入门槛较低,违规拆借较多,各地资金市场形式多样不统一,导致拆借资金使用不当和拆借利率过高。

1992年,我国金融环境良好,同业拆借市场也进入高速增长时期。1993年,同业拆借市场交易量达到4 000亿元,但也随之出现了许多问题。首先,拆借市场准入资格形同虚设,市场参与主体不断增加,甚至一些个人投资者也进入同业拆借市场。其次,狂热的市场参与者抬高了资金拆借利率,有的月份拆借利率高达150%,在南方一些城市甚至高达200%。另外,拆借期限不断加长,有的资金拆借期限长达5年。最后,拆借资金被违规使用。大量资金涌入房地产投资、固定资产投资、开放项目投资等领域,一部分资金还流入股市,这促成了资本市场和房地产市场等领域泡沫的形成,影响了金融市场的秩序。

为了维持同业拆借市场的秩序,中国人民银行分别在1993年和1994年经国务院批准后颁布实施了《关于进一步整顿和规范同业资金拆借秩序的通知》和《借贷资金管理办法》,从而对我国同业拆借市场的交易主体、资金数额、拆借期限和资金用途等进行了更为明确和严格的规定,这为我国建立全国统一的同业拆借市场奠定了基础。1994年,同业拆借市场规模达到5 000亿元。1995年,同业拆借市场交易量超过1万亿元。

3. 日趋成熟时期

1996年1月3日,中国人民银行授权各商业银行建立了全国统一的银行间同业拆借市场。1996年4月1日,中国人民银行发布了全国统一的同业拆借利率——中国银行同业拆借市场加权平均利率(CHIBOR),并规定从6月1日起取消同业拆借利率上限,全面放开拆借利率,实现了由利率管制向利率市场化的转变,我国同业拆借市场进入稳定发展阶段。1996年6月,中国人民银行陆续批准了部分证券公司和财务公司成为全国银行间同业拆借市场的交易成员,从而使得我国同业拆借市场覆盖的金融机构更加广泛和发展更加稳定。

1997年,7天以内(包括隔夜)的同业拆借交易量占比32.5%。2000年,同业拆借的期限结构发生了根本性的改变,7天以内(包括隔夜)的同业拆借交易量占比已上升为71.4%。这一指标的变化显示,我国同业拆借市场已经成为各金融机构进行短期融资、调节流动性的重要场所。2006年,全国银行间同业拆借市场的金融机构参与者共有703家,相比1996年已经扩大了12.8倍,且拆借资金总规模超过2万亿元,拆借市场迎来了历史性突破。

2007年,中国人民银行根据我国同业拆借市场发展的经验以及同业拆借市场发展过程中出现的新问题制定了《同业拆借管理办法》,全面规定了我国同业拆借市场的准入资格和退出条件、交易程序和清算办法、风险控制和信息披露,以及监督管理等方面,明确规定了违反同业拆借管理规定的法律责任,进一步规范并促进了我国同业拆借市场的持续发展和日趋成熟。2007年1月,为进一步健全利率市场化改革,形成货币市场基准利率,中国人民银行推出了一套新的同业拆借市场利率——上海银行间同业拆借利率,开始建立报价制的货币市场基准利率,我国货币市场金融工具逐渐以SHIBOR为基础进行定价。

2012年,SHIBOR报价行由16家增加至18家,并调整计算方式,由剔除最高、最低各2家报价行调整为各剔除4家,进一步扩大了SHIBOR的代表性。同时,通过优化调整报价发布时间,使SHIBOR更好地反映市场利率变化,增强其基准性和公信力。2013年12月7日,中国人民银行颁布了《同业存单管理暂行办法》(中国人民银行公告〔2013〕第20号),宣布该办法自2013年12月9日开始实施。该办法是我国规范同业拆借市场发展的最新国家性金融政策,对于同业拆借数额较大的银行来说,央行允许商业银行推出大额可转让存单,这有利于提高银行的定价能力,降低负债成本和改善存贷比,从而在短期内提振银行业的表现。

2015年年末,同业拆借市场成员已达1 382家,达到市场建立初期的28倍。2015年同业拆借市场成交量达到64.2万亿元,将近达到市场初期的300倍。与此同时,以SHIBOR为基础的同业拆借市场利率也已经成为中国货币市场的重要基准利率。2016年8月9日,全国银行间同业拆借中心发布了《全国银行间同业拆借市场业务操作细则》,全面取消准入申请,凡是满足《同业拆借管理办法》的金融机构均可提交材料申请,这促进了同业拆借市场规模的进一步扩大和市场运作效率的逐渐提高。

2018年,货币市场总交易量超过860万亿元,其中同业拆借交易量将近140亿元,占比16%左右,且交易量同比增长76.37%,成交规模首次超过100万亿元,其中7天以内交易的成交量达到 97.52%。与此同时，同业拆借市场成员的规模也首次超过 2 000 家。截至 2019 年 9 月 18 日，我国银行间同业拆借市场已经超过 2 100 家，覆盖 18 种不同性质的机构，涵盖成员范围不断扩大。其中，股份制商业银行占比最大，超过 40%，交易超过 130 万亿元。紧接着是大型商业银行和城市商业银行，总占比也超过 30%。农村商业银行和外资银行在同业拆借市场中占比较小，各自占比 6%。

【案例评析】

  同业拆借市场本质上是一种短期投融资市场。由于各金融机构从自身利润最大化出发，可能会在超额准备金盈余时继续拆入资金或者在超额准备金短缺时拆出资金，所以仅靠市场力量运行的同业拆借市场存在着一定的风险，在发展过程中也出现了许多问题，主要表现在以下几个方面。

1. 金融机构以"同业存放"的形式绕开同业拆借监管

  作为融资市场业务的重要组成部分，长期以来，同业存放和同业拆借都是金融机构实现资金融通的重要形式，两者在参与主体、资金流向、风险计量方面具有相似之处，但同业拆借在限额、期限、用途、交易主体和交易方式上都有严格规定，而同业存放在定价机制、接受监管上具有较强的灵活性和隐蔽性，故成为金融机构绕开监管进行资金融通的主要形式。

  以农村金融机构为例，农村金融机构的设立旨在改进和完善农村金融服务，为本地"小、微、农"及新农村建设发展提供金融产品和服务。然而，近年来，为了规避同业拆借市场的监管，农村金融机构的大量闲置资金流向同业存放，脱离县域实体经济。农村商业银行、农村合作银行、村镇银行等地方性法人金融机构一方面受信贷规模控制，另一方面由于放贷能力及信贷的有效需求问题，资金闲置现象普遍。与此同时，全国同业拆借市场严格的准入门槛使自身经营尚处完善过程的农村金融机构望而却步，所以农村金融机构选择以同业存放形式进行资金融通。

  对于中小型股份制商业银行来说，资产收益的内在需要成为其"同业拆借存款化"的推动力。同业存款的初衷是"金融企业之间因发生日常结算往来而存入本企业的清算款项"，目的是便于银行在同业之间开展代理业务和结算收付。2005 年以前，金融机构同业存款利率最高不超过超额准备金存款利率。根据《中国人民银行关于调整商业银行住房信贷政策和超额准备金存款利率的通知》（银发〔2005〕61 号）文件的精神，从 2005 年起放开金融机构同业存款利率，改为双方协商确定，具体利率由借贷双方参考上海银行间同业拆放市场利率协商后确定。调研中发现，同业存款利率由于没有统一的开放平台，在定价机制上不透明，不同金融机构之间的存放价格可能存在较大差异，金融机构出于自身资产收益的需要制定其价格，存在套利空间。此外，在月末、季末等考核时点，银行大口径的存款考核指标可包含同业存款，各行考核时点冲高的存款压力加剧了短期内同业存放价格的飙升，少数金融机构乘虚而入，这种出于盈利需要的套利行为，扰乱了区域银行间同业往来业务的正常秩序，在一定程度上加剧了区域间流动性泛滥，弱化了稳健货币政策的实施效果。

2. 拆入资金与实际资金运用期限错配

  中小金融机构由于资金来源有限，进入全国性同业拆借市场后，资金借入与资金使用存在期限错配问题，由此带来了流动性隐忧。《同业拆借管理办法》规定，非银行金融机构的拆借期限较短，如金融租赁公司、汽车金融公司等拆入资金的最长期限为 3 个月，企业集团财务公司、证券公司等拆入资金的最长期限为 7 天；银行类金融机构的拆借期限最长可以达到 1 年，但各金融机构拆出资金的最长期限不得超过对手方的拆入资金的最长期限。从当前拆借主体上看，资金宽裕的大多为全国性的大银行，中小股份制银行特别是非银行金融机构处于资金短缺方，后者取得借款后，一部分借款用于弥补头寸不足，满足短期资金需要，更多的以短借长用的方式循环拆借，周期性使用，获得利差。因此，从表面上看各行拆借期限符合《同业拆借管理办法》的要求，实际上，采取的多是拆东墙补西墙的方法，变相延长拆借期限，通过拆借资金来发放贷款、操作买入返售资产等，违背了拆借资金只限于短期资金融通的本意。

3. 信用拆借容易引发资金违约现象

部分金融机构拆出资金不是因为超额储备过多，而是为了套利，少数金融机构拆入资金并非为解决头寸紧张，资金拆借市场在一定程度上变为变相贷款市场，其拆借资金超出了调剂资金余缺的范围，一旦资金拆入方出现流动性紧张，拆借机构会面临多米诺骨牌效应。

4. 有效经纪人制度缺失加大了拆借风险

当前，我国同业拆借市场仍然存在着较严重的信息不对称现象。由于完善的信用评估机制和经纪人担保制度的缺失，资金拆出方无法准确、全面地了解到资金拆入方的信用状况以及还款能力，使得资金拆出方面临拆借前的逆向选择和拆借后的道德风险双重风险，拆借风险加大。在此背景下，资金拆出方一般采取谨慎拆借的原则，不会轻易放款给自身资金实力相对较弱的中小银行以及其他金融机构或者限制拆借期限，减小拆借规模。因此，在当前我国有效经纪人制度缺失的背景下，资金拆出方与资金拆入方的直接交易模式有不合理之处，这种模式不仅加大了拆出方拆出的风险，也不能满足所有资金拆入方的需求，降低了资金利用效率。

5. 上海同业拆借市场（SHIBOR）的报价与定价机制有待完善

从 SHIBOR 的报价机制来看，存在错误报价和中长期报价缺失两大问题。一方面，由于 SHIBOR 并非真实利率，而是 18 家报价行基于自身市场地位、交易规模、定价能力、未来市场走势等作出的预期判断。一方面，不同报价行面临的风险不同，相匹配的风险溢价有所差异，这影响了 SHIBOR 作为同业拆借市场基准利率的稳定性与正确性。而且 18 家报价行之间也可能出于利益考虑而联合起来谎报利率，从而使 SHIBOR 难以反映市场真实的资金供求状况。另一方面，SHIBOR 的不断完善发展是利率市场化的重要环节，但是其长期交易仍然存在市场缺失、交易主体少的问题。因此，SHIBOR 期限结构仍然不够完善，中长期报价没有实现预期效果。

从 SHIBOR 的定价机制来看，SHIBOR 在金融市场中的应用还存在一定的局限性，其目前主要应用于货币市场，在债券、股票、衍生品等市场中的应用还有待发展。

我国银行同业拆借市场已历经三十余年的发展，虽然央行在不断制定各种法规和条例来配合拆借市场，但同业拆借市场仍存在着不断发展与完善的空间。在法律层面，还需逐渐完善同业拆借市场的法律体系，使在拆借交易中的各交易主体受法律法规规制，以强化对各主体的管理与约束。在风险控制与评估层面，建立健全信息披露机制和信用评估体系，使拆借机构能获得充足的信息，并根据信用评估结果制定合理的授信体系，并且有效控制风险。在交易制度层面，建立与我国国情相适应的经纪人制度势在必行。在同业拆借利率形成机制方面，完善我国银行同业拆借市场，促进我国拆借市场利率的灵活调整，是加快我国利率市场化进程的重要环节。经过不断的完善与发展,我国的同业拆借市场会逐渐成为我国货币市场中占据主导地位的子市场,同时也会作为主导力量推动我国金融行业的发展。

【案例讨论】

1. 我国同业拆借市场产生的原因是什么?
2. 我国推进利率市场化对于同业拆借市场有什么影响?
3. 发达国家的同业拆借市场对我国有什么启示?

【参考文献】

[1] 顾成军.我国同业拆借市场发展问题分析[J].市场论坛,2014(2):64-66.
[2] 荣艺华.2018年金融市场回顾[J].中国金融,2019(4):29-31.
[3] 姜淮.中国银行同业拆借市场发展研究[J].中国市场,2008(35):38-39.

第三章

股票市场

案例1 2018年香港交易所上市规则的改变

【案例内容】

创新型的新科技、新经济正驱动着全球经济发展,掀起一股又一股新浪潮。顺应新经济涌动的大潮,2018年4月30日,香港交易所(以下简称"港交所")正式推出了25年来最为重大的上市制度变革,鼓励同股不同权及未盈利的生物科技企业来港上市。这一重要举措为大批的内地新经济企业资本市场化提供了很大便捷,在亚太地区金融市场中掀起了一场优质上市资源争夺的"波澜",并引发了全球各主要资本市场的关注。Wind的数据显示,2018年上半年共有200家企业向港交所提交了申请,相比2017年同期(121家)增长了65.29%,创下了港股半年IPO申报数量的新高。而在上市总量方面,港交所上半年共有103家企业完成上市,这一数量相比同期A股多了39家,比美股多了34家。

1. 港交所的创立及发展

香港交易所的全称为香港交易及结算所有限公司(Hong Kong Exchanges and Clearing Limited, HKEX),是全球主要的交易所集团之一,也是一家在香港上市的控股公司。港交所在香港及伦敦均设有营运交易所,旗下成员包括香港联合交易所有限公司(以下简称"联交所")、香港期货交易所有限公司、香港中央结算有限公司、香港联合交易所期权结算所有限公司、香港期货结算有限公司以及于2012年以13.88亿英镑成功收购的世界首屈一指的基本金属市场——伦敦金属交易所。

香港的证券市场历史悠久,早在19世纪70年代以前就出现了香港会,从事小范围的股票上市和交易活动。1947年,香港证券交易所和香港证券经纪人协会合并为香港证券交易所有限公司,到20世纪60年代后期,仅有的一家交易所已无法满足香港地区股票市场繁荣和发展的需要,在香港经济不断发展,华资公司对上市集资的需求逐步增加的背景下,远东交易所、金银证券交易所及九龙证券交易所于1969年先后成立,香港的证券市场随即进入4家交易所并存的"四会时代"。然而20世纪70年代初的股市暴跌,充分暴露了香港证券市场四会并存局面所引致的各种弊端,于是经过长期酝酿,香港联合交易所有限公司于1980年注册成立,1986年3月27日,4家交易所正式合并组成香港联合交易所,享有在香港建立、经营和维护证券市场的专营权,并成为国际证券交易所联合会的正式成员。至此,香港联合交易所开始稳步运作并成为香港唯一的证券交易所,香港地区的证券市场进入一个崭新的时代。

2. 港交所的魅力

港交所凭借香港独具的优势，成为全球极具竞争力的一个资本市场载体，主要原因包括以下3个方面。

(1) 香港是中国内地与国际市场的主要连接窗口

香港为国际市场提供了接触中国内地投资者的互联互通机制，沪深港通为中国接通全球市场提供了方便、有效的跨境渠道。不仅如此，作为国际化的大都会，多元化及国际投资者的广泛参与使得香港汇集了大量且多元化的投资者，有助于推动市场流通量。因此，港交所可进行不同规模的首次公开招股活动，有能力支持大型IPO，并在市场机制下为招股定出合理的市场价格。

(2) 香港拥有稳健的二级市场

香港的二级市场交投活跃，具有高流动性、高安全性和高效率性，是进行再融资及对冲的理想市场。同时，在港企业管治要求符合国际标准，可以确保在香港上市的公司透明度高、问责性高、市场信任度好。香港的新股上市机制也容许引入策略性基础投资者，这不仅可以提高公众信心及公司的可信性，也可以使公司与股东的长远利益一致。

(3) 香港的证券市场法律法规较为健全

香港地区具备完善的监管机制和健全的法律法规，且其符合国际惯例和统一标准，资金及资讯的流通不受限制，不仅为集资公司奠定了坚实的基础，也有助于增强投资者的投资信心。同时，港交所的新股申请程序透明度高，上市指引全面，对所有申请人采用公平公正的统一标准，审批便利、审批效率高，这些都是香港成为国内外众多企业融资的理想市场环境所不可或缺的重要因素。

3. 港交所上市规则的变更

在万众瞩目中，港交所于2018年4月公布了上市新规，在《主板上市规则》中新增了3个章节：历史上首次允许尚未盈利的生物科技企业、采用不同投票权架构的新经济企业来港IPO，且为寻求在香港进行第二上市的大中华地区企业和国际企业大开方便之门。也就是说，港交所将对以互联网为主的新经济公司开放"同股不同权"，对全球生物科技公司放开"收入限制"条款。2018年4月30日港交所的官网首页挂上了"开启新时代"的红色汉字，由此迎来了自25年前接纳H股上市后香港最具里程碑意义的上市制度变革。

(1) 容许未有收入的生物科技发行人在主板上市

港交所本次上市制度变革的主要目的是拓宽新经济公司来港上市的渠道，而这其中就包含了许多生物科技公司，由于他们普遍存在大量研发工作，所以在发展商业产品和服务并赚取收入前就已经存在集资需求，此次修订准许无前期收益或盈利的生物科技公司通过满足市值等财务标准上市。《咨询总结》对生物科技公司的定义是：于生物科技领域中从事产品、处理技术或科技研发、应用或商业化发展的公司，例如制药公司、生物科技及生命科学公司、医疗设备及用品公司、医疗技术公司等。生物科技公司业务倚重研发，多受严格监管，需遵循监管机制所定的发展进度目标，因此这类公司即使没有收入及盈利等传统指标，投资者依然能够做出估值。《咨询总结》也指出，未来会在适当的时候检讨该制度，再决定是否接纳其他类型的新经济公司在未有收入的阶段上市。《主板上市规则》第十八章规定了改革的详细内容："定义与释义"部分主要对生物科技、生物科技公司及生物科技产品等关键词进行了规则界定;"上市条件"部分主要对生物科技公司在主板市场上市的特殊条件进行了规定;"上市文件的内容"部分主要对生物科技公司上市时需向港交所提交的具体文件进行了规定;"持续责任"部分主要对生物科技公司持续上市期间的信息披露特殊要求、业务运营维持要求及重要事项变动限制要求等内容进行了具体规定。由于这一新规将对科技创新产业企业融资、培育创新潜力有着重要推动作用,因此该项增订内容也被称为此次上市规则增订体系中与科创企业融资存在最直接联系,且最能代表科创企业上市规则的核心内容。

（2）容许不同投票权架构的创新产业及高增长发行人在主板上市

不同于"同股同权"公司的一股一票,"同股不同权"公司有高、低投票权两种股票,高投票权的股票每股有 2～10 票的投票权,称为 B 类股,一般由管理层持有;一股一票甚至没有投票权的股票称为 A 类股。同股不同权又称双重股权结构。港交所开始实施的新的《主板上市规则》将接受双层股权结构公司的上市申请,其创新点如下。

1）表决权的限制

在公司上市时,发行人股东大会议案中 A 类股份所占比例必须高于 10%,不能将所有股权全部赋予 B 类股东,同时 B 类股权持有人不能违规获得 90% 以上的股权,此项规定的目的是保护 A 类股权持有人的利益。B 类股权持有人所拥有的表决权不得超过 A 类股权持有人的 10 倍。

2）B 类股票的限制

B 类股权持有人将其所有的 B 股实益拥有权、经济利益或股票所附带的表决权转让他人后,其 B 股效力终止。若代发行人的 B 股受益人所持 B 股的工具不符合规定,此受益人与发行人的 B 股效力亦终止,同时受益人与发行人必须将详细数据尽快通知港交所,否则将面临巨额罚款以及相对的禁入限制。

3）公司治理角度的规制

首先,港交所规定,上市发行人进行章程改动、股份附带权利的变动、委任或罢免独立非执行董事、上市人自行提出破产清算时,上市发行人必须对 A 股、B 股都视为一股一票。其次,轮流退任独立非执行董事须最少每三年轮流退任,同时在三年任期结束时可重新获得委任。最后,设立公司治理委员会,其职责包括:确认上市发行人是否为全部股东的利益进行运营管理;就委任或罢免顾问事宜向董事会提出建议;每半年度以及每年度向港交所报告其工作。

（3）为寻求在香港上市的大中华及国际公司设立新的、便利的第二上市渠道

第二上市渠道有别于双重上市,双重上市指海外发行人也可选择同在两家交易所作双重主要上市,但需要同时符合香港（有少数例外情况）及另一司法权区的所有规定。而第二上市渠道是指,公司主要受第一上市渠道的司法权区的法规及监管机关规管,联交所亦预期公司证券主要在该海外交易所交易。在此基准上,联交所豁免第二上市或寻求第二上市的海外发行人可不用遵守《主板上市规则》第十九章及 2013 年《联合政策声明》所载的第二上市机制的若干规定。目前,联交所认为的合资格循此途径申请上市的发行人主要有以下特点:第一,限于已在合资格交易所（纽约交易所、纳斯达克或伦敦交易所主市场的"高级上市"分类）上市的创新产业公司;第二,在合资格交易所上市有最少两年的良好合规记录;第三,上市时逾期市值最少为 100 亿元;第四,如果申请人为大中华公司,则必须于 2017 年 12 月 15 日之前在合资格交易所已作主要上市。此次修改也将解除不容许业务以大中华为重心

的公司在香港作第二上市的限制。根据香港联交所和证监会制定的2013年《有关海外公司上市的联合政策申明》，如果海外发行人的业务以大中华为中心，申请在香港第二上市将不获批准。该申明主要是为了预防"监管套利"，即业务以大中华为重心的公司通过在海外交易所做主板上市，在香港交易所做第二上市，来规避遵守联交所主板上市的规定。近年来许多内地的大型新兴与创新产业公司虽然选择在美国或其他主要国际交易所主板上市，但其并不是为了"监管套利"，尽管如此，为了严防死守，联交所规定在2017年12月15日之后在其他合格交易所上市的大中华发行人，依然需要遵守联交所有关修订公司章程（以达到联交所满意的主要股东保障水平）、VIE架构以及不同投票权架构方面的要求。

【案例评析】

1. 港交所上市制度改革的背景

（1）拥抱新经济、新金融、新机遇的时代趋势

2018年4月3日，香港证券交易所行政总裁李小加在香港立法会财经事务委员会会议上将港交所改革的初衷定位为新经济的崛起，他指出："新经济已经成为驱动世界经济发展的新浪潮，在推动社会进步的同时，也创造了激动人心的投资机会，获得了全球投资者的拥抱与追逐。香港也在思考应该如何与时俱进，如何巩固自己独特的国际金融中心的优势。"他坦诚道："香港目前在一个非常重要的方面已经落后了，即我们没有以正确的姿势拥抱新经济，特别是在容许有特别投票权架构的公司、未有营业收入的公司上市方面，以及第二上市等重要领域还不够灵活和开放。在这方面，纽约已经比我们和很多其他市场更有竞争优势。"的确，纵观美股市场不难发现，在以美国为第一上市地的116家中国内地公司中，33家采用了同股不同权架构，总市值为5 610亿美元，占所有在美国上市的中国内地公司市值的85%，其中18家科技公司在其中贡献了84%。而港交所新经济板块长期以来缺乏"存在感"，根据港交所统计的数据，香港上市公司行业高度集中，主要集中在金融及地产行业，合计占香港市场总市值的44%，类型结构显得过于传统，过去十年间在香港上市的新经济行业公司仅占香港总市值的3%，而纳斯达克该比例达到60%，纽约交易所达到47%，伦敦交易所达到14%。

港交所首席中国经济学家巴曙松称，经济增长对于"基础设施＋房地产增长"模式的依赖程度在逐步降低。如何更大规模地支持以新的产业、新的业态和新的商业模式为代表的新经济板块成为资本市场面临的重要任务。但是，新经济创业在资本上有一个重要特点——融资密集。据IT桔子的统计，滴滴于2017年12月已完成了16轮的融资，美团则已经完成了F轮融资。在多轮融资之下，公司创始人的个人股份普遍遭到稀释，难以保证绝对控股。采取双重股权结构成为创始人获得控制权的常见做法，而这并不为港股市场所接受。蓬勃兴起的中国"独角兽"科技企业，从2017年开始，打开了上市窗口期，但这些企业都选择"绕道"香港。爱奇艺、B站、搜狗、乐信、和信贷、拍拍贷等都选择在美国上市，中国香港并没有成为科技公司IPO（首次公开募股）的乐土。在经济新常态下，新型企业既包含新的技术、新的产业，也包含新的业态与新的模式，并由此取得新的发展、新的突破，新型企业是现阶段我国经济持续稳定发展的强大引擎。因此，对于素以自由开放包容著称，并号称亚太主要金融中心之一的香港证券市场，如此之成绩不尽如人意。若不寻求积极且实质性的改革举措，有可能会在经济大浪潮中加剧资本进一步遭分割，从而导致其国际地位日益走下

神坛。

(2) 直接原因:错过阿里巴巴上市

香港市场重启关于"同股不同权"问题的讨论,正是始自2013年阿里巴巴上市,错失了阿里巴巴的IPO,是港交所历史上最大的遗憾。事实上,阿里巴巴最早优先考虑的上市地是中国香港,为了在外资企业日本软银和美国雅虎各持有阿里巴巴36.7%和24%的股权情况下保证阿里巴巴管理层的大权在握,阿里巴巴不得不实行合伙人制,这正是同股不同权的一种。但香港的监管机构认为,香港与美国制度不同,缺少集体诉讼机制,为保护中小投资者只能坚持"同股同权"。最终,阿里巴巴谋求在香港上市失败,随即远赴美国纳斯达克进行上市。一直以来,以坚持保护投资者利益为由,港交所对很多"同股不同权"的新经济公司关上了大门,和阿里巴巴做出相同选择的,还有新浪、网易、百度、搜狐等大科技公司,他们纷纷选择"绕道"香港,在美国上市。这让香港错过了整个互联网科技的黄金时代,被外界普遍看作港交所近几年挥之不去的"心痛",坚持同股同权让港交所错失了一大批有高估值的中国科技公司。阿里巴巴赴美上市后所获得的巨大发展与成功,令港交所痛定思痛,在时任集团行政总裁李小加的带领下港交所决意变革,在沪港通、深港通的基础上再下一城,破旧立新,进一步优化证券市场制度体系,布下拥抱新经济企业的大棋。

(3) 必要性:争夺"独角兽"企业

人们一般将成立时间小于10年,市场估值超过10亿美元的创业公司统称为"独角兽"企业,不只是港交所,世界各地的证券交易所都正面临变革,中国证监会、纽交所等频频改革上市政策。2018年3月22日,中国证监会《关于开展创新企业境内发行股票或存托凭证试点的若干意见》获国务院批准。以在美股上市多年的阿里巴巴为例,如果阿里巴巴想参与A股市场,可以把一部分自己的美股放到中国的有关机构进行"托管",然后以这些托管的股权发行CDR(中国存托凭证),境内投资者就可以参与企业投资,与其他上市制度相比,CDR的优势在于企业可以保留海外上市主体,以存托凭证的方式向国内投资者发行股票,不符合A股上市要求的VIE(协议控制)或WVR(同股不同权)架构企业也可以在内地进行间接上市。显然,这将为"独角兽"企业回归带来极大的便利,吸引在海外上市的中国新经济股回归A股市场。相较而言,纽交所的政策显得更为激进,2018年4月3日,纽交所甚至通过了音乐巨头Spotify的直接上市——绕过传统的首次公开募股程序,直接在纽约证券交易所挂牌交易。这种上市方式不需要承销商,不举办路演,不发行新股,也没有静默期和交易"锁定期",原股东在上市后的任何时间可自由抛售股票,甚至公司管理层都没有前来纽交所进行传统的敲钟仪式。面对资本市场上的风起云涌,港交所做出重大改革早已是迫在眉睫,其希望通过扩大自身竞争力吸引更多的"独角兽"企业来港上市,甚至是已经在外国上市的大中华公司回归港股市场,以提升联交所在高科技领域的竞争力,从而巩固香港国际金融中心的地位。

2. 港交所上市制度改革带来的成效

(1) 新经济企业踊跃赴港挂牌

受上市新规的影响,2018年累计有28家新经济企业在港挂牌,首次公开招股集资金额达1 360亿港元,约占年度IPO总集资金额的48.9%。其中,以同股不同权上市的新股,先后有小米集团和美团点评,未盈利生物科技股有5只。政策释放的红利在2019年继续释放:阿里巴巴以同股不同权暨首家在香港第二上市的海外发行人身份,于11月26日在港敲钟;4只未盈利生物科技股备受市场追捧,不但公开发售引入了认购资金,而且博得了高认购倍数,IPO行情也全线飘红,投资回报率十分可观;京东、网易、百度等中概股也掀起了回港第二上市的大潮。

(2) 新经济"独角兽"云集,港交所的全球IPO中心地位稳固

在2018年实行上市制度改革后,2018年的港股IPO市场以205宗首次公开募股、2 778.5亿港元总融资额,在全球各大交易所中荣膺双料冠军,香港也稳夺年度最具吸引力的上市地宝座。众多新经济企业受上市新政的吸引而来,这是2018年香港市场IPO规模重回全球第一的最大推动力。多重因素交织下的2019年,港股的打新市场依然热闹非凡。超重量级新经济企业阿里巴巴回港进行第二上市,开始掀起中概股回归潮。全年港交所共162宗IPO,募资总额为3 128.89亿港元,在近11年中,第七次排名全球各大交易所IPO集资额榜首,且连续7年位居前三名。

(3) 内地新经济企业迎来上市的黄金时代

在内地庞大的市场以及经济结构转型的浪潮下,兴起的科技、信息服务等企业对港股市场情有独钟,纷纷向港交所递表寻求融资。主板上市申请中的新兴经济公司数量不断增多,继续成为市场的重要推动力,这反映了他们的融资需求以及对中国香港市场的兴趣。可以说,如今内地企业尤其是新经济企业,已经成了港交所IPO的中坚力量,迎来了上市的黄金时代,可谓高潮迭起。截至2020年5月1日,上市新规实施两年,已在香港上市的新经济企业共有84家,累计募集3 023亿港元,占同期香港整个新股市场总融资额的50.8%。生物科技企业共146家,总市值约1.85万亿港元,较上市新规生效前增长72%。

3. 新政对中国新经济企业市场化的意义

(1) 为内地新经济企业资本市场化进一步扫清障碍

错失阿里巴巴5年后,港交所的一纸新规终于为众多的中国新经济企业打开了闸门,为他们竭力扫清了进入香港资本市场的障碍。比起美国和欧洲的资本市场,香港与内地在地缘、文化、语言等方面都有着紧密的联系,且赴港上市的道路变得通畅,大大地提高了对寻求境外上市融资的内地企业的吸引力。同时,资本市场的基本功能是价格发现,港交所能够为其提供丰富的融资渠道,也挖掘企业投资价值,形成相应的定价机制,进而提升资金的市场配置效率,凭借资本市场的助力,未来中国新经济企业有望迎来量、价、质齐升的大跃迁。

(2) 显著提升港交所的全球竞争力

巩固并提升香港国际金融中心的地位,将香港发展成中国新经济企业的IPO首选地,是香港各界的一致共识。鉴于"一国两制"带来的制度优势,香港对内地新经济企业海外上市的吸引力始终有增无减。尤其是在新旧经济增长动力转换的关键阶段,大量内地新经济企业融资需求强烈。随着港交所进一步优化上市机制,扩容沪港通、深港通、H股全流通及债券通,未来的港交所将会继续凭借IPO数量和集资额的出色表现,屹立于全球交易所之巅,作为全球金融中心的竞争力更为凸显,将进一步提升中国资本市场的全球竞争力。

(3) 推动香港IPO市场的多元化

新经济一边推动着科技革新、社会进步,一边也正深刻地影响和改变着我们的生活,创造了无数有价值的投资机会。港交所上市新规是香港迅速提升自己的资本市场竞争力、开放性和包容度的体现,使得其新股市场变得更多元化,丰富了港股的构成,为投资者提供了更多投资选择,使投资者更容易分享新经济企业成长的红利。自港股通开放后,香港与内地

的资本市场联系逐渐增多,源源不断的南下资金成为港股市场的源头活水,让投资来源更加多元化。如同当初 H 股的诞生,而今上市制度改革吸引更多新经济企业来港上市,会产生集聚效应,让香港市场更繁荣、更有活力。

(4)多方共赢的时代创新之举

近几年,沪港通、深港通使香港与内地在金融市场上互联互通,使香港全方位、多层次地敞开怀抱接纳新经济企业,是更上一层楼的创新之举。从此,香港可以更好地享受到中国经济结构转型的第二次红利,促进两地资本市场形成"多市场、跨货币"的体系,双向深化改革开放。在这一过程中,港交所的上市制度改革营造出了良好的投资者基础和投融资环境,帮助中国新经济企业迈出资本市场化与国际化的一大步,各类投资者也能够通过各种形式,更方便地投资新经济企业,共同见证新经济的发展与成长,最终实现多方共赢。

【案例讨论】

1. 港交所上市新政对我国 A 股市场上市制度的变革有着怎样的借鉴意义?
2. 在双重股权结构治理模式下如何保护中小股东的权益?

【参考文献】

[1] 通江投资集团.拥趸之下,赴港上市的机遇与挑战[J].科技与金融,2018(8):17-18.

[2] 蒋辉宇,章道润.香港交易所 2018 年零利润生物科技公司上市规则增订的制度经验与启示[J].财贸研究,2019,30(6):47-60.

[3] 鲁桐.香港交易所 IPO 新规解读及思考[J].中国国情国力,2018(6):23-25.

[4] 刘志鑫.双层股权结构上市公司分析——以小米公司赴港上市为例[J].产业创新研究,2018(6):36-37.

[5] 严裕港.从港交所上市新政论 A 股新股发行制度改革[D].重庆:西南政法大学,2020.

案例 2 美国股票市场熔断机制分析

【案例内容】

受到 1987 年的"黑色星期一"影响,美国在 1988 年 2 月出台熔断制度,回顾 100 年以来的经济危机,始作俑者美国仅在 1997 年发生过一次熔断。2020 年是见证历史的一年,在短短两周之内美股出现了 4 次熔断。自 2020 年 3 月 9 日以来美股历史上的第二次熔断,再到 3 月 12 日、16 日以及 18 日接连 3 次的熔断,给全球的资本市场带来了重大的影响。

1. 熔断的问世

1987 年 10 月,"两伊战争"中美国客机在波斯湾地区的坠机事件引发了投资者对于国际政治局势不稳定的担忧。当月,时任美联储主席艾伦·格林斯潘(Alan Greenspan)对美国经济的评论引发了市场对于美联储加息的担忧。1987年10月5日,道琼斯工业平均指数下跌6%。同年10月12日,该指数进一步下跌9%。1987年10月19日,华尔街上的纽约股票市场刮起了股票暴跌的风潮,爆发了历史上最大的一次崩盘事件:道琼斯工业股票平均指数骤跌508点,下跌幅度为22%,并在全世界股票市场中产生了"多米诺骨牌"效应:世界上主要金融城市伦敦、法兰克福、东京、香港等的股市均受到强烈冲击,史称"黑色星期一"。

1988年2月,熔断机制正式出台,并于1988年10月开始实施。熔断机制指的是基于参考价格的一系列价格波动限制。简单地说就是,当股市跌到一定程度之后,市场就会自动停止交易一段时间,可能是几分钟,也可能是全天终止交易。这样做的主要目的是防范恐慌情绪进一步扩散,给市场带来更大的冲击。

2. 首次熔断的发生

早在20世纪80年代,东南亚各国便凭借相对较低的劳动力成本,吸引了大量资本投资亚洲新兴经济体,同时各国纷纷推行扩张性的财政政策和货币政策,鼓励国外投资。20世纪80年代后期,亚洲各经济体泡沫化严重,过度依赖出口,经济主要依赖资本的积累和密集的劳动力投入,缺乏真正的知识进步和技术创新,也缺乏有效的制度支持。

1995年,"新经济"时代来临,美国经济复苏,美元开始升值。由于东南亚经济体大多实行固定汇率制度,货币间接或直接与美元挂钩,所以美元的升值带动了与美元挂钩的东南亚各国货币一起升值,严重地降低了东南亚各国出口产品的竞争力。泰国出口从1995年的22.5%直降到1996年的3%,出口的减少直接使泰国房地产泡沫开始破裂,银行坏账大量增加,出口增长率大幅降低,收支失衡。由于泰铢实行固定汇率制度且泰国金融市场开放程度较高,在外汇储备大量流失后,泰国被迫一再扩大汇率波动幅度。

1997年7月2日,由于一些个体大量抛售本币、抢购外汇,泰国政府宣布泰铢汇率自由浮动,实际上就是允许贬值,当天泰铢马上大跌17%。亚洲金融危机席卷泰国。不久,这场风暴波及亚洲,货币大幅贬值,同时造成亚洲大部分主要股市的大幅下跌。数月后,金融风暴的溢出效应传至美股市场,美股指数受到影响大跌。1997年10月27日,道琼斯工业指数暴跌7.18%,收于7 161.15点。美股发生了历史上第一次熔断。

3. 接连4次熔断的爆发

(1) 2020年3月9日,美股第二次熔断

2020年3月,新冠肺炎疫情在欧洲爆发。人们对政府的作为表示不信任,对未来金融市场呈不乐观态度。外加疫情导致原油需求疲软,国际油价下跌超过20%。沙特阿拉伯为了能提升油价,希望能够与俄罗斯共同实施石油减产。2020年3月6日,沙特阿拉伯和俄罗斯就石油减产问题产生分歧,无法达成石油减产新协议。鉴于俄方态度十分强硬,同时为了打击成本较高的美国开采商的市场,沙特阿拉伯决定报复性增加石油开采量,日开采量将增至1 200万桶,创下日产量新纪录。2020年3月9日,美股三大指数开盘后全线下跌,其中纳斯达克指数跌幅为7.2%,道琼斯指数跌幅为7.79%,创下次贷危机之后的最大跌幅,标准普尔500指数跌幅为7%,历史上第二次触发熔断机制,美股三大股指全部暂停交易15分钟。

(2) 2020年3月12日,美股第三次熔断

众多投资者对市场感到失望加速了股价的下跌,股价的不稳定导致股民产生从众心理,恶性循环加剧了股民的恐慌。

2020年3月12日,开盘不到6分钟,美股市场即暴跌7.2%,再度触发一级熔断,暂停交易15分钟。重新交易后,市场在美联储盘中宣布将向金融体系注入至多1.5万亿美元的流动性后短暂回升,可是随后股市跌幅更大,截至收盘,道琼斯指数跌9.99%报2 352.6点,直接打破了2008年的纪录,创下了1987年第一次美股熔断以来最大单日跌幅。

(3) 2020年3月16日,美股第四次熔断

2020年3月15日,美联储宣布第二次大规模降息,将联邦基金利率目标区间大幅下调至0~0.25%,同时还宣布了7 000亿美元大规模的量化宽松计划,包括回购至少5 000亿美元的国债,增持至少2 000亿美元的抵押担保证券。2020年3月16日,美国三大股指开盘暴跌,标准普尔500指数跌逾7%,触发熔断机制,停盘15分钟。

(4) 2020年3月18日,美股第五次熔断

2020年3月17日,美国政府动用美国财政部批准的应急权限,设立了100亿美元的财政部信用保护的商业融资机制,以为企业和家庭的资金周转提供信贷流支持。由于股票大跌引起的连锁反应,很多基金出现大幅赎回的现象,高负债企业出现债务危机。2020年3月18日,美股早盘大幅低开。当日13点,标准普尔500指数暴跌7.01%,触发7%熔断线,市场暂停交易15分钟,这是十天来美股第四次熔断,也是美国历史上第五次熔断。

【案例评析】

由于当时全球经济的所处环境和经济发展状况与2008年金融危机爆发时所处的情况不同,此次美股下跌与2008年的金融危机存在本质上的差异。此次接连发生熔断主要有以下6个方面的原因。

1. 石油大国的利益冲突

沙特阿拉伯与俄罗斯在石油产量和价格方面未达成一致,从而沙特阿拉伯采取加大开采生产石油的力度的政策,使得全球原油价格大幅下跌。而美国页岩油成本高,原油价格的下降使页岩油的利润空间缩小,偿债能力下降,进而使投资者资产受损风险升高。由于美国页岩油行业在美国的地位十分重要,页岩油企业的危机动摇了部分投资者的投资信心,所以投资者采取措施来降低风险资产比重,集体抛售风险资产。

2. 美国政府应对新冠肺炎疫情的不作为

新冠肺炎疫情在全球范围扩散,使得美国本土的疫情局势不断恶化。这次疫情影响范围大,波及行业多,而且短期内影响不会减弱。由于特朗普政府低估了其风险,让其成为"灰犀牛"事件,并未采取有力的应对疫情的措施。由于疫情未得到有效控制,群众对于政府和市场的信心不足,从而投资者的投资风险偏好下降,减少持有风险资产。

3. 美国泡沫经济的负面效应

自2008年金融危机后,美国通过出售国债的方式向市场投入了大量美元,鼓励各行各业以大量负债的方式扩张产业,发展行业经济,这在一定程度上带动了多个行业的多项经济数据,但这些数据在不乐观的经济环境中并未创造出实际的利润,企业利润仍旧停留在较低的水平。没有硬实力做支撑的美国经济,金融市场动荡、股市暴跌是必然的后果,新冠肺炎

疫情只是必然背景下的偶然诱因。

4. 美国政府货币政策和财政政策使用不当

美联储在2020年3月15日宣布降息接近0的水平，并启动了规模达7000亿美元的量化宽松政策，企图借此措施，降低利率，以此来降低企业的资金成本，推动美国经济的发展。但实际上，美国自从2019年下半年以来经济下行压力较大，美联储已经实行多次降息与货币宽松政策，货币政策可操作的空间已经微乎其微，一味地降息并不会给市场带来较大的活力。现如今美国的货币政策处在凯恩斯流动性陷阱的边缘地带，稍有不慎就会进入流动性陷阱区域，货币政策起到的作用很小。

除此之外，美国财政政策的运作空间也十分有限。由于美国财政资金不充裕，政府近年都在负债运行，每年都存在着相当大的财政赤字，再加上特朗普政府上任以来的大力扩张，更加大了美国的财政赤字，美国政府债台高筑，使得美国政府实行财政政策的可操作性空间较小。因此，货币政策和财政政策实施效果不明显，是股市熔断连续发酵的重要原因。

5. 美国政府不切实际地使用商业融资票据机制

美国政府于2020年3月17日宣布将动用美国财政部批准的应急权限，设立100亿美元的财政部信用保护商业融资机制，为企业和家庭的资金周转提供信贷流支持。从传统意义上来说，作为中央银行的美联储只是向金融机构进行融资，因此他通过降息以及量化宽松给出去的钱也是给到金融机构。而商业融资票据机制（CPFF）突破了传统限制，使得美联储可以直接向实体企业发放贷款，用以满足企业的运营需求。这一政策在美国历史上只使用过两次，分别为1929年的经济危机时期和2008年的经济危机时期。这一政策堪比杀手锏，比降息带来的影响更大。但在当期经济形势下，这一杀手锏并没有稳定市场情绪，反而向外界传达了美国经济低迷的不利信号，让投资者信心迅速下降，更不利于股市的发展，以至于市场在短暂一天的回升后又一次触发了熔断。

6. 西方经济的深层次结构性问题

西方经济一直以来习惯于把一切财富尽可能纳入资产负债表中，且一切经济活动尽量按照财会要求和投资增值方式去做，即经济金融化。在这样的机制中，当经济发展态势好时，人们预期未来消费将会持续增长，从而能实现现有的高估值。然而在疫情的影响下，人们对未来的预期不再乐观，消费者消费减少，企业投资减少。虚高的股价失去了支撑力，暴跌也就成了意料之中的事情。

事实上，疫情虽然是这波股市下跌的诱因之一，但从根本上说，这也是市场的正常调整。自2008年国际金融危机以来，表面上美股大涨，各类资产狂涨，但是当时引发金融危机的根源问题并没有得到真正解决。美国股市这十多年的牛市，大企业回购是首要原因，其次是高科技企业头部垄断、利润大涨，再加上美国总统特朗普上台之后的经济政策刺激，造成了美股持续虚假繁荣。所以，这一次全球股价"大跌"表面看是受疫情影响，但实际上也是全球金融市场资产大洗牌，是正常的金融周期。全球增长放缓和投资疲软是基本盘，新冠肺炎疫情和油价暴跌是"雪上加霜"，共同造就了这一次全球股市大跌。

我们身处不确定性较大的时代，未来的情况可能会变得更糟，这是所有人都必须面临的难题。当然，现在断言全球性经济衰退还为时尚早，接下来的发展走势，还取决于各国是否可以在短时间内重新树立起市场的信心。不过，在中短期内，股市大概率回不到从前了。所以，无论是个人投资者还是机构投资者，都应该谨慎分析和看待当前以及未来股市的发展情况,多投资,少投机。其实,每一次危机的出现有时候不仅带来危害,伴随而来的还有警告和理性思考后的希望。此次美国金融市场上多次熔断的发生除了带来全球资本市场上的振荡以外,还暴露出了一些亟待解决的问题,对这些问题世界各国人民应当团结一致,全力推进人类命运共同体的构建,进一步推动全社会的现代化发展。

【案例讨论】

1. 分析 2020 年美国股市多次熔断发生的原因。
2. 探讨我国股票市场的熔断机制。
3. 通过查找资料分析 2016 年中国 A 股市场熔断的原因。

【参考文献】

[1] 潘凌锐.寻迹美股熔断制度[J].金融博览(财富),2020(5):77-79.
[2] 骆俊.1987 年:华尔街史上最坏日子[J].股市动态分析,2017(44):13-14.
[3] 杨鑫源,郑家启,任泽华.美国熔断机制连续触发的原因及对策分析[J].中国商论,2020(9):13-14.
[4] 陈思进.美股熔断 既是"避风险"也是"挤泡沫"[J].金融博览(财富),2020(4):26-27.

案例 3 德隆系的崩塌

【案例内容】

德隆系是中国独特的"类家族企业",其由 3 家上市公司"新疆屯河""合金股份""湘火炬"及其他与"新疆德隆"有关的上市公司组成。德隆系曾经是中国最大的民营企业,最辉煌的时候旗下拥有 19 家金融机构和 177 家子公司。德隆系也曾经作为中国产融结合的先锋企业,成为许多企业研究与学习的榜样。2004 年,由于资金链的断裂,德隆系不得不由中国华融资产管理股份有限公司进行托管。在市场的一片唏嘘声之下,德隆系彻底崩塌。此事件也由此成了 2004 年中国财经界轰动一时的事件。

1. 德隆系的产生

1986 年,德隆系的创始人唐万新、唐万里等人在新疆乌鲁木齐创办了"朋友"公司,主营彩色摄影冲印业务。此公司的建立象征着德隆系的诞生。

1991 年,乐于尝试新事物的唐万新在西安和武汉真正开始构建所谓的德龙帝国福地。他通过特殊的市场经济体制,倒卖精密合金、陕西五棉、西安民生和西安金华的法人股股票,从而为新疆德隆系的发达之路奠定了坚实的基础。后来他向农村信托公司投资了 3 亿元购买了大部分股份,这一举措对德隆系如此迅速的发展发挥了极其重要的作用。

1992 年,几乎和中国资本市场的发展同步,唐氏兄弟带着 5 000 名新疆老乡随着全国各地百万炒股大军南下深圳,千万股民疯狂购买新股认购抽签表,酿成了著名的"8·10"风波。在这次中国股市狂潮中唐氏兄弟赚到了第二桶金。1992 年,唐万新以 500 万元为注册资本成立了民办所有集体制的企业乌鲁木齐的德隆房地产开发公司。从此,德隆系开始进入娱乐业、农牧业和房地产业。

2. 德隆系的发展与壮大

1994年,唐万新与大哥唐万里讨论后决定在北京新街口开办一个供年轻人放松的舞厅——JJ迪厅。JJ迪厅成了当时北京最大的娱乐场所之一,而且利润也比较多,这是他们赚的第三桶金。1994年,新疆德隆农牧业有限责任公司成立,注册资本为1亿元,揭开了大规模农业综合开发的序幕,并于1995年改名为新疆德隆农牧业发展有限公司。与此同时,德隆系开始尝试由"投机"转向"投资"。

1995年,新疆德隆国际实业总公司成立,注册资本为2亿元,同年,还设立了北美联络处,以此来拓展国外业务。1996年2月,新疆德隆公司由"新疆屯河""新疆德隆"等11家新疆公司和机构注册成立。1996年10月"新疆德隆"介入"新疆屯河",成为第三大股东(持股10.185%)。

1997年春,德隆系在北京达园召开了一次务虚会,并在会上确定由投资项目向投资行业转型。这次会议被德隆人称为"德隆系十年发展历程中最具转折意义的一次会议",从此德隆系进入了具有个性的资本经营时期。在此之后,德隆系通过收购国家股、法人股,入主"新疆屯河""沈阳合金"和"湘火炬"的3次收购行动,实现了将资本运营和实业相结合。除此之外,通过对老三股进行整合,德隆系积累了雄厚的资本,并建立了庞大的生产体系。1997年4月,"金融租赁"发行了1亿元"特种金融债券"(期限为3年,年利率为11%),此债券的发行在德隆系的早期融资中扮演了非常重要的角色。同年,德隆系进入家用户外维护设备、电动工具制造、汽车零部件制造等领域。

1998年德隆系进入旅游业并于1999年进军文体产业。1999年4月,德隆系的两家上市公司同时通过决议,赋予董事会处理对外担保事项的权力。1999年6月,"合金股份"便将"北京太合金"80%的股权作价5 000万元转让给新疆东方奥斯曼化妆品有限公司。1999年9月,"北京总府"将"合金股份"的1 810万股(占总股本的8.46%)转让给"北京绅士达",此次转让价格为1.48元/股。

2001年1月,德隆国际投资有限公司在上海浦东注册成立,并控股新疆德隆集团和新疆屯河集团。2001年3月20日,德隆系公司股价由1997年的12元/股,经复权后变成了186元/股,涨幅达1 500%。2001年3月23日,经复权后德隆系公司股价变成了85元/股,涨幅达1 100%以上,自上市以来上涨了3 000%以上。2001年8月,德隆国际投资有限公司更名为德隆国际战略投资有限公司。同年10月,其注册资本由最初的2亿元增长至5亿元。

2002年,德隆系实现了销售收入40亿元,上缴利润4.5亿元的辉煌战绩,德隆国际的总资产超过200亿元。同年6月,德隆系通过其关联公司上海创基、上海华岳、上海新启业、北京润智、北京中级5家公司控股云南英贸集团,间接成为昆明市商业银行总计持股近30%的大股东。

2003年,德隆系销售额超过100亿元,纳税超过5亿元,总员工数超过10万人。在胡润发布的《2003资本控制五十强》榜单上,德隆系以控股5家上市公司、流通市值高达217亿元而名列榜首。德隆系自称2003年6月为历史上经营最好的时刻,没有逾期欠账款,银行账户可支配现金充足。

3. 德隆系的崩塌及尾声

2003年10月5日至2004年1月5日,德隆系各金融机构均发生挤兑现象,资金头寸全面告急11亿元。

2004年4月13日,"新疆屯河""合金股份""湘火炬"这"三驾马车"在经历了半个多月的下跌后连续跌停,德隆系开始步入危机。2004年4月16日,新疆工商联呼吁新疆维吾尔自治区政府利用政府信用,给予德隆系直接、具体、现实、可行、到位的资金支持,帮助德隆系摆脱财务困境。2004年4月21日,新疆德隆股票出现较大幅度的上涨,据说是由德隆系为了自救,强制要求其员工购买公司股票而引起的。2004年4月25日,德隆系曾打算召开新闻发布会,据说发布会内容是关于德隆系37位出资人准备出资挽救公司的,但最终这次发布会临时被取消。在此之后,德隆系的问题接连暴露,股价大跌,债权人纷纷采取措施要求实行债权保护,德隆系大量资产被冻结。德隆系下各公司为了自保也纷纷与德隆系撇清关系,"新疆屯河""合金股份""湘火炬"相继以资金挪用为由将德隆系告上法庭,德隆系至此彻底崩溃。2004年8月,根据发布的公告,中国华融资产管理股份有限公司全权行使新疆德隆、德隆国际、屯河集团全部资产的管理与处置职权。2004年12月24日,武汉市检察院发出对德隆系领军人唐万新的逮捕令,将德隆系旗下的德恒证券6名高管、伊斯兰信托8名高管进行拘捕,唐万新等其他60位高管同时还面临着刑事处罚。

2005年年初,国务院发布了对"德隆危机"风险处置的总体安排,中国银监会授权新疆银监局发布了《关于新疆金融租赁有限公司停业整顿的公告》,责令新疆金融租赁有限公司自2005年2月24日起停业整顿,中国长城资产管理公司参与了新疆金融租赁有限公司的债权重组。

2008年2月29日,新疆长城金融租赁有限公司在乌鲁木齐开业,标志着中国长城资产管理公司对德隆系新疆金融租赁有限公司重组成功。此举亦表明历时3年零8个月的"德隆危机"风险处置工作宣告结束。

【案例评析】

曾经无比辉煌、被各界津津乐道的德隆系,最终却全面崩塌,以至于被中国华融资产管理股份有限公司接管,具体可以从内部原因与外部原因两方面来考虑。

1. 内部原因

(1) 企业内部总体战略不明确

德隆系曾经提出一套产业整合模型:以资本运作为纽带,通过企业并购、重组,整合制造业,为制造业引进新技术、新产品,增强其核心竞争能力;同时在全球范围内整合制造业市场与销售通道,积极寻求战略合作,提高中国制造业的市场占有率和市场份额,以此重新配置资源,谋求成为中国制造业新价值的发现者和创造者,推动中国制造业的复兴。

在2004年以前,德隆系一直在进行着企业并购,并不断注入新资本来提升德隆系的规模,不断寻找合适的目标,同时在二级市场上进行交易。可以发现,虽然德隆系涉及的行业很广,但是这些行业之间的关联度并不是很高,且德隆系无论是做产业还是做金融都没有形成稳定的盈利模式,在这两方面都没有形成自身的核心竞争力,没有真正地做到之前所设想的产业整合。

(2) 企业自身多元化经营策略失当

多元化战略可能会给企业创造价值,但任何战略创造的价值都遵循经济学中的"收益递减规律"。这意味着,德隆系每一次业务的增加或多元化,即兼并更多不同行业的产业所产生的边际附加值趋于减少。此外,随着德隆系不断兼并和收购不同行业、不同生产线的企业扩大自身规模,其总边际管理成本趋于升高:不熟悉性、时间成本、管理要求等都增加了费用中的边际成本。

多元化策略的理论基础在于投资组合理论。该理论认为,多元化投资可以分散风险,但它建立在所选择的投资项目不能完全正相关的前提下。德隆系在实施多元化策略时,目标蜕变为"做大",一味追求无节制的并购扩张,至于这些行业之间是否具有互补性,企业之间怎样共存和发展,德隆系则没有进行详细的研究。

德隆系收购的多是低市盈率的资产。早些年,德隆系就收购了27家非国有的金融机构,而后继续参股了很多金融机构,把其控股的金融机构作为自身的融资平台,在其资本运作中,构建"资本市场→银行信贷→个人机构理财→实业股权投资"的循环"资金链",进行产业整合和缔造金融控股公司。德隆系长期以来都在以自身营造的"市场"进行资金的流通,或者说在很大程度上在资金流通上占据了主动优势,因此,一旦遭遇外部冲击,就会酿成巨大的金融风险。

(3) 企业自身面临的风险过大

德隆系的"产业融合"使得德隆系必须同时面对金融和实体两个大市场,暴露在两个大市场的风险旋涡之中。德隆系广泛的实体产业面又使他同时面临多个原料供应和产品销售小市场,只要其中任何一个小市场出现风吹草动,都会通过市场间的传递和关联发生风险传导。德隆系对"新疆屯河""合金股份"和"湘火炬"的股票长期坐庄控盘,股票市场的波动会加大市场风险,当德隆系无法维持其控股股票价格的时候,金融市场的风险随时可能爆发。德隆系旗下的金新信托为扩大理财业务的规模,不惜以高额回报吸引客户。理财市场的任何风吹草动都会引起德隆系的惊慌和恐惧。事实上,德隆系的坍塌起源于金融市场的风险暴露以及金新信托委托理财业务的亏损。金新信托委托理财业务的亏损成为德隆系崩塌的引爆点,再经过坐庄控股股票的市场风险叠加,德隆系的市场风险最终爆发。

(4) 企业投融资策略不合理

德隆系长期采取短融长投的策略,即用股权抵押、担保贷款等短期融资投资长期相关产业。有资料显示,德隆系几乎全部贷款都是短期贷款,但贷款基本运用于长期项目。

短融长投项目如果想要成功,必须满足3个条件:第一,自身拥有充足的现金流用来应付日常经营需要;第二,全面筹划好投资项目组合以错开还款时间,以此来保证此模式的正常运行;第三,投资项目在投资期内能够带来稳定充分的现金流。

德隆系在这3个条件上均存在一定的问题:第一,自身现金流不充分,大部分的现金流都用于并购,并没有用于技术革新、设备更新和管理整合;第二,全部资金均用于战略性投资项目,而没有用于财务性投资项目,所以投资项目没有得到有效错开;第三,投资项目本身不能为企业产生稳定充足的现金流,相反,巨额的管理费用和融资成本不断大量地耗费着企业的资金,使得企业的资金入不敷出。在德隆系发展前期,由于德隆系还款及时,提供的收益可观,信誉不错,大多数客户在第一年提供短期资金后又会重新将资金投入德隆系。但在2004年年初,围绕德隆系的质疑和央行的相对紧缩货币政策使得客户的信心动摇,提供的资金减少,德隆系的短融长投危机开始浮现。

2. 外部原因

(1) 外部宏观经济政策的紧缩

从 2003 年下半年开始,中央政府实施严厉的监管政策,紧缩银根,减少相关项目的审批,限制部分行业的过热投资,这对德隆系造成很大的影响。在这种情况下,加之之前累计的高额负债,以前"关系密切"的银行等纷纷避而远之,德隆系想要贷款等势必要付出更多成本;德隆系"老三股"从 2003 年下半年开始不断下跌,市值也不断下跌,甚至出现严重的"跳水"现象,作为抵押物或者质押物的股票的融资能力降低,直接影响到整个庞大的德隆系资金链的运转;此外,银行外部与内部出现风险预警,加快了对德隆系发放贷款的回收步伐。这些都不断地助长了德隆系违规融资操作的可能性,乃至之后德隆系不得不"顶风作案"。

(2) 良好金融环境的缺乏

我国民营企业的融资渠道一直不畅,在间接融资上,民营企业要想得到银行信贷的支持难度相对较大。在直接融资方面,主板市场主要向国有大中型企业倾斜。由于缺乏有效的金融支持,我国民营企业的融资渠道一直不畅,融资渠道的短缺也是造成德隆系失败的重要原因。

(3) 外部舆论的推波助澜

2000 年 12 月中国资本市场上发生的中科创业股票操纵案和 2001 年 4 月香港大学教授郎咸平炮轰德隆系,直接导致了新疆金新信托投资股份有限公司发生挤兑风波。而后大量中国工商银行加速回收德隆系贷款步伐和限制发放新贷款,以及证券部门停止德隆系上市公司的股票新发和配股等,大量企业和个人对德隆系失去了信心。这些因素都加速了德隆系的崩溃。

德隆系坍塌的原因有很多,但德隆系坍塌的根本原因是没有核心业务的支撑,导火索是企业规模扩展与自身实力步调不一致,而直接压垮他的是经济形势下政府的严格管制。

从德隆系的发展史来看,我们要反思,是什么让这样一个庞大的金融集团慢慢壮大?为什么这样一个充满危机的集团能成长到如此规模?我国金融市场监管制度的不到位、法律体系的不完善是其中的一个重要原因。例如,德隆系的产生、扩张与崩溃,源于我国证券市场的股权分割这一制度缺陷,这给德隆系提供了低价收购国有股与法人股,进而控股上市公司,利用上市公司低成本圈钱的机会,使其发展战略从一开始便建立在大规模资本运作的基础上。

德隆系的产生、壮大与崩塌引起我们反思的同时也给我们带来了一些启示。第一,股市的恢复与成长应该以其真实价值为基础。所以,相关监管部门一方面需确保和提升上市公司的质量,将股市的投资功能充分发挥出来,完善市场被操纵程度的预警机制,规范筹融资环境,防止基于圈钱模式的企业集团的产生以及坐庄行为的再次发生;另一方面要对不正常融资行为加强管理,避免其将风险转嫁给银行及其他企业,可依据有关法律对此进行严惩。政府应当减少对股市的干预,特别是规律性的干预,避免汇集成某种有效的公共信息,影响投资者的决策及市场功能的充分发挥。第二,从企业角度来看,一方面企业应该认清自己的发展定位,专心做实业,在某一个领域深耕细作,在此基础之上再进行相关的多元化拓展,以此来提升自身的核心竞争力;另一方面企业应该认清经济发展形势,遵循法律法规,诚信经营,考虑好"做大与做强"之间的关系,兴金融控股之利,避控股金融之弊。

【案例讨论】

1. 德隆系的多元化策略给民营企业的发展带来了哪些警示？
2. 德隆系的崩塌给我国监管体制改革带来了哪些启示？
3. 如何看待外部舆论监督对上市企业的影响？

【参考文献】

[1] 缪膨冲.基于德隆系的并购融资问题研究[D].厦门:厦门大学,2008.

[2] 黄蔚,蔡珞珈."德隆系"失败原因研究综述[J].技术经济与管理研究,2008(5):37-39.

[3] 黄芳芳,李雪娇.重拳出击 加强金融监管[J].经济,2017(15):23-34.

[4] 朱艳阳,李金林.从德隆系的崩溃看流动性危机的防范[J].金融理论与实践,2005(2):55-56.

[5] 李维安.德隆神话的破灭:"做大"与"做强"的理性思考[J].南开管理评论,2004(4):1.

案例 4 2020 年瑞幸咖啡的财务事件

【案例内容】

瑞幸咖啡是由神州优车集团原董事钱治亚创建的国内新零售咖啡品牌,自 2018 年年初创立起不到 9 个月的时间,门店就已超过千家。瑞幸咖啡的创建成为"消费升级"与"新零售"等热词的典型案例。2018 年 12 月 12 日,瑞幸咖啡在完成 A 轮融资 5 个月后便再获 2 亿美元巨额融资且投前估值翻倍,4 个月后,又在 B 轮融资的基础上获得 1.5 亿美元 B+轮融资,投后估值 29 亿美元,资本市场对其商业模式、创业团队以及未来前景表示了高度认可。2019 年 5 月 17 日晚,瑞幸咖啡在美国纳斯达克上市,融资规模达 6.95 亿美元,成为当年在纳斯达克 IPO(首次公开募股)规模最大的亚洲公司。从成立到上市,瑞幸咖啡仅用了 19 个月,创造了惊人的"瑞幸速度",人们称其为资本市场的神话。从创立之初,瑞幸咖啡就秉持着"从咖啡开始,让瑞幸成为人们日常生活的一部分"的企业愿景,通过充分利用移动互联网和大数据技术的新零售模式,与各领域顶级供应商深度合作,致力为客户提供高品质、高性价比、便利的产品。然而,2020 年 2 月,浑水公司针对瑞幸咖啡发布了长达 89 页的做空报告,称其存在财务造假和虚高利润情况。同年 4 月,瑞幸咖啡自曝从 2019 年第二季度到第四季度期间存在伪造交易行为,涉及销售总金额约为 22 亿元,其股价应声大跌。2020 年 6 月 29 日,瑞幸咖啡在纳斯达克交易所正式退市。至此,一场由瑞幸咖啡自导自演的造假闹剧基本落下帷幕,引起了人们的无限感慨与反思。

1. 瑞幸咖啡的快速成长期

2017 年 10 月,瑞幸咖啡第一家门店在银河 SOHO 开业,成立伊始就请来了大牌明星来做品牌宣传大使,全国各地小到地铁站、公交站,大到高速路边宣传牌、各大卫视广告,宣传推广迅猛推进。"买二赠一、买五赠五"的促销方案和新用户首杯免费等大尺度优惠漫天飞,使得诞生不过18个月的瑞幸咖啡在短时间内市场占有率超过了星巴克这个大品牌。

2018年5月,瑞幸咖啡完成门店布局525家,5月8日宣布全国门店正式营业。发布会上,创始人钱治亚公布了瑞幸咖啡"做每个人都喝得起、喝得到的好咖啡"的品牌愿景和"新零售专业咖啡运营商"的公司定位,希望应用新零售模式,实现产品、价格、便利性的均衡融合;同时,通过无限场景的品牌战略,开设不同类型的门店来满足用户多元化的场景需求,实现对消费者日常生活和工作各种需求场景的全方位覆盖。

2. 瑞幸咖啡的成熟时期

2019年5月17日瑞幸咖啡在纳斯达克挂牌上市,首次公开募股共发行3 300万股美国存托凭证,美股定价17美元,共筹集资金5.61亿美元。瑞幸咖啡首席财务官兼战略官雷诺特·沙克尔(Reinout Schakel)认为,瑞幸咖啡在某种程度上是一种新零售业务,聚焦于外卖咖啡市场,优势在于更好的顾客体验、与顾客更紧密的联系以及小规模店面带来的低成本。

"'快'是贯穿瑞幸咖啡发展的主旋律,也是市场评价瑞幸咖啡最常用的一个字。开店快,发展快,烧钱快,当然,还有上市快。"在瑞幸咖啡上市之后,陆正耀表示:"外界评论瑞幸咖啡常用的一个词叫'蒙眼狂奔',其实我要说,狂奔是真的,但是并不是蒙眼。"

截止到2019年年底,瑞幸咖啡直营门店数量达到4 507家,遍布53个城市。巅峰时期的瑞幸咖啡一天就可以扩张200~300家门店,一度成为中国规模最大的咖啡连锁品牌。瑞幸咖啡自试运营开始,就在营销上大胆应用"技术手段",取代以往靠广告拉新、逐渐形成用户口碑的方法。利用社交媒体实现老用户带新用户,迅速产生裂变效应,同时又通过后付奖励,极大地提升了广告投入的效率,以最低的成本、最大限度地提升了用户主动拉新的积极性。

在交易用户上,瑞幸咖啡的用户数已达到4 000万,其中2019年第四季度新增客户1 000万人。此外,2019年第三季度,月均交易用户增速为398%,门店个数的增速为210%。瑞幸咖啡月均交易客户数增长速度大于门店增长速度,这说明门店效率正在不断提升,销售商品数大于交易客户数的增长速度,这说明客户黏性和客户消费的频次在不断增加。

3. 瑞幸咖啡的退市之路

2020年1月31日,知名做空机构浑水声称,收到了一份长达89页的匿名做空报告,直指瑞幸咖啡正在捏造公司财务和运营数据。做空报告指瑞幸咖啡在2019年度部分报告中虚增收入及支出进行财务欺诈,其商业模式存在重大缺陷。

2020年4月2日,瑞幸咖啡发布公告承认了财务作假,股价暴跌75.57%,市值蒸发了65亿美元。

2020年4月4日凌晨,瑞幸咖啡自曝造假22亿元事件持续发酵。该日收盘,瑞幸股价再次大跌15.94%,报5.38美元。中国证监会此前称,对该公司财务造假行为表示强烈的谴责。

2020年4月5日下午,瑞幸咖啡发布道歉声明表示,涉事高管及员工已被停职调查。瑞幸咖啡董事会已委托由独立董事组成的特别委员会及委派第三方独立机构,进行全面彻底的调查。公司会第一时间向公众披露调查结果,并采取一切必要的补救措施,不回避此事带来的一切问题。

2020年4月7日，瑞幸咖啡宣布停牌，在完全满足纳斯达克要求的补充信息之前，交易将继续暂停。

2020年6月29日，瑞幸咖啡正式在纳斯达克停牌，并进行退市备案。

瑞幸咖啡作为曾经的国货之光，市值曾爬上123亿美元的巅峰，而毁掉这一切的不是产品质量或食品安全问题，也不是规模扩张导致的经营不善，而是资本狂欢下的财务造假与不正当竞争操作。欲速则不达这句老话再一次灵验。

【案例评析】

"一杯咖啡"引发的，绝不仅仅是"杯中风暴"。

有人说，瑞幸咖啡"幸"也"不幸"。幸运的是，瑞幸咖啡从本就成功率不高的创业公司中脱颖而出并快速冲上了资本市场，在各路资本的支持下不断用低价咖啡拉拢消费者；不幸的是，在资本市场的大浪和股价的重重压力下，瑞幸咖啡做"亏本买卖"的方式无法产生资本市场想要的"优秀的数据"，很快便断送了有可能成功的前程。

下面从瑞幸咖啡的上市过程是否存在造假行为、浑水的做空报告对瑞幸咖啡产生的影响以及这次事件对中概股的影响与启示这几个方面来分析本次做空事件。

1. 瑞幸咖啡的上市过程是否存在造假行为

瑞幸咖啡的自查尚在进行之中，没有人知道这个曾被称为"民族之光"的企业造假之路始于何时，瑞幸咖啡在自曝造假的文件中曾称伪造的22亿元交易额产生于2019年第二季度到第四季度，而瑞幸咖啡的上市时间是2019年5月17日，这一时间点仍处于2019年的第二季度，再加上公开的一些文件和资料，不少市场上的投资者对瑞幸咖啡上市前是否存在财务造假产生了疑问。上海交通大学上海高级金融学院教授陈欣就对《证券时报》表示，他认为瑞幸咖啡有可能在上市前就已经存在造假行为。一是因为瑞幸咖啡的上市时间和其自曝的造假时间有所重叠。二是因为被资本"催"着长大的瑞幸咖啡，给很多人的感觉就是一个字——快，瑞幸咖啡以迅雷不及掩耳之势进入人们的视线，以肉眼可见的速度扩张门店，融资了一轮又一轮，成立一年有余便登陆美股市场，如此发展速度世界仅有，而高速扩张对资金的需求极大，所以不排除瑞幸咖啡为了快速获得融资而利用造假的财务数据来骗取投资的可能。三是因为文件显示，IPO前一个月，瑞幸咖啡的部分员工就开始通过设计虚假交易来提振销售数据，这些员工使用手机号注册个人账户，购买了数量极大的咖啡抵用券，知情人士透露，高达2亿～3亿元（约合2 800万～4 200万美元）的销售额是以这种方式捏造的。

瑞幸咖啡上市之初，海内外多家投行给出"肯定"意见，其中不乏摩根士丹利、瑞信等国际知名投行。当初发布做空报告时，中金公司等多家机构也发布观点，比如中金公司的报告表示"匿名沽空指控缺乏有效证据"。尽管目前曝出的造假消息尚未延伸到上市之前，但如果被证实瑞幸咖啡自上市之前就开始造假，那么当初"辅助"瑞幸咖啡上市的中介机构恐怕同样难以避免责任。

2. 浑水的做空报告对瑞幸咖啡产生的影响

现在看来，那份来自浑水的神秘做空报告，没有将瑞幸咖啡彻底击倒，但是却引发了瑞幸咖啡"自曝"的导火索。从浑水发布做空报告，到瑞幸咖啡自曝造假，这中间相差了正好两个月。在这两个月的时间里，发生了3件极其重要的事情：一是集体诉讼，因为股价下跌，投资者蒙受损失,一些律师事务所开始启动针对瑞幸咖啡的集体诉讼程序;二是遇上财报披露季,从2020年2月底开始,中概股公司纷纷开始披露2019年四季度及2019年全年的财报报告,瑞幸咖啡自曝前,大部分中概股已经完成财报披露,但瑞幸咖啡迟迟未披露;三是独立董事变更,2020年4月2日,瑞幸咖啡成立特别委员会,新增两名独立董事,其中一名来自行业里有名的调查审计事务所FTI,另一名来自世界级名牌诉讼律所Kirkland & Ellis。

从这3件事中我们可以看出,瑞幸咖啡"自曝"是遭遇做空事件后的连锁反应。瑞幸咖啡被曝做空后很快就有做空基金将他告上法庭,按照美国证监会的要求,瑞幸咖啡要成立特别委员会进行自查,于是查出了22亿元的惊天造假大案。"美国是集团诉讼制,让公众监察上市公司。做空报告被发布出来后,美国证监会就会要求公司做公告回应,或者要启动调查。"有投行董事如是说。由于做空报告发布的时间正值中概股企业财报披露季前夕,一位长期研究美股的资产管理公司CEO表示:"瑞幸咖啡是被迫自曝,因为年报审计出了问题,如果不能按时递交审计的年报,会直接导致退市。现在发现问题,如果妥善解决,或许还能避免最坏的结果。"可见,在相对成熟的美国资本市场,严刑峻法是监管利器,财务造假一旦被发现,企业将面临巨额罚款和刑事处罚,这大大地提高了造假成本,所以瑞幸咖啡选择在美国证监会启动调查之前开始自查,以避免更坏的结果出现。

3. 瑞幸咖啡事件对中概股的影响

瑞幸咖啡事件让更多人开始思考中概股的风险问题:这种财务造假行为是否普遍存在?类似的风险事件会对市场产生何种影响?A股市场是否也有类似的情况?总体来看,在美国上市的中国公司,其市场表现会影响到投资者对其他赴美中概股的看法,瑞幸咖啡事件对其他赴美上市的中国公司造成负向外部冲击,既包括已上市公司,也包括未上市公司。一方面,对于已上市的公司来说,某个中概股的财务造假行为,会通过投资者市场反映对其他中概股造成负的外部性效应,具体体现为中概股的股价出现异常波动;另一方面,当信任危机出现时,中国公司想要赴美上市,可能会付出更大的代价。从收益来看,在风险事件发生后,中概股平均收益率整体呈现下降趋势,且在大多数情况下,收益率都下降至负值。

4. 瑞幸咖啡事件对中概股的启示

有人说,一个健康的资本市场应当是"有进有退"的:让好的公司"进",让差的公司"退";让遵纪守规者尝到甜头,让弄虚作假者付出代价。这是一个健康资本市场的题中之义。而做空机构的存在也是成熟资本市场的重要机制,它有利于帮助完善市场定价机制,提升市场流动性,完善价格发现功能,倒逼公司合法合规经营,真实披露业绩信息,维护市场公平。而对于想要赴美上市的中国企业来讲,在瑞幸咖啡及其他被成功狙击的中概股的前车之鉴下,中国企业日后在走向外国资本市场时应当更加谨慎、更加自律,积极应对外国投资者对中概股的信任危机,主要措施有以下4点。

(1) 提高财务报告质量

中概股企业被做空的根本原因是财务造假,主要表现为通过虚增收入、费用等手段营造出一种财务状况向好的假象,吸引更多的投资。因此,中概股企业应当坚持诚信经营,在解决企业财务困境时更加积极有为,通过改变经营方式、聘请专业人才等正当途径走出困境,而不是利用假数据欺骗投资者。长远来看,提高财务报告质量、杜绝财务造假是避免被做空机构盯上的首要措施。

(2) 加强公司内部治理体系建设

不健全的公司治理体系容易滋生道德风险，因此，中概股企业应着力加强公司内部治理体系建设。首先，中概股企业要对股权结构进行优化，避免出现"一股独大"或者"几股独大"的现象。股权高度集中虽然会提高决策效率，但是也为大股东操纵信息披露和通过非法手段套现提供了可能，会侵害公司和中小股东的利益，后患无穷。其次，中概股企业应努力完善独立董事制度，独立董事可以对中概股企业的高管和大股东起到一定的约束作用，减少道德风险。

(3) 熟悉国际资本市场规则，加强信息披露透明化

美国的资本市场对财务信息造假企业采取零容忍的态度，美国在安然事件发生后通过的萨班斯-奥克斯利法案，提高了对销毁、篡改、编造财会记录以试图妨碍联邦调查和欺骗股东的惩罚力度，造假一旦被发现，企业将面临被强制退市的风险和巨额罚款。因此，中概股企业应深入了解美国证券市场的运作环境，学习美国证券市场的各项法律法规，遵循东道国的游戏规则，加强信息披露的透明性，增加国外投资者对于中概股企业的信任和信心。

(4) 加强自我保护意识，防止恶意做空

中概股企业坚持诚信经营的理念在一定程度上可以避免被做空机构盯上，但这并不是绝对的，仍然存在一些做空机构质疑企业，甚至会有做空机构对企业进行"恶意做空"，以达到从中牟利的目的。面对这种情况，企业应该奋起反击，及时寻找并公布明确的证据进行自我澄清，维护自己的合法权益。比如，2012年7月浑水公司做空新东方，新东方奋力反击，经过3个月的努力，通过了美国证监会的审核，新东方的股价不降反增。因此，面对外界的质疑和"恶意做空"，中概股企业应及时发起主动反击。

总体来看，瑞幸咖啡的财务造假事件虽然是反面教材，但我们从中也可以看出，赴海外上市的中概股仍有较为平稳的表现，例如，金山云于2020年5月8日成功在纳斯达克的上市也释放出了市场对中概股的投资信心。总而言之，无论是赴海外上市的中国公司，还是在国内上市的企业，都必须将敬畏规则、公开透明作为行动准则，唯有诚信，一家公司才能行稳致远。

截至目前，受到重创的瑞幸咖啡在资本泡沫破裂后，开始寻求自救，原有的烧钱模式不得不有所调整，瑞幸咖啡重新专注于门店经营本身，通过社群营销、关闭业绩低迷的店面、优化运营成本等方法在饮品赛道上稳扎稳打。2020年8月8日，瑞幸咖啡召开了一场"年中全国会议"，会议上，瑞幸咖啡对内公布了部分业务情况：截至7月，单店现金流已为正数；除去未营业的门店，已实现整体盈亏平衡；管理层预计，根据目前的经营状况，2021年将实现整体盈利。有人说，盈亏平衡的财务指标计算并不严谨；也有人说，这场会议的目的是寻找"接盘侠"。然而，瑞幸咖啡作为民族企业，我们仍然希望他能保持做好咖啡的初心，真正懂得"正道沧桑"，守初心、走正道，重新出发，涅槃重生。

【案例讨论】

1. 瑞幸咖啡财务造假的动机是什么？
2. 瑞幸咖啡财务造假的后果及影响是什么？
3. 瑞幸咖啡财务造假事件对中概股的启示是什么？

【参考文献】

[1] 杨萌.瑞幸咖啡宣布正式营业,CEO称大力度促销仍将持续[EB/OL].(2018-05-10)[2024-10-25]. http://www.zqrb.cn/huiyihuodong/2018-05-10/A1525908182780.html.

[2] 何玺.无人零售,瑞幸的2020新战事[EB/OL].(2020-01-10)[2024-10-25]. https://www.shangyexinzhi.com/article/434628.html.

[3] 解旖媛.瑞幸神话破灭,中国咖啡行业何去何从[N].金融时报,2020-04-09.

[4] 王一彤."瑞幸"警示:资本市场有进退,才能健康[N].金融时报,2020-05-20.

[5] 陈永青.浅析中概股信任危机的破解之道——以瑞幸咖啡为例[J].商业经济,2020(7):178-180.

第四章 债券市场

案例 1 "327"国债风波

【案例内容】

"327"是一种国债产品,兑付办法是票面利率8%附加保值贴息。保值贴息的不确定性决定了该产品在期货市场上有一定的投机价值,成了当年最为热门的炒作素材,而由此引发的"327"国债事件,成了中国证券史上的"巴林事件"。

1. "327"国债事件的背景

"327"是"92(3)国债06月交收"国债期货合约的代号,对应1992年发行1995年6月到期兑付的3年期国库券,该券的发行总量是240亿元。当时我国国债发行极难。1990年以前,国库券一直是以行政分配的方式发行的。国债的转让流通起步于1988年,1990年才形成全国性的二级市场。个人投资者普遍把国债作为一种变相的长期储蓄存款,很少有进入市场交易的兴趣。通过多次国际考察,决策者对国际金融市场有了较多的了解,感觉应当有金融工具的创新。在当时的体制框架内和认识水平上,搞股票指数期货是不可能的,而国债的发行正在受到国家的大力鼓励。借鉴美国的经验,1992年12月28日,上海证券交易所首次设计并试行推出了12个品种的期货合约。国债期货试行的两周内,交易清淡,仅成交19口。1993年7月11日,情况发生了历史性的变化,这一天,财政部颁布了《关于调整国库券发行条件的公告》,公告称,在通货膨胀居高不下的背景下,政府决定将参照中央银行公布的保值贴补率给予一些国债品种的保值补贴。国债收益率开始出现不确定性。国债期货市场的炒作空间扩大了。所谓的保值贴息指的是由于通货膨胀带来人民币贬值,从而使国债持有者的实际财富减少。为了补偿国债持有者的这项损失,财政部会拿出一部分钱作为利息的增加,称为保值贴息。从经济学的角度来看,保值贴息应该与通货膨胀率的实际值相等,而在国际惯例上,大多数国家(包括现在的中国)已经取消了这一补贴,原因在于,国债购买者在购买时应当自行预见金融产品收益的不确定性。

20世纪90年代中期,国家开放了国债期货交易试点,采用国际惯例,实行保证金制度,虽然大大地高出了1%保证金的国际标准,但2.5%的保证金制度仍然把可交易量扩大到了40倍,有效地提高了国债期货产品的流动性。由于期货价格主要取决于相应现货价格预期,因此,影响现货价格的因素也就成了期货市场的炒作题材。影响1992年三年期国债现券价格的主要因素有如下几种。第一,基础价格:92(3)现券的票面利率为9.5%,如果不计保值和贴息,到期本息之和为 128.50 元。第二,保值贴补率:92(3)现券从 1993 年 7 月 11 日起实行保值,因而 1995 年 7 月到期兑付时的保值贴补率的高低,影响着 92(3)现券的实际价值。第三,贴息问题:1993 年 7 月 1 日,人民币三年期储蓄存款利率上调至 12.24%,这与 92(3)现券的票面利率拉出了 2.74 个百分点的利差,而 1994 年 7 月 10 日财政部发布的公告仅仅规定了 92(3)等国债品种将与居民储蓄存款一样享受保值贴补,并未说明 92(3)现券是否将随着储蓄利率的提高进行同步调整,因此,92(3)现券是否加息成为市场一大悬念,直接影响 92(3)现券的到期价值。第四,1995 年新券流通量的多寡也直接影响到 92(3)期券的炒作,由于上海证券交易所采用混合交收的制度,如果新券流通量大,且能成为混合交收的基础券种,那么,空方将有更多的选择余地,市场将有利于空方,如果相反,则对多方有利。这些价格的不确定因素为 92(3)国债期货的炒作提供了空间。

2. 事件发展经过

1995 年,国家宏观调控时提出三年内大幅降低通货膨胀率的措施,到 1994 年年底、1995 年年初的时段,通货膨胀率已经被控下调了 2.5% 左右。众所周知的是,在 1991—1994 年中国通货膨胀率一直居高不下的这三年里,保值贴息率一直保持在 7%~8% 的水平上。根据这些数据,时任万国证券总经理、有中国证券教父之称的管金生预测,"327"国债的保值贴息率不可能上调,即使不下降,也应维持在 8% 的水平。按照这一计算,"327"国债将以 132 元的价格兑付。因此当市价在 147~148 元波动的时候,万国证券联合辽宁国发(集团)股份有限公司(以下简称"辽国发"),成了市场空头主力。

此外,当时的中国经济开发信托投资公司(以下简称"中经开")隶属于财政部,有理由认为,他当时已经知道财政部将上调保值贴息率。因此,中经开成了多头主力。1995 年 2 月 23 日,财政部发布公告称,"327"国债将按 148.50 元兑付,空头判断彻底错误。当日,中经开率领多方借利好大肆买入,将价格推到了 151.98 元。随后辽国发的高岭、高原兄弟在形势对空头极其不利的情况下由空翻多,将其 50 万口做空单迅速平仓,反手买入 50 万口做多,"327"国债在 1 分钟内涨了 2 元。这对于万国证券意味着一个沉重的打击——60 亿元的巨额亏损。管金生为了维护自身利益,在收盘前八分钟,做出了避免巨额亏损的疯狂举措:大举透支卖出国债期货,做空国债。下午四点二十二分,在手头并没有足够保证金的前提下,空方突然发难,先以 50 万口把价位从 151.30 元轰到 150 元,然后把价位打到 148 元,最后一个 730 万口的巨大卖单把价位打到 147.40 元。而这个 730 万口的卖单面值 1 460 亿元。当日开盘的多方全部爆仓,并且由于时间仓促,多方根本没有来得及有所反应,使得这次激烈的多空绞杀终于以万国证券盈利而告终。此外,以中经开为代表的多头,则出现了约 40 亿元的巨额亏损。

2 月 23 日晚上十点,上海证券交易所在经过紧急会议后宣布:23 日 16 时 22 分 13 秒之后的所有交易是异常的、无效的,经过此调整当日国债成交额为 5 400 亿元,当日"327"品种的收盘价为违规前最后签订的一笔交易价格 151.30 元。这也就是说,当日收盘前 8 分钟内多头的所有卖单无效,"327"产品的兑付价由会员协议确定。上海证券交易所这一决定,使万国证券的尾盘操作收获瞬间化为泡影。万国证券亏损 56 亿元,濒临破产。

2 月 24 日,上海证券交易所发出《关于加强国债期货交易监管工作的紧急通知》,就国债期货交易的监管问题作出 6 项规定:第一,从 2 月 24 日起,对国债期货交易实行涨跌停板制度;第二,严格加强最高持仓合约限额的管理工作;第三,切实建立客户持仓限额的规定;

第四,严禁会员公司之间相互借用仓位;第五,对持仓限额使用结构实行控制;第六,严格国债期货资金使用管理。同时,为了维持市场稳定,开办了协议平仓专场。

3. 事件尾声

在1995年3月全国两会召开之际,全国政协委员、著名经济学家戴园晨发言,要求对万国证券的违规予以严肃的查处。5月17日,中国证监会鉴于中国当时不具备开展国债期货交易的基本条件,发出《关于暂停全国范围内国债期货交易试点的紧急通知》,开市仅两年零六个月的国债期货无奈地画上了句号。中国第一个金融期货品种宣告夭折。9月20日,监察部、中国证监会等部门都公布了对"327"国债事件的调查结果和处理决定,决定指出:"这次事件是一起在国债期货市场发展过快、交易所监管不严和风险控制滞后的情况下,由上海万国证券、辽国发引起的国债期货风波。"决定认为,上海证券交易所对市场存在过度投机带来的风险估计严重不足,交易规则不完善,风险控制滞后,监督管理不严,致使在短短几个月内屡次发生严重违规交易引起的国债期货风波,在国内外造成极坏的影响。经过4个多月的深入调查取证,监察部、中国证监会等部门根据有关法规,对有关责任人分别做出了开除公职、撤销行政领导等纪律处分和调离、免职等组织处分,涉嫌触犯刑律的移送司法机关处理,对违反规定的证券机构进行经济处罚。

1995年4月,管金生辞职。挂职两个月后,其经济犯罪问题开始败露。1995年5月19日,管金生在海南被捕,罪名为贪污、挪用公款40余万元,但并没有违反期货交易规则。而同年8月发生的长虹转配股事件和2001年的银广夏事件使得中经开走了一个下降通道。信托业务、房地产投资都不景气,而证券的承销业务又往往因为恶性竞争变得几乎无利可图。1997年,中经开对外支付几次出现危机,78亿元债台高筑。2000年6月,中经开经由国务院批准,成为清理整顿后首批确定保留并移交中央金融工作委员会管理的中央级信托投资公司之一。中经开将实业投资剥离给中国经济开发信托投资公司,信贷资产委托给资产管理总部继续清收。

【案例评析】

追逐利润是商人的本性,而分析"327"国债事件爆发的原因,就不能仅仅从违规操作方面去考虑。会员公司投机心理的爆发、狂炒的机遇、监管制度的缺失这些深层次因素,使得"327"事件的发生,有其必然性。

1. 会员公司投机心理的爆发

国债期货市场交易火爆,给许多人造成了繁荣的假象,而各方面都在暗中悄悄地积蓄力量。首先,此前的数月中,上海证券交易所"314"国债合约上已出现数家机构联手操纵市场、日价格波幅达3元的异常行情,这不能不说是一个异常的警告。其次,财政部公布了1995年的新债发行量,并且传闻财政部会对"327"国债贴息16亿元,这被市场人士普遍视为利多消息,众多炒家都想孤注一掷。最后,多空双方都具有很深的背景,多方是有财政部背景的中经开,而空方则是万国证券,在这其中,管金生的个人意志和风格起了很大的作用。可以说,"327"国债期货品种的夭折,管金生负有不可推卸的责任。

2. 狂炒的机遇

在这次中国"巴林事件"中,我们需要反省的是,狂炒者狂炒的机遇是从何而来的呢?经过分析,我们不难发现以下几个问题。第一,市场信息不透明。万国证券明显在市场信息的取得上处于劣势状态。中经开有财政部的背景,肯定能很快得到内幕消息,因此,市场处于信息不对称的状态,是无效率的。而后知后觉的万国证券处于全面被套牢状态,且由于持仓过大,一旦平仓会引发价格飞涨,其亏损将达几十亿元,足以使整个公司烟消云散。为扭转局面,其主要负责人授意恶意透支,超限量砸盘。第二,保证金过少。"327"国债事件时,上海证券交易所规定客户保证金比率是2.5%,远远低于国际水平。而且国债期货开户保证金只要1万元,每手保证金只要50元,浮动赢利还可以再开新仓。这些都为炒家提供了狂炒的难得机遇。第三,没有涨跌停板制度和持仓限量制度。这两个制度对于一个成熟的期货交易市场十分重要。事后,业界纷纷质疑为什么万国公司持仓量比其他公司多很多,达20万口,为整个市场交易埋下了巨大的风险。第四,无法杜绝透支交易。当时是按"逐日盯市"方法来控制风险的,而非国际通用的"逐笔盯市"的清算制度。交易商完全可以恶意透支,而在交易日结束时把缺口补上。第五,多头监管的弊端。财政部负责国债的发行并参与制定保值贴补率,中国人民银行负责包括证券公司在内的金融机构的审批和例行管理,并制定和公布保值贴补率,中国证监会负责交易的监管,而各个交易组织者主要由地方政府直接监管。政出多门,令恶意投机者有空子可钻。

3. 监管制度的缺失

监管制度的缺失具体说来有以下几点。首先,万国证券比别的公司敞口多。当时上海证券交易所规定:会员单位在国债期货每一品种上的持仓不能超过5万口,但万国证券却获得了40万口的特别优待。在"327"国债事件的当天,万国证券实际持有20万口,由于持仓过重,导致巨额亏损。人们不禁要问,万国证券有什么权利获得如此优待?其次,监管当局没有对市场行情变化迅速做出反应。在"327"国债事件之前,多空双方操纵市场、打压和哄抬价格的苗头已经初步显现,遗憾的是,监管当局没有密切留意,提前预防。最后,市场条件不成熟,利率机制没有市场化,市场信息没有公开化,当时的中国期货市场连弱有效都不是,导致有财政部背景的中经开可以通过获得内幕信息来操纵价格,获取利润。

在金融国际化的背景下,为推进中国金融期货的国际化,需要进一步完善期货市场机制、强化监管职能,关键是要健全期货法律体系。面对复杂的国内外市场变化,不能仅依靠"通知"和"管理条例",应该建立符合中国国情的期货法,防止类似"327"国债事件中的不法投机行为,特别是防范国内外金融市场上新的危机发生,以保障我国金融期货市场的平稳发展。

【案例讨论】

1. 国债期货市场产生的初衷是什么?
2. "327"国债事件导致金融期货停滞15年,如何把握监管的力度与方式?
3. 国债期货市场的三级监管模式是什么?

【参考文献】

[1] 王郠.327国债期货逼仓事件的反思[J].当代经济,2006(9):126-127.
[2] 邵博炜.基于中国国债期货"327"事件对我国金融期货的思考[J].现代商业,2020(9):155-156.

[3] 柏文轩.国债期货如何避免重蹈"327"覆辙[N].经济参考报,2013-09-27(3).

案例 2　2010 年欧洲主权债务危机

【案例内容】

2009 年 10 月 20 日,希腊政府宣布其当年的财政赤字占 GDP 的比重高达 12.7%,公共债务占 GDP 的比重高达 113%。随后全球三大信用评级公司标准普尔、穆迪评级和惠誉国际相继下调对希腊主权债务的信用评级,欧洲主权危机首先在希腊爆发。紧接着,危机蔓延到了西班牙、葡萄牙、意大利和爱尔兰,于是欧洲主权债务危机全面爆发。

1. 欧洲主权债务危机的爆发

2001 年,希腊进入欧元区。根据欧元区《稳定与增长公约》的规定,欧元区成员国必须符合两个标准,即财政赤字不能超过 GDP 的 3%,公共债务不能超过 GDP 的 60%。希腊加入欧元区时,这两项指标都是不达标的。但是为了顺利加入欧元区,希腊政府便向美国著名的投资银行——高盛集团寻求帮助。高盛集团设计了一笔"货币掉期交易",成功地为希腊政府掩盖了一笔公共债务,使其财政赤字仅为其 GDP 的 1.5%,同时也使希腊符合了《稳定与增长公约》的要求。但是截止到 2009 年,这笔货币掉期交易到期,希腊当初的小手段便暴露了出来。

2009 年,希腊政府突然宣布了一个重磅消息:希腊 2009 年的财政赤字占 GDP 的比例和公共债务占 GDP 的比例远远超过了《稳定与增长公约》中规定的最高上限。同时还有一个坏消息称:希腊政府的 200 亿欧元国债再融资也面临即将到期的困境,如果在 2010 年之前得不到其他国家的经济救助,希腊政府将会延期偿还所欠债务。2009 年 12 月,希腊打算用"新债偿还旧债"的方式来摆脱困境,于是其又一次发售了 20 亿欧元的国债。但是希腊政府的巨额债务负担引起了市场恐慌,投资者害怕希腊政府到期不能按时偿还债务,因而对希腊新发行的国债没有信心,最终导致投资者大规模抛售希腊国债,希腊发行国债这一举措并未起到实质作用。

由于希腊财政状况明显恶化,2009 年 12 月,惠誉国际便将其主权信用评级下调,紧接着标准普尔也将希腊的长期主权信用评级下调一档,不久之后另一家信用评级机构穆迪评级也将希腊列入观察员名单。2010 年 4 月,希腊正式向欧盟及 IMF(国际货币基金组织)申请援助,希望通过他们的援助顺利度过此次债务危机。随着希腊债务危机范围的进一步扩大,2010 年年初,欧元迅速贬值,欧洲的股市也受到了严重的冲击,股票价格不断下跌。这时的主权债务危机开始蔓延并覆盖整个欧元区,欧洲各国都受到了或大或小的影响,各国经济都面临着严峻的考验。

为了让自己国家的财政赤字和公共债务在账面上满足《稳定与增长公约》的要求,希腊、意大利、西班牙、葡萄牙等国家在起初加入欧元区时都用了"货币掉期交易"这一欺瞒方法。因而当希腊主权债务危机爆发后,葡萄牙、意大利、希腊、西班牙等国家也相继陷入此次债务危机的泥沼中,无法脱身。2010 年 1 月,穆迪评级对葡萄牙政府发出警告,如果葡萄牙政府还不立刻采取积极有效的措施去调控财政赤字,其将会下调该国的债务信用评级。西班牙政府由于财政赤字严重,国内需求不足,经济衰败,百姓购买力不高,财政赤字占GDP的比例也远超《稳定与增长公约》中规定的最高上限,于是西班牙也被信用评级公司下调了其主权信用评级,这一举措直接引起了大范围的市场恐慌以及股市惨跌。之后,爱尔兰房地产市场泡沫在美国次债危机的冲击下破灭,导致爱尔兰银行资产骤缩,流动性出现严重问题,所以许多银行面临破产。爱尔兰政府想用增发货币、加大货币供应量、为银行直接注资的方式挽救本国银行,却使得本国的财政赤字占GDP的比重和公共债务占GDP的比重远远超过《稳定与增长合约》中规定的上限,所以爱尔兰政府的高赤字直接引发了爱尔兰的债务危机。2009年,意大利的公共债务占GDP的比例和财政赤字占GDP的比例也突破了《稳定与增长合约》中规定的最高限制,所以意大利也陷入了主权债务危机的泥沼中,难以从中全身而退。总之从2010年春天开始,欧洲主权债务危机全面爆发。

2. 欧洲主权债务危机的后续影响

在经济全球化速度加快的今天,一局波动对整个全球经济发展都会带来影响。世界金融危机给全球经济带来的创伤尚未完全恢复,各个国家仍在不断地努力刺激经济的发展,摆脱金融危机的不利影响。然而,世界金融危机的影响尚未完全平息,欧洲国家主权债务危机给世界经济发展带来了又一次的波动。欧元走势疲软,全球股市下跌,农产品、能源等商品价格下降。危机爆发国汇率波动大,全球经济复苏也受到影响,增加了不确定性,国际货币基金组织等国际组织因此调低了相关国家和世界经济的增长率预期。欧洲主权债务危机的爆发,对投资环境造成了严重的影响,打击了投资者对国际经济市场的信心,给投资者造成了恐慌。国际金融市场动荡,汇率波动,融资难度增加,投资者的投资利润下降,对整个国际经济环境都带来了严重的影响。

【案例评析】

从冰岛主权债务危机、迪拜主权债务危机到欧洲主权债务危机,主权债务危机就像瘟疫一样到处蔓延,破坏世界经济的健康。自2009年以来,欧洲主权债务问题一直被全球资本市场所关注,以PIIGS(希腊、西班牙、葡萄牙、爱尔兰、意大利)五国为代表的南欧多个国家的债务问题浮出水面,不仅引发了全球金融市场的剧烈波动,同时危及整个欧元区乃至全球经济的稳定。通过对欧洲主权债务危机的形成原因进行深度剖析,我们得出如下结论。

1. 直接原因:庞大的财政赤字和公共债务

2008年金融危机后,为了挽救金融市场和实体经济,西方发达国家普遍采取扩张性的货币政策和财政刺激政策。然而,扩张性的政策致使各国公共债务水平不断攀升、财政赤字不断恶化。数据显示,自2009年以来,欧元区财政赤字占GDP的比重从2008年的2%攀升至6.3%,政府债务占GDP的比重由2008年的69.8%上升为79.2%。其中,希腊、爱尔兰、西班牙、葡萄牙成为主权债务危机的重灾区。高额的债务挫伤了投资者对于南欧国家主权信用的信心,市场恐慌情绪使这些国家的国债收益率大幅上扬,从而导致借贷成本上升,影响了这些国家的国债融资。恰如"金融加速器论"认为,金融危机之后总是能带来政府财政的赤字和政府债务规模的扩大,"金融加速器"的顺周期效应会放大主权债务状况和经济周期之间的相互作用,特别是在经济衰退时期,政府债务的持续恶化导致市场违约担忧情绪的上涨和外部融资成本的上升,这又增加了政府债务的风险。

2. 内在原因：欧盟经济体制存在的固有结构性缺陷

分散的财政政策和统一的货币政策之间的矛盾是欧元区国家的制度性缺陷。在欧元区内部，货币政策由欧洲中央银行统一掌握，而财政政策却由欧元区成员国分散运用。单一的货币政策有着降低贸易成本、增加贸易便利性并促进区域经济一体化的优势。但是，统一的货币政策无法充分照顾欧元区成员国的经济差别。在欧元区，无论是穷国还是富国，也无论财政状况如何和进出口形势如何，都实行"一刀切"的货币政策。在统一的货币政策下，欧元区国家无法通过货币贬值和降低利率等手段来刺激国内经济增长，也不能通过通货膨胀的方式来缓解债务压力。

当金融危机袭来时，各国只能依靠扩张性的财政政策来刺激经济增长，而且在这种制度安排下，欧元区各成员国也有扩大财政赤字的动力。因为成员国财政赤字的增加可以刺激本国的经济增长，增加就业，同时又可以把通货膨胀的责任归咎于欧洲中央银行。各国政府巨大的财政刺激计划和投资计划，造成欧元区各成员国财政赤字急剧攀升。加之这些国家的债券也成为国际市场上投机的对象，结果造成了希腊、爱尔兰、西班牙等国的物价和工资水平迅速上涨，财政赤字和公共债务不断扩大，甚至完全脱离了这些国家的经济发展水平和偿还能力，以至于投资者对欧元区国家政府债券的信心降到了冰点。结果，美国的金融危机在欧洲就演变成财政危机。

3. 根本原因：信用危机

只需简单回顾一下欧债危机的起点，即可清楚地看到欧洲债务危机的根源是信用危机。整个事件的起因是2009年10月希腊新政府上台后，为揭露上届政府执政失当，主动公布了旧政府财政数据造假的真相，并向欧洲统计局重新提交了修正后的希腊政府财政数据。其中，2008年财政赤字占GDP的比重由5%提高到7.7%，2009年财政赤字占GDP比重的预估数据由3.7%提高至12.5%。这意味着希腊的财政指标已经远远超过欧盟关于财政赤字占GDP的比重不得超过3%的红线。所以数据一经公布，市场一片哗然，希腊长期国债的收益率开始走高。2009年12月，国际三大评级机构先后宣布下调希腊国家信用等级，这成为压倒骆驼的最后一根稻草。市场对希腊政府的可持续负债能力彻底失去信心，希腊长期国债收益率立即飙升。至2010年4月，希腊10年期国债收益率已经突破10%，与2007年的4.29%相比，上升了133%；希腊2年期国债收益率甚至涨至19%的高位，仅一个月的时间就上升了313%。如此高的国债收益率事实上断绝了希腊政府通过市场进行正常债务融资的渠道，希腊的政府债务问题演变为主权债务危机。

【案例讨论】

1. 欧盟是货币联盟形式的代表，亚洲、非洲等是否也要选择这种模式？
2. 分析欧盟中爆发主权债务危机的国家所存在的信息不对称问题。
3. 欧元区是否符合最优货币区理论的假设？

【参考文献】

[1]王凡一.欧洲主权债务危机的货币传导路径及本质[J].税务与经济,2018(1)：23-29.

[2]李超.欧洲主权债务危机的形成原因[J].西部皮革,2017,39(2):108-109.
[3]刘诗佳.试析欧洲主权债务危机[J].商,2013(17):220.

案例3 "11超日债"违约始末

【案例内容】

"11超日债"是由上海超日太阳能科技股份有限公司(以下简称"超日太阳")在2012年3月7日发行的固定利率债券,债券代码为112061。其发行规模为10亿元,期限为5年,即到期日为2017年3月7日,票面利率为8.98%,并且债券附有发行人上调票面利率选择权和投资者回售选择权。2013年,由于公司亏损13.13亿元,营业收入比预期下降了58.18%,"11超日债"的信用评级由最初的AA级遭到连续降级,最终降为CCC级。2013年3月7日,公司按期支付了"11超日债"第一期利息8980万元,但超日太阳仍未走出困境。到2014年3月7日,公司应当支付第二期利息,金额为8980万元。但在2014年3月4日晚间,超日公司突然发布消息,无法按原定付息日全额支付债券利息,仅能落实付息资金400万元,付息比例仅约为4.5%。至此,"11超日债"正式宣告违约,成为我国首个违约债券。

"11超日债"从发行到最终宣布违约一共历经了两年时间,下面通过详细回顾关键事件的始末,尝试还原"11超日债"从发行到违约再到最终处置这一完整的过程。

1. 发行"11超日债"为公司注入流动性

自2011年后,全球光伏行业由于产能过剩开始不景气,欧美等为了维护本地区光伏企业的发展,开始对我国所出口的光伏产品进行"双反"调查,即对我国的光伏产品征收高额的反倾销税和反补贴税,导致了国内光伏行业国际市场的崩盘,这对以出口为主的超日太阳来说无疑是巨大的打击。2011年公司财务数据显示,超日太阳的流动比率已经下降为1.24,远远低于行业标准值2,公司开始出现流动性风险。除了业务收入的萎缩,超日太阳在各大银行的资金贷款也开始纷纷到期,由于光伏行业的不景气,各银行对超日太阳的贷款都没有延期的意愿,这加剧了公司资金链的紧张状况,超日太阳在此境地下不得不借助于外部资金来支撑公司的经营运作。

公司于2012年3月7日正式发行规模为10亿元、票面利率为8.98%的五年期固定利率债券——"11超日债",每年的3月7日为债券的付息日,中信建投证券股份有限公司为"11超日债"的保荐机构,中证鹏元资信评估股份有限公司(以下简称"鹏元资信")作为其评级机构给予"11超日债"以AA级别。对比当时市场发债情况,"11超日债"的票面利率显然居于较高的水平。

2012年,我国债券市场共发行了270只企业债券,55%的新发债券票面利率低于8%,而"11超日债"以8.98%的票面利率在当年新发债券中排名第一。正是由于较高的债券收益率以及高级别的信用评级,"11超日债"在发行后立刻获得投资者尤其是个人投资者的青睐,在"11超日债"的投资者中,个人投资者的占比高达70%。

2. 公司危机频发,首期利息支付艰难完成

在"11超日债"发行当年,欧美等对我国实行"双反"调查,导致国内光伏行业整体处于低迷状态,超日太阳的经营业绩开始大幅下滑,偿债能力也随之一步步恶化。2012年4月17日,超日太阳在其2011年年报中将之前预计2011年盈利8 347万元修改为-5 852万元,鉴于公司业绩的突然"变脸",鹏元资信这个评级机构将超日太阳的评级展望由稳定更改为负面。紧接着,超日太阳于2013年3月再次更改业绩,将其在2012年三季报中的预计盈利1 000万~3 000万元修改为-13.69亿元。由于连续两年亏损,"11超日债"于2012年年度报告发布后暂停上市。在财务窘境下,超日太阳为了谋求公司发展,在2013年1月底与青海省木里煤业开发集团有限公司(以下简称"木里煤业")达成协议,转让公司的35%股份到木里煤业旗下,但是因为木里煤业本身的总资产只有2亿元,另外考虑超日太阳过多的海外电站的实际情况,该协议最终被木里煤业终止。基于公司2012年度13.69亿元的巨额亏损以及公司外部援助的不利,投资者普遍觉得超日太阳可能违约,但公司还是想方设法于2013年3月7日艰难地完成了"11超日债"的第一期利息兑付。

3. 寻求救助无人应,正式宣告第二期利息违约

海外市场一直是超日太阳的主要市场,光伏行业的持续低迷导致公司海外市场中的应收账款很难收回,倪开禄多次出国催账的行为引发了媒体对于"倪开禄携款潜逃"的报道,投资者对于"11超日债"的二次付息都保持怀疑态度。勉为其难的首期利息兑付之后,超日太阳在接下来的经营过程中依旧没有改变其缺乏流动资金的状况,加上客户纷纷取消订单,导致公司2013年的收入大幅锐减,经营亏损状态一直持续到2014年年初,为了摆脱经营困境以及顺利兑付"11超日债"的第二期利息,超日太阳开始四处寻求重组。

公司在第二期利息兑付前夕共确定了两套方案:第一套方案为通过转让MW级薄膜硅和晶体硅异质结太阳电池产业化关键技术的项目来获得付息资金,但是到了2014年3月2日,由于法律规定"拿到科技部补贴的项目不可买卖",而超日太阳转让的该项目曾经拿到了科技部的1 200万元补贴,该方案不得不以失败告终;第二套方案是由一个拥有奉贤区政府1亿多元债权的国资背景的重组方提出的,该重组方要求奉贤区政府代为偿付利息,并向奉贤区政府承诺重组完成后会返还资金,3月3日中午该方案获得通过,而到了3月4日奉贤区政府突然以"风险太大"为理由再次开会讨论并否定了该方案,第二套方案临时宣告失败。公司持续经营不善以及两套方案失败使超日太阳无法得到有效的资金救助,超日太阳不得不于2014年3月4日晚间对外正式发布公告,告知投资者"11超日债"的第二期利息8 980万元无法完整兑付,仅能兑付400万元,即兑付比例为4.5%,"11超日债"正式宣告违约。

至此,"11超日债"成为打破我国债券市场刚性兑付的第一只公募债券,整个金融市场因为"11超日债"的违约哗然一片,基于新余市政府对江西赛维LDK太阳能高科技有限公司的5亿元财政兜底等刚性兑付事件,投资者对于"11超日债"的违约明显感到措手不及,市场人士纷纷对企业信用风险唯恐避之不及,众多国际投行和对冲基金甚至把"11超日债"违约事件视作引发中国经济"硬着陆"和债务危机的潘多拉魔盒。

4. 协鑫集成牵头重组完成本息兑付

超日太阳宣告违约后,2014年4月3日,作为超日太阳供货商的上海毅华金属材料有限公司因为没有按期获得超日太阳的偿还资金而向上海市第一中级人民法院申请对超日太阳进行重组整理。为了顺利完成超日太阳的重组计划,中国长城资产管理股份有限公司及上海久阳投资管理中心向超日太阳致以保函称"如果超日太阳通过公司重整计划,那么中国长城资产管理股份有限公司和上海久阳投资管理中心必将对'11超日债'提供连带责任保证,担保额度为8.8亿元(中国长城资产管理股份有限公司担保7.88亿元,上海久阳投资管理中心担保0.92亿元)"。有了中国长城资产管理股份有限公司和上海久阳投资管理中心的保证以及光伏超片巨头江苏协鑫能源有限公司(以下简称"江苏协鑫")的牵头,超日太阳的后续重组进行得较为顺利,公司于2014年10月23日在其第二次债权人会议上宣布将全额兑付"11超日债"的本息。在超日太阳的重组过程中,公司转增股本16.8亿股,这些股份是由全体出资人无偿让渡且通过江苏协鑫等9位投资方共同支付14.6亿元受让的。此外,公司还通过资产处置和借款筹集到5亿元资金,该部分资金用于重组费用的支付、债务清偿、初步确认债权和预计债权的提存及后续流动资金的需求。超日太阳在重组完成后更名为"江苏协鑫",其主要定位于系统集成业务和产业金融服务。由于重整资金的进入,超日太阳于2014年12月22日正式对"11超日债"进行本息兑付,对每手面值1 000元的债券兑付1 116.4元。超日太阳于此正式完成本息偿还工作,"11超日债"并没能成为打破我国公募债券刚性兑付制度的第一只债券。

随着重组工作的完成,根据2014年的年报,超日太阳于2014年盈利1.46亿元,基于重组完成之后的妥善经营以及正确的市场定位,超日太阳之后一直处于盈利状态,2015年8月12日,"超日太阳"更名为"协鑫集成"并重返A股市场,并在上市首日以9倍多的涨幅位居沪深两市涨幅第一。

5. "11超日债"违约后续

"11超日债"的违约导致超日太阳被协鑫集成重组,超日太阳终究不复存在,债券虽然最终完成本息兑付,但是整个违约事件对于债券市场尤其是刚性兑付制度的冲击是巨大的,违约事件之后,市场各主体都在不断探讨"11超日债"违约背后的违规行为。中国证监会在"11超日债"宣布无法按期兑付利息后迅速对超日太阳进行调查,并于2015年4月13日对超日太阳的六大违规支出进行了披露:一是未披露在海外收购光伏电站项目的情况;二是未按规定披露超日卢森堡在向国家开发银行贷款过程中相关股权质押的情况;三是未及时披露公司与境外合作方签订的《电站公司管理协议》;四是虚假确认对上海佳途销售收入1.63亿元,导致2012年半年报、三季报营收和利润总额虚假记载;五是提前确认对天华阳光销售收入2.38亿元,导致2012年三季报营收、利润总额虚假记载;六是未及时公告对已售太阳能组件调减价格的情况。中国证监会对超日太阳罚款60万元,对超日太阳董事长倪开禄罚款30万元并终身禁止其进入证券市场,对超日太阳的高管陶然和朱栋罚款30万元。由于鹏元资信在其评级过程中违反了《证券市场资信评级业务管理暂行办法》,中国证监会对鹏元资信予以警示,并要求鹏元资信对其自身所存在的虚假评级问题进行报告并实行严格整改。

至此,"11超日债"违约事件告一段落。超日太阳从一开始的国内行业领军企业到为了弥补公司的现金流而发行"11超日债",流动性危机后四处求助无门无奈宣布违约,最后被重组为"协鑫集成"完成本息兑付。虽然"11超日债"并没能成为我国公募债券史上的第一只违约债券,但是其违约前后对于整个债券市场的刚性兑付制度产生了巨大冲击,"11超日债"违约事件引发了人们对于债券市场违约原因的分析讨论。

【案例评析】

1. 债券发行前后财务数据变化巨大

目前在我国金融市场上发行债券,无论是公司债券还是企业债券,公开发行之前均需满足一定的条件,如净资产、负债比率、盈利水平、评级级别以及其他一些要求。毫无疑问,超日太阳和"11超日债"在2011年中国证监会审核批准前满足所有的硬性条件。然而,债券发行后,公司主要财务数据,如利润、每股收益、主营业务利润率均较大程度恶化。以公司利润为例,2010年净利润为2.1亿元,2011年下降到-0.5亿元,2012年和2013年进一步亏损,下降到-17.4亿元和-14.9亿元。事实上,超日太阳的利润大变脸在其发行"11超日债"前后很短的时间内就展示给了市场。发行债券前一周,超日太阳预告2011年盈利将超过8 200万元,债券发行时受到市场热捧,在发行债券一个多月后的2011年业绩修正公告中利润比之前预告中的减少了1.42亿元。

从负债偿还指标来看,2010年公司的流动比率为3.16倍,速动比率为2.95倍,远超过公认标准,资产负债率为31.31%,在很安全的界限内。然而2011年这些指标迅速恶化,其中最引人注目的是其资产负债率已经突破了50%这一红线,达到了56.41%。截止到2013年年底,其资产负债率已经超过100%,也就是说,即使变卖所有资产,公司也无法清偿债务,其财务状况非常糟糕。

2. 债券发行前后公司盲目过度的海外投资行为未得到市场有效关注

2009年前超日太阳海外市场销售量增长迅速,其生产的硅太阳能组件95%以上出口海外。金融危机及随后欧美对我国光伏企业的反倾销、反补贴调查,使得我国新能源产业的海外市场规模随之大幅缩减。2011年超日太阳为了进一步占领国际市场份额,采用了十分激进的业务转型模式,由中游的组件生产向上游硅料和下游电站延伸,其中电站成了其转型的重点。2011年其在香港设立了全资子公司,并先后对该子公司进行增资,一年内香港超日太阳的注册资本由2 800万欧元增至8 800万欧元。随后,香港超日太阳又在意大利、卢森堡、美国等多地设立了多个控股子公司。这些海外子公司通过和其他公司合作在境外投资了数十个电站项目。以超日卢森堡为例,其选择了与具有海外电站建设资质和经验的天华阳光合作,设立合资公司并建设电站。超日卢森堡负责提供光伏组件和资金,天华阳光负责电站的选址、施工、运行,电站建好后再将其转卖给超日太阳控股的合资公司。在会计处理上,超日太阳"创新"地把自己的组件投资记为"销售收入",通过自买自卖来做大业绩。但由于电站投资多、周期长,项目没有结束则无法收回款项,从而造成了公司巨额应收账款。2011年公司的应收账款高达22.1亿元,比2010年的6.49亿元上升了2.4倍。当年其他应收账款也由2010年的1.3亿元上升到3.4亿元,此后公司应收账款指标一直保持在高位。冒进的海外投资及随后欧美市场的惨淡带来了公司日后的巨额亏损和流动资金困境。2012年公司的营业收入由2011年的33.3亿元缩减约一半至16.3亿元,应收账款仍高达21.4亿元,2013年营业收入仅为5.5亿元,应收账款仍有14.7亿元。按照2012年三季度财报,彼时公司流动负债为36.7亿元,而其流动资产虽然有53.5亿元,但其中62.5%即33.4亿元是应收账款,能够用来偿付债务的流动资产仅有20亿元。

首先,债券公开发行申请顺利获批。事实上,早在2009年国务院就通报国内风电设备、多晶硅等新兴产业出现重复建设倾向,光伏产业进入中央政府的产能过剩"黑名单"。2011年新能源行业受到出口受限、成本上升、产能过剩等重创,已经十分艰难,超日太阳并未能幸免于难。2011年超日太阳所获批的10亿元债券埋下了令其最终爆破的"定时炸弹"。其次,公司经营亏损的现实、存在财务造假嫌疑等并未影响到评级机构对其的信用评级水平,2011年7月评级机构给出AA的信用级别,评级展望为稳定,2012年年中仍保持该级别,给出的变动方向则是增持。2013年4月10日,在超日太阳公告不能足额支付利息后一个多月,其信用级别仍是投资级别的BBB,一个月后才下调至CCC级别。最后,超日太阳的债权人也并未有任何行动,既没有"用手投票"去约束超日太阳的冒进行为,也未"用脚投票"引发债券价格在市场上的异动。

3. 超日太阳债务违约处置成本过低

2014年10月,"11超日债"的偿付方案最终得以通过,普通债权人20万元以下金额全部受偿,超过20万元以上部分按照20%的比例受偿。该方案的通过,是在地方政府的行政干预以及中国长城资产管理股份有限公司和上海久阳投资管理中心主动发出担保函后,促成以江苏协鑫能源有限公司为牵头人的9家公司联合接手超日太阳,提供部分偿付资金。另外,在对超日太阳的债务进行处理的过程中,原大股东和实际经营者并未因为其经营不善甚至有欺诈嫌疑而承担经济或民事责任。

"11超日债"的偿付方案使得我国由来已久的刚性兑付问题再次得以延续。刚性兑付不仅不利于提高市场上的信用违约风险意识,而且会增加我国债券市场的整体违约概率。因为债权人和债务人均认为即使出现信用违约现象,也会有政府或者银行或者担保公司进行"兜底"保护,这不仅会加大债务人的风险激励,愿意借入更多资金,而且会降低其财务困境成本,从而降低其对自身经营行为的约束和谨慎处置资金的意愿。对债权人而言,刚性兑付降低了其监督借款者的动力。总之,以"11超日债"为代表的我国债券总体违约成本过低,完全没有体现出惩前毖后的理念,非常不利于今后债券市场上信用风险的管理。

【案例讨论】

1. 在打破刚性兑付和合理保护投资者之间如何进行平衡?
2. 评级机构对于信用市场建设有何重要意义?
3. 债券违约对于监管有什么启示?

【参考文献】

[1] 李雅丽,朱文清,肖昂.违约事件频发下的中国债券市场信用风险管理研究——基于"11超日债"违约案例的思考[J].西南金融,2018(7):39-45.

[2] 鲁梦琴.后违约时代我国企业债券违约问题——基于"11超日债"事件的案例分析[J].商业会计,2014(14):71-73.

[3] 张继德,翟颖.企业债券违约风险防范——以超日太阳为例[J].财务与会计,2017(16):14-16.

案例4 绿色债券市场的发展

【案例内容】

绿色债券是将所得到的资金用于对环境、气候产生积极作用的项目,具有普通债券的基本功能和特点,同时又对绿色效益提出要求。同时中国将以大国的姿态担负起降低温室气体排放量的责任,中国承诺2030年前中国的碳排放量将达到顶峰,并在之后逐渐降低,于2060年前达到"碳中和"水平。

2020年中国绿色债券市场继续保持健康强劲的发展势头,众多领域实现新突破:制度建设更加完善,发行覆盖面更加广泛,国际合作更加深入,"绿色"意识普遍提升。一个国家发展模式的转变需要金融的变革,并能给那些开放绿色金融的人带来许多机会。绿色经济和绿色金融的理念不是一时潮流。相反,它们代表着一种战略转变,是帮助一个国家或地区解决最紧迫问题的有效路径。

为充分发挥绿色金融的积极作用,助力实现碳达峰、碳中和目标,中国人民银行、国家发改委、中国证监会联合发布了《绿色债券支持项目目录(2021年版)》(以下简称《绿债目录(2021年版)》)。绿色债券是重要的绿色金融工具,是指将募集资金专门用于支持符合规定条件的绿色产业、绿色项目或绿色经济活动,依照法定程序发行并按约定还本付息的有价证券,包括但不限于绿色金融债券、绿色企业债券、绿色公司债券、绿色债务融资工具和绿色资产支持证券。《绿债目录(2021年版)》是专门用于界定和遴选符合各类绿色债券支持和适用范围的绿色项目和绿色领域的专业性目录清单。

1. 绿色债券发行的必然原因

(1) 营造生态文明环境

近年来雾霾填满了记忆的冬天,"京津冀"一体化后联合起来治理雾霾,各个区域需要不断完善各自的治理机制,还要为治理提供必要的资金支持。这些资金多为政府财政支出,企业很少愿意为此给予相应的资金,这时会加重政府的财政负担。绿色债券则会在这时发挥作用,政府可以在财政紧张时,在绿色债券的帮助下,加速解决问题,推动该区域的生态文明发展。

(2) 缓解绿色企业融资难题

首先绿色债券可以减少银行间接融资交易成本,因为债券以直接融资形式存在,资金从盈余企业转移至紧缺企业。其次有些绿色企业不能从银行获取到长期融资,便会产生从银行借新还旧的现象,存在资金链断裂的可能。这时绿色债券便可发挥作用,企业可以发行长期的绿色债券供绿色企业选择。最后国家和政府会对绿色债券产生关注,给予一定的支持,未来我国对此可能会产生税收优惠等政策,使得绿色债券的发行利率要比普通债券低,直接降低融资成本。上述情况反映出绿色债券会缓解绿色企业融资难的问题。

(3) 拓展金融机构发展空间

节能环保以绿色信贷为主,这样可将绿色信贷与金融发展相结合,增加绿色金融的投资。节能环保项目的资金需求普遍金额大、期限长。而我国金融机构存在期限错配问题,这时可以通过金融债券来解决与绿色信贷期限相匹配的问题。

（4）满足投资者投资需求

当前有些投资者注重履行社会责任，保护生态环境，维护生态经济可持续发展，绿色债券比普通债券在信息披露上有更严格的要求，投资者更愿意投资低风险的项目，在获得收益的同时又履行了社会责任。

2. 绿色债券目前的发展现状

（1）发行规模逐步壮大

绿色债券是我国绿色金融的第二大载体，在规模上仅次于绿色信贷。中国绿色债券市场开始于2015年10月，增长迅猛并且在之后保持平稳增长的同时，出现了标准统一、多元化的特点，开始与国际市场接轨。我国绿色债券的发行量逐年上升，绿色债券发行市场已达相当规模，且绿色债券品种日益丰富。我国绿色债券的快速发展将进一步提升我国债券市场的世界影响力，并加快整个债券市场的国际化步伐。从中国绿色债券市场2021年上半年年报公布的数据中可以看出，2021年较2020年绿色债券的发行量同比时间增长显著，说明在2021年的第一季度和第二季度中，绿色债券市场有着较快的发展。符合国际绿色定义的债券发行量大幅增加，发行规模在逐步壮大。虽然我国仍与国际有一定的差距，但是同时符合中国和国际绿色定义标准的绿色债券数量在明显增加，缩小了一定的差距。

（2）发行主体的多样化

近年来非金融企业取代金融企业，成为最大的发行人类型，其发行量占2021年上半年总发行量的60%，主要发行人包括国家电网有限公司、国家能源投资集团有限责任公司和中国长江三峡集团有限公司。政府支持机构是第二大发行人类型，其发行量占上半年总发行量的18%。其次是金融企业，其发行量占上半年总发行量的13%。绿色公司债由中国证监会进行注册制监管，由非金融企业在交易所市场发行。非金融企业绿色债务融资工具则受交易商协会监管，在银行间债券市场发行流通。

（3）信用评级发挥重要作用

通常发行人在发行绿色债券时会聘请第三方专业机构进行外部评估，现阶段多个主体发行绿色债券，信用评级可以让投资者更快速、更便捷地了解企业的偿付能力，相比之下，绿色债券信用评级质量较好。信用评级与绿色债券的票面利率有着重要的联系，信用评级提高可以使绿色债券的票面利率降低，从而企业可以用更低的成本向投资者筹集绿色资金。

（4）绿色债券的资金用途

我国绿色债券发展呈现本土化趋势，我国绿色债券市场前景广阔。我国应基于全球绿色债券发展趋势，全方位探索更有效的发展渠道，促进我国绿色债券市场的可持续发展。根据中国金融学会绿色金融专业委员会发布的《绿色债券支持项目目录（2015年版）》，绿色债券的资金用途可划分为节能（GB1）、污染防治（GB2）、资源节约与循环利用（GB3）、清洁交通（GB4）、清洁能源（GB5）以及生态保护和适应气候变化（GB6）六大类。由于金融债募集资金通过绿色信贷或购买绿色债券投向绿色领域，资金用途需根据后续信息披露情况确定，因此将其归入"投向多种用途"类别。低碳建筑是最大的募集资金投向领域。根据气候债券倡议组织的定义，自2019年以来，低碳建筑已取代低碳交通成为最大的募集资金投向领域，占上半年发行总量的39%，其次是可再生能源（30%）和低碳交通（27%）。随着3060目标的提出，绿色低碳成为各行各业的重要转型方向。为支持绿色低碳转型发展，绿色金融正不断发力。在国家的"碳达峰、碳中和"战略目标之下,"碳中和债"和"可持续挂钩债券"应运而生,这两类创新绿色债券品种的出现,可在一定程度上有效地提升绿色债券市场服务实体经济能力和水平。其中"碳中和债"可引导资金流向绿色低碳循环领域,助力实现碳中和愿景,进而为"碳达峰、碳中和"目标,以及为绿色发展提供低成本、高质量、高标准、高效率的债券融资支持。

【案例评析】

1. 绿色债券存在的问题

(1) 绿色债券接受度不高

我国投资者对于绿色债券的发行没有过多的需求,并且绿色债券在定价方面没有过多的优势,部分投资者会被说服接受其低收益率,的确这个债券在首次发行时可以发挥作用,但随着时间的推移,这种吸引力会逐步下降,因此这个债券并不适合长久发展。

(2) 绿色标准未统一化

通过分析可知我国绿色债券在国际中的占比保持稳定增长,中国绿色债券发行数量(满足国内外定义)在国际中的占比逐渐增加,与国际市场越来越能达成共识,全球的绿色债券发行规模在2018—2019年呈现较为明显的增长趋势。中国与国际绿色债券发行机构对部分项目仍然有不同的标准,对一些项目是否为绿色债券存在一定的分歧。一是对化石类项目的判定不同,国际上排除一切与化石能源相关的项目,而我国则从国情出发把清洁能源列在绿色债券定义内。二是对新能源汽车的判定不同,国际上对于该类项目保持谨慎的态度,而我国明确表示支持其为绿色债券所属范围。

(3) 债券评级体系不健全

绿色资金的绿色指标通常包括发行前和发行后的绿色效益,但绿色效益的界定不统一。评级体系对于绿色资金用途的规定过于宽泛,多数评级公司依靠评估人员以发债企业提供的数据进行主观打分,依靠发债企业的财务指标和财务数据进行打分的评级公司较少。与此同时,我国外部评估行业仍有较多管理不规范之处,并不能绝对公平公正地对发行人及项目作出合理评估。此外,相较于国外,我国外部评估机构仍处于起步阶段,专业度仍有待加强,如许多外部评估机构并未按照监管要求对债券募集信息进行全部披露。尽管有的公司如穆迪评级采用了财务指标以及财务数据相结合的方法,但对于指标的选取和使用未作出进一步的详细说明。

(4) 存在道德风险问题

由于筹集资金会用于多种渠道的建设,所以发债企业信息披露不充分将会产生道德风险问题,使投资者对绿色债券缺乏信任。《中国证监会关于支持绿色债券发展的指导意见》提到,开放绿色债券的审核通道,可以缩短绿色债券的发行时间。但是中国证监会在收集发债企业环境因素和质量信息时,仍然存在困难。倘若发债企业提供虚假信息以便使其获得绿色债券的发行资格,但是将获取的绿色资金用于其他发展,便产生了资金用途错配的现象。

2. 措施与启发

(1) 政府出面给予政策支持

政府可以出面对绿色债券的发行给予一定的支持,目前多数企业追求利润最大化、风险最小化,普遍关注经济收益而忽略社会环境收益,政府可以采取税收机制来提高绿色债券的接受程度，增加绿色债券的收益优势。我们可以对国外成熟的债券体系根据我国国情加以改进，推动银行以及政府积极地发行绿色债券，提高企业参与到发行绿色债券中的积极性，还可以加强投资者对于绿色债券的认可，通过减税降费的形式鼓励他们涉及绿色债券领域。

（2）建立"绿色区间"

企业以及金融机构可以参考国际上公认的绿色债券原则，建立"绿色区间"，这关乎着我国企业发行的绿色债券是否满足国际市场的需求。可以设定全球绿色标准的最低下限，又可在一定范围内波动。同时既鼓励绿色债券的发行，又有统一适当的标准进行环境的管控，保证其绿色价值。

（3）完善信用评级制度

重新塑造信用评级的公信力，这时需要更进一步地规范评级行业的秩序。一是相关部门监督评级机构给予合理、公正、准确的结果，完善评估制度，规范评估流程，优化信用评级的区分度，从而保证信用评级的可靠性以及公信力。二是适当放松绿色债券进入市场的标准，允许不同的信用评级主体进入市场，让绿色产业得到资金支持的同时提高潜在的环境效益。三是推进绿色债券市场化的改革，让市场发挥作用使得信用评级回到实际水平，改善评级泡沫等现象。2021年2月，中国证监会发布了修订版的《公司债券发行与交易管理办法》，取消了公开发行公司债券信用评级的强制性规定，发行公司债券是否评级由发行人自主决定。债券信用评级强制性规定的取消，将推动评级由"监管驱动"向"市场驱动"转变。在市场机制的驱动下，评级机构之间的竞争将越发激烈，最终转化为评级质量等方面的竞争。

（4）加强管理机制

我国的绿色债券仍然处于起步阶段，使市场处于有序环境中是未来债券发展的必要基础。道德风险是现行的一大问题，为了防止绿色资金被用于其他途径，可以专门设立绿色债券资金的账户，设立专员进行资金流向以及资金使用情况的记录，及时进行审查考核，看其是否符合标准，防止有心之人对此进行套利活动。通过这个方法既可以增加绿色债券的透明度，也可以使投资者对于绿色债券的信任逐步增加，从而改善生态环境以及增加其正外部性。

近年来，由于人类社会一直以来排放的温室气体过多，全球变暖对整个气候系统的影响接近临界值，导致全球极端气候变化越来越频繁和激烈，百年和千年一遇的自然灾害不断出现，给世界各国敲响了警钟。未来如何减碳，使我们的生存环境和经济发展可持续，不仅成为各国政府亟须直面的热点和难点问题，也成为金融市场投资者越来越重视的主题，绿色债券为此应运而生，并逐渐发展壮大。

在央行绿色金融考核的要求下，国内各类机构投资者尤其是银行对绿色债券的配置意愿较强，绿色债券未来将呈现"供需两旺"的格局，将有效支持中国"碳达峰、碳中和"目标的尽早实现。

【案例讨论】

1. 绿色债券和普通债券有什么不同？中国绿色债券如何与世界接轨？
2. 3060目标指的是什么？为什么要提出这个目标？
3. 绿色金融的内涵和要解决的问题是什么？

【参考文献】

[1] 郭子源.下好绿色金融"先手棋"[N].经济日报,2021-11-19(7).

[2] 马梅若."双碳"目标下绿色金融政策体系日趋完善[N].金融时报,2021-11-01(1).

[3] 刘楠,乔诗楠.绿色债券市场迸发新活力[N].中国财经报,2021-08-17(5).

[4] 池光胜,高文君.我国绿色债券的发展现状、问题及建议[J].中国货币市场,2021(5):11-15.

[5] 张小晗.我国绿色金融发展现状及对策研究——以我国商业银行为例[J].绿色财会,2021(3):6-10.

[6] 刘昊,杨平宇,崔春晓.绿色发展视角下的绿色金融:概念、问题与对策[J].经济研究参考,2020(17):110-119.

第五章

外汇市场

案例1 2016年印度大面额货币废除事件

【案例内容】

2016年11月8日晚,印度总理莫迪在电视直播中突然宣布,为了打击腐败、洗黑钱和逃税等不法行为,市面上流通的500卢比和1000卢比的印度纸币(分别相当于50元和100元)从9日零点起,正式作废。这就意味着,印度人民手里流通量巨大的两种面值的纸币,一夜间变成了废纸。就在消息宣布当晚,新德里就有大批民众前往银行自动柜员机前排队存钱。不过,在72小时过渡期内,医院、加油站、药店、公交和机票售票处,以及部分政府授权的零售店等地点仍可以使用旧版纸币。但对广大民众而言,旧版纸币可以流通的地点非常有限。印度政府表示,民众有一个多月的时间,也就是在12月30日之前,将旧版500卢比和1000卢比的纸币存进银行和邮局里,或者兑换成新的货币,不过在办理业务时要证明这些钱是自己的合法收入。11月10日,印度政府引入了具有新安全特征、500卢比和2000卢比的一系列较高面值的新钞票。

此政策的主要意图是打击非法活动。在印度,许多人钱都不存银行,喜欢把大面额现钞藏在家里,这些钱既有正常收入,也包括没有报税的黑金,以及贪污受贿和其他见不得光的收入。这些人认为,只要不存银行,税务和反腐部门就查不到账。莫迪之前一直呼吁大家诚实申报收入。2016年9月,政府推出一项计划,瞒报收入逃税者如果自愿补税并接受45%税额的罚款,就可免于刑事指控。然而这一呼吁根本没用。因此,莫迪政府出台了该政策。印度财政部部长8日表示:"这次行动是对黑钱的一个外科手术式打击。"持有通过合法活动取得的货币,并已缴纳所得税的印度人不会遇到任何困难,但拥有大量通过非法活动取得的现金的印度人将会原形毕露。

然而,印度总理莫迪废除大面值纸币,以打击洗黑钱和伪钞的行动被批"彻底失败"。反对党指责政府浪费更多钱印制新钞,经济数据也显示,废除纸币对印度经济造成了冲击,其经济增长开始放缓。莫迪于2016年11月突然宣布废除面额500卢比(约10.60新元)和1000卢比的纸币。这两种纸币占印度流通货币的86%,它们不再是法定货币的消息一传出,印度人民赶紧将手中的大面值纸币花掉或是兑换成小面值纸币。印度中央银行在2017年8月30日发布的年度报告显示,央行已回收约15.28万亿卢比(约3240亿新元)的纸币,相当于被废除纸币的99%。印度政府原本以为废除大面值纸币后,仍会有多达5万亿卢比被暗藏起来，属于为逃税而未申报的黑钱。曾为印度前政府提供咨询的替代政策中心主席古鲁三美说："这个数据显示废除纸币行动彻底失败，总理显然言过其实，各行各业流失了这么多就业机会，人民怎么可能再相信莫迪和他的数字。"

另外，此政策产生了两个值得重视的负面影响。一是印制新钞成本17年来最高。印度反对党迅速将矛头指向政府和央行。财政部前部长奇丹巴兰姆（Shri P. Chidambaram）指出，废除大面值纸币促使央行必须印制新钞，而印制新钞的费用比永久销毁的纸币币值还要高。他在推特发帖嘲讽："有关经济学家理应获颁诺贝尔奖。"印度央行的年度报告显示，截至2017年6月30日的一年内，该行耗资796.5亿卢比印制新钞，这是17年来印制成本最高的一次。成本上涨自然影响盈利，央行派发给政府的常年股息为此锐减一半，使政府收入缩减。莫迪突然废除大面值纸币，私人投资与消费随之骤降，为弥补投资缺口，政府不得不增加支出。在双重打击下，印度的国家财政赤字恐将进一步扩大。二是经济增长相对放缓。印度一连串的经济数据显示，废除大面值纸币对其经济造成了冲击，经济增长速度可能因此被拖慢。2017年第一季度的经济增长减至6.1%，在2017年以前季度增长是7%。莫迪废除大面值纸币虽被指对经济不利，但他本人却从中积累了政治资本，赢了重要的地方选举。印度人口最多的北方邦于2017年3月举行地方议会选举，当地乡村贫民看好莫迪废除大面值纸币的举动有助于打击贪腐、消除不平等现象，因此大力支持莫迪所属的人民党，使之获得压倒性胜利。印度央行也发表声明辩护称，大面值纸币被废除后，纳税人数增加了，恐怖组织所获得的资助也"几乎完全"截断了，这是该政策的成功之处。央行还表示，印制新钞成本上涨，是因为新钞换了新设计，另外由于必须在短时间内将新钞运往全国各地，部分新钞必须经由空运，为此增加了开销。

【案例评析】

尽管引起了一时的混乱，但是此举对于印度来说仍然具有一定的意义。发行新钞最主要的目的是方便人们使用，因为完全没有大额钞票是不利于现实中的交易活动的。但是印度政府可以控制新钞发行的数量，让其仅满足流通的基本需要即可。更多的流通需求可以通过电子货币来解决，也就是说印度正在谋求建设"少现金社会"或"无现金社会"。这也是与印度以往废除旧钞发行新钞政策的本质区别，像印度20世纪70年代曾经做过的那样，因为当时没有办法实行货币电子化，回收销毁多少旧钞就得发行多少新钞，因此只能治标不能治本，腐败很快就会卷土重来。但这一次情况就不同了，只要政府能很好地控制大额新钞的数量，加上新钞使用新的防伪技术，那么对假钞、黑钱、腐败和逃税现象还是能够起到很好的防备作用。

对于"无现金社会"，印度政府是有所准备的，印度这些年建立了全球最大的生物识别数据库——Aadhar项目，以及配套打造了UPI统一电子支付系统，这两个项目使得印度人民有办法进行放心的电子交易。再加上智能手机在印度的兴起，从零开始建立一个"少现金社会"，至少在许多城市让电子支付得到通行，是有可能的。虽然印度在这方面的条件比不上丹麦、瑞典等同样尝试建立"无现金社会"的国家，但关键在于民众对现状感到不满，对莫迪政府有足够的支持。而且对于印度人来说，电子支付导致的隐私问题是相对次要的，能够反腐、对付假币与黑钱、增加安全感是更重要的。除了印度外，其他一些发展水平较低的国家也在尝试尽量减少现金，如尼日利亚，也取得了初步成效。

【案例讨论】

1. 废除旧钞是否能培养人们的电子支付习惯?
2. 印度货币改革是否达到了最初的目的?
3. 货币改革是否可以采用其他方法?

【参考文献】

[1] 印度宣布废除500和1 000卢比的大面值纸币[EB/OL].(2016-11-09)[2024-10-23]. https://caijing.chinadaily.com.cn/2016-11/09/content_27320019.htm.

[2] 新浪网.印度为打击腐败竟废除500、1 000面值货币,怎么回事?[EB/OL].(2016-11-11)[2024-10-23]. https://finance.sina.cn/2016-11-11/detail-ifxxsmuu5374517.d.html?from=wap.

案例2 "石油美元"体系

【案例内容】

"石油美元"(petrodollars)这一概念由埃及裔美国经济学家易卜拉欣·奥维斯(Ibrahim Oweiss)提出,广义上是指通过出售石油而获得的美元收入,狭义上是指"石油美元"的盈余,即通过出售石油获得的美元收入扣除本国发展所需资金之后的盈余。美国主导下的"石油美元"机制具有两个内核:第一,国际石油贸易以美元作为计价和结算货币;第二,产油国出口石油所获得的收入扣除进口开支之外主要用来购买美国国债。所以"石油美元"也常用来指代"美元—石油—美国国债"这一循环过程。不过,随着产油国"石油美元"盈余的投资流向多元化,其流向已不再仅限于购买美国国债,这一循环过程逐渐演化为范围更广的"美元—石油—美元计价金融资产"循环。

下面介绍"石油美元"的发展历程。

1. 诞生与兴起时期:1974—1985年

实际上,在1973年以前,"石油美元"就已存在。欧佩克(OPEC)国家在20世纪60年代末便已拥有约20亿的"石油美元"盈余,只是此时的"石油美元"尚未理论化和制度化,也未对国际关系产生重要影响。1974年,美国与沙特阿拉伯之间达成"不可动摇的协议",美国向沙特阿拉伯出售军事武器,同时保障沙特阿拉伯国土安全不受以色列侵犯,沙特阿拉伯则接受美元作为出口石油唯一的计价和结算货币。随后美国财政部与沙特阿拉伯货币局于同年12月在利雅得达成协议,向沙特阿拉伯开放美国国债的认购并保证沙特阿拉伯在认购时的排他性优先权。与沙特阿拉伯达成协议后,美国与欧佩克其他成员国逐一达成谅解,彻底确立了美元在欧佩克国家出口石油计价和结算货币中的垄断地位,"石油美元"机制正式诞生,美元变成了"石油美元",石油变成了"美元石油"。在第一次石油危机中,国际油价上涨了近4倍,大量的"石油美元"流向了产油国。1974年,欧佩克国家的"石油美元"持有量从1973年的350亿美元飙升到1 123亿美元,经常账户盈余也从66亿美元飙升至683亿美元。1976年年底,其经常账户"石油美元"盈余已占全部美元经常账户盈余的35.7%,超过美国任何一个西方盟友。为了支持国内的消费和投资,产油国将"石油美元"投入西方工业国的进口贸易中,导致"石油美元"大量回流。1974—1978年,约1 570亿美元的"石油美元"回流至西方工业国家,占回流资金总额的78.5%。20世纪80年代初期,已经有90%的"石油美元"回流至西方工业国家。虽然受到石油消费国节能、替代能源开发等因素的影响,产油国的"石油美元"收入在20世纪70年代中期出现短暂下降,但1979年第二次石油危机爆发,油价再次暴涨,导致产油国的"石油美元"持有量瞬间突破2 000亿美元大关。1985年以前,产油国"石油美元"的持有量与经常账户盈余更是分别达到2 976亿美元和1 143亿美元的最高纪录。在这一阶段,在国际关系和地区局势发生变化的背景下,美国与以沙特阿拉伯为首的欧佩克国家联手打造了"石油美元"。同时,受到两次石油危机的影响,"石油美元"在诞生后不久便迅速崛起。虽然1985年以后由于国际原油市场再次发生变化,产油国的"石油美元"收入减少,但是整个"石油美元"机制日益完善和成熟。

2. 市场化与金融化时期:1986—1998年

1986年,国际原油价格下跌23%,为1973年以来的历史最低点,其后十多年的时间里,国际原油价格始终在每桶20美元左右的低位徘徊。与前一阶段相比,产油国手中的"石油美元"持有量大幅缩减。但是,这一时期"石油美元"逐渐朝着市场化和金融化的方向发展。一方面,20世纪80年代中期,美国西得克萨斯轻质原油(WTI)标准期货合约在纽约商业交易所上市,石油与粮食、外汇、贵金属等其他商品一道,正式成为获准进行期货交易的大宗商品之一,即成为一种重要的金融产品。"石油美元"形成了一个由创造到流通最后回流的完整生态循环。另一方面,20世纪80年代,在"石油美元"带动主要产油国经济发展的同时,产油国却无法满足国内旺盛的消费需求,从而导致越来越多的"石油美元"被投入国际贸易,通过商品服务贸易的结算渠道回流到西方工业国家。国际金融市场的飞速发展也为"石油美元"的回流提供了一个新通道,特别是在引入主权财富基金模式之后,产油国将跨国银行、对冲基金和期货等视作新的投资对象。20世纪90年代,"石油美元"回流成为全球金融发展至关重要的支柱力量,大量的产油国政府投资基金和普通居民理财投资,成为许多投资银行、会计师事务所和其他金融服务机构的主要业务对象。"石油美元"逐渐成为国际金融体系中的"高级金融"。这一时期,随着市场化与金融化,"石油美元"机制逐渐变得成熟与完善,为下一时期能够在挑战中实现快速发展奠定了基础。

3. 在挑战中快速发展时期:1999—2013年

1999年以后,在国际原油市场的又一次变化以及"石油欧元"等的挑战中,"石油美元"的发展呈现新态势。

首先,"石油美元"面临"石油卢布""石油欧元"等因素的挑战,从而引起了美国的反对。2002年,伊拉克宣布以欧元替代美元作为外贸结算货币;2006年,伊朗建立了以欧元作为交易和定价货币的石油交易所;2006年,俄罗斯提出建立自己的以卢布计价的石油交易所,并于2007年11月正式推出了石油交易平台;2009年,中东海湾国家与中国、日本、俄罗斯及法国等国举行密谈,探讨以一揽子货币取代美元作为石油贸易计价货币的可能性。乌克兰危机后,俄罗斯越来越认识到"去美元化"的重要性。俄罗斯中央银行副主席阿列克谢·乌留卡耶夫表示,俄罗斯能源企业需要抛弃美元,"这些企业必须更勇敢地与贸易伙伴签订卢布结算合约"。2014年,中俄双方在一系列领域签署了相关协议,包括通过卢布与人民币之间的结算开展双边石油贸易。这一系列举措在一定程度上对"石油美元"构成了挑战。例如,当伊拉克抛出以欧元结算的论调时,就为日后美国攻打伊拉克埋下了伏笔。美国已经以其实际行动采用政治和军事手段来敲打伊拉克,控制中东地区,压制欧元,维护美元的国际地位。小布什政府提出的"大中东计划",其本质是为以军事手段排挤其他政治势力在该地区的影响寻找借口,旨在单独控制该地区,消除"石油美元"的现实威胁,从而维护"石油美元"的至尊地位。

其次,1999年以来,随着国际原油价格的不断攀高,2008年国际油价达到147美元/桶,2014年上半年还在每桶100美元左右的高位徘徊,这让产油国积累了大量的"石油美元"盈余。1999—2013年,产油国将高油价带来的暴利投入包括美国国债和房地产在内的全球各种资产中。以2012年为例,欧佩克国家流入流动性投资(例如国债、企业债券和股票)的"石油美元"达到5 000亿美元的高峰。根据国际货币基金组织的估计,产油国的真实"石油美元"收入在2005年就已接近8 000亿美元,远高于2002年的3 300亿美元。国际清算银行也指出,1999—2005年,欧佩克国家因油价上涨带来的额外"石油美元"收益超过1.3万亿美元,欧佩克国家年均"石油美元"盈余则超过1 100亿美元。

最后,"石油美元"新的积累机制开始形成。由于"石油美元"的规模随着国际油价的不断走高而迅速膨胀,美国国债市场已经无法有效吸收全部的石油美元,而较低的长期收益率也已经无法满足产油国对"石油美元"保值增值防止流失的投资需求,"石油美元"的投资渠道越来越朝着金融市场转移。从1999年开始,欧佩克各国组合投资的比例上升到28%,外汇储备的比例上升到19%,1999年第一季度至2005年第一季度欧佩克各国在世界范围内的投资总额超过8 000亿美元,这部分投资的平均收益率在5%~17%,部分投向新兴市场国家的投资收益率更是高达400%,这部分资金和收益不断地滚动投资,形成了"石油美元"新的积累机制。

4. 发展现状:2014年至今

据不完全统计,当前国际市场流通的"石油美元"为1.4万亿~1.8万亿美元。自2014年6月以来,国际油价从每桶100美元左右开始暴跌,导致产油国"石油美元"的持有量大幅缩水。以欧佩克国家的"石油美元"净出口收入为例,2015年约为4 000亿美元,比2012年最高点的9 200亿美元减少了一半以上,这是自2005年以来"石油美元"规模的最低点。主要产油国的贸易盈余也锐减,不得不动用历史上积累起来的"石油美元"存量来弥补国内财政开支。目前"石油美元"的运作还呈现更加市场化和金融化的态势。根据主权财富基金研究所(SWFI)的统计,截至2016年6月,以石油、天然气收入为资金来源的主权财富基金总规模为4.2万亿美元,占全部主权财富基金总规模7.3万亿美元的约58%。不过,在国际石油市场进入新一轮低油价周期的大背景下,尽管"石油美元"越来越朝着市场化和金融化的方向发展,但目前总体上很难改变其颓势。

【案例评析】

虽然"石油美元"在一定程度上具有"美国推行霸权主义的工具"这一负面形象,但不可否认的是,作为一项相互依赖的国际机制,通过石油与美元将国际行为体,尤其是主权国家团结在以美元为核心的国际货币与金融体系中,并通过国际石油贸易促进各国政治和经济的相互依存关系,在客观上推动了全球化的发展。同时,也可以说,在一定程度上全球化的发展也推动了"石油美元"的发展,"石油美元"是全球化的一个组成部分。然而,2008年金融危机后,全球化开始面临全局性和内生性的停滞,特别是在西方社会内部,"去全球化"浪潮来袭。"去全球化"导致国际贸易增速显著放缓,要素流动不畅,贸易保护主义抬头,以邻为壑气氛浓厚。尤其是2016年英国脱欧以及美国当选总统特朗普表示上任后要退出跨太平洋伙伴关系(TPP),导致"去全球化"现象更加凸显,这或许是"石油美元"未来发展所面临的一个新挑战。

在这样的背景下,俄罗斯、中国以及其他金砖国家,越来越多地寻求远离以美国为首、由国际货币基金组织牵头的"发达国家"现状,全球贸易将越来越多地通过双边安排来进行,其中就包括通过双边安排来开展石油贸易,试图完全绕过"石油美元"。俄罗斯、中国和伊朗,以及越来越多的发展中国家,已经开始在彼此之间进行交易,并试图建立诸如"石油卢布""石油人民币"等机制来绕过"石油美元",这是正在发生以及将持续发生的事情。毕竟与过去相比,国际经济秩序和能源消费格局已经发生了很大的变化,"石油美元"也因此难以发挥曾经所具有的重要作用。

总之,按照目前国际石油政治、经济以及国际关系的发展现状和趋势来判断,未来"石油美元"的发展可能面临诸多挑战。必须指出的是,"石油美元"的本质在于美元而非石油,石油只不过是美元实现利益的杠杆,正如布雷顿森林货币体系下黄金对于美元的意义。无论今后国际石油政治和经济发生何种变化,可以肯定的是,未来美国可以不掌控石油,但是几乎不可能放弃借助于美元实现利益的这一手段。只不过按照"黄金美元"到"石油美元"的发展逻辑推理,美元在未来要更加具有现实意义,仍然需要借助于一种杠杆,而能源依然是最好的抓手,因为无论过去、现在还是将来,任何一个国家对能源的需求都是刚性需求。同时,虽然在可预见的未来,石油的地位仍然难以撼动,但是石油的枯竭和被取代是一种必然。也许未来"页岩气美元""乙醇美元"等将会取代"石油美元",当然这将由未来的世界能源格局所决定。无论何种形态的能源取代石油成为美元的抓手,其与美元形成的新机制的本质依然是"黄金美元"和"石油美元"的延续和拓展。

【案例讨论】

1. 美国如何通过美元与石油挂钩来强化美元的国际地位?
2. 人民币国际化是否可以参照"石油美元"的模式?
3. "石油美元"崩溃的内外部原因是什么?

【参考文献】

[1] 徐振华,汪昊.石油美元的历史沿革、发展现状及前景展望[J].中国民商,2018(6):34.

[2] 何亮,崔坤宇,王立娜."石油美元"渊源及现状研究[J].科技和产业,2018,18(7):111-114.

[3] 张帅."石油美元"的历史透视与前景展望[J].国际石油经济,2017,25(1):51-57.

案例 3　日本的利率市场化进程

【案例内容】

日本的利率市场化进程是从 1977 年日本大藏省批准商业银行承购国债，并允许持有后上市销售开始的，这一措施开启了日本利率自由化的先河。日本经过整整 17 年的市场化历程，终于在 1994 年 10 月实现了利率的完全市场化，至此日本已经放开了第二次世界大战以来全部的利率管制。日本在金融利率市场化进程中主要经历了 4 个重要时期。

1. 放开利率管制的第一步：国债交易利率和发行利率的自由化

日本经济在低利率水平和严格控制货币供应量政策的支持下获得迅速发展。但是，1974 年之后，随着日本经济增长速度的放慢，经济结构和资金供需结构有了很大的改变，战后初期形成的以"四叠半"（意为狭窄）利率为主要特征的管制体系已不适应这种经济现状了。日本政府为刺激经济增长，财政支出日渐增加，政府成为当时社会资金最主要的需求者。培育和深化非间接金融中介市场的条件已初步具备。1975 年，日本政府为了弥补财政赤字再度发行赤字国债（第一次是 1965 年）。此后，便一发不可收，国债发行规模越来越大。1977 年 4 月日本政府和日本银行允许国债的自由上市流通。第二年开始以招标方式来发行中期国债。这样，国债的发行和交易便首先从中期国债开了利率自由化的先河。

2. 放开利率管制的第二步：丰富短期资金市场交易品种

1978 年 4 月，日本银行允许银行拆借利率弹性化（在此以前，同业拆借适用于全体交易利率是基于拆出方和拆入方达成一致的统一利率，适用于全体交易参加者，并于交易的前一天予以明确确定），6 月又允许银行之间的票据买卖（1 个月以后）利率自由化。这样，银行间市场利率的自由化首先实现了。

3. 放开利率管制的第三步：交易品种小额化，将自由利率从大额交易导入小额交易

实现彻底的利率自由化就是要最终放开对普通存款利率的管制，实现自由化，如何在已完成利率自由化的货币市场与普通存款市场之间实现对接成为解决问题的关键。日本政府采取的办法是通过逐渐降低已实现自由化利率交易品种的交易单位，逐步扩大范围，最后全部取消利率管制。在这一过程中，日本货币当局逐级降低了 CD（大额可转让存单）的发行单位和减少了大额定期存款的起始存入额，逐步实现了由管制利率到自由利率的过渡。在存款利率逐步自由化的同时，贷款利率自由化也在进行之中。由于城市银行使用自由利率筹资比重的上升，如果贷款利率不随之调整，银行经营将难以为继。1989 年 1 月，三菱银行引进了一种短期优惠贷款利率，改变了先前在官定利率的基础上加一个小幅利差决定贷款利率的做法，而改为在筹取资金的基础利率之上加 1% 形成贷款利率的做法。筹资的基础利率是通过在银行 4 种资金来源的基础上加权平均而得到的，这 4 种资金来源是：①活期存款；②定期存款；③可转让存款；④银行间市场拆借资金。由于后两种是自由市场利率资金，所以，贷款资金利率已部分实现自由化。随着后两部分资金在总筹资中比重的增加，贷款利率的自由化程度也相应提高。

4. 放开利率管制的第四步：法律形式的确认

在上述基础上，日本实质上已基本完成了利率市场化的过程，之后需要的只是一个法律形式的确认而已。1991年7月,日本银行停止"窗口指导"的实施;1993年6月,定期存款利率自由化,同年10月活期存款利率自由化,1994年10月,利率完全自由化,至此日本利率自由化画上了一个较完满的句号。

日本的利率自由化过程对其他国家的利率自由化提供了一个很好的样板。其基本特点可归纳为如下几个方面:①先国债后其他品种;②先银行同业后银行与客户;③先长期利率后短期利率;④先大额交易后小额交易。

【案例评析】

我国与日本有相似的利率管制的前提背景:均源于计划经济时代,国家控制着经济的命脉,国民经济处于较困难时期,经济发展停滞或十分缓慢,企业及银行倒闭严重,且金融业务由国家垄断,高度的金融抑制,资金流向狭窄。大部分国家都经历了这样的时期,但随着国家经济发展到一定阶段,国营经济的私营化比例加大,资金流动性、自由性增强,利率管制和人为调整利率政策无法应对企业投资和金融发展的需要,妨碍了资金的合理配置,成为经济发展的绊脚石。我国于1978年实行对外开放,经济发展的同时,通胀率也不断提高,利率开始频繁地调整,利率市场化的酝酿阶段开启。

在利率市场化的过程中,我国也未采取激进的一次性放开所有利率的策略,而是层层递进式地推进利率市场化进程。1978年开始的利率市场化酝酿阶段就延续了20年,之后的准备实施阶段又延续了15年,2012年进入利率市场化的初步建立阶段。政府利率市场化的推进与金融机构为摆脱利率管制的金融创新相交织。我国从2013年6月的钱荒开始,利率不断攀升,信托、理财产品的收益率也迅速上升。如当时在我国风生水起的余额宝、理财通等金融创新,吸纳了大量的资金。而银行为应对这些创新,不断提高银行的利率优惠及银行理财、信托产品的收益率以达到吸收存款的目的。同时,随着各金融机构的博弈、流动性压力的加大,利率进一步提升,倒逼央行加快利率市场化进程。利率市场化顺应了国家经济金融发展的客观要求,为一国经济金融的快速发展创造了必要的条件,成为国家经济持续发展的必由之路。目前,我国为应对当前的形势,不断推进利率市场化,采取了一系列措施,如放开存贷款利率,推进自贸区金融试点改革,等等。另外,金融机构钱荒的频率也越来越快,国家也加快了利率市场化的推进速度。由此可见,我国利率市场化的改革是在吸取各国的经验教训中稳步推进的。

【案例讨论】

1. 日本与我国利率市场化的经济环境和发展阶段有什么不同?
2. 利率管制对一个国家的资本市场有何影响?
3. 利率市场化对一个国家的经济和金融发展有何影响?

【参考文献】

[1] 木下信行.日本利率市场化对中国的启示[J].现代国企研究,2018(15):87-89.
[2] 史晓丹.美、日利率市场化改革及启示[J].重庆三峡学院学报,2017,33(6):35-44.

案例4 1998年亚洲金融危机

【案例内容】

在20世纪90年代的繁荣时期,亚洲被世界公认为新千年的一个巨大的新兴市场。以泰国、马来西亚、印度尼西亚、菲律宾(四国被合称为"亚洲四小虎")为代表的东南亚各国经济更是飞速增长。当时的泰国和许多其他亚洲国家一样,开始从海外银行和金融机构中借入大量的中短期外资贷款,外债曾高达790亿美元。在一片表面繁荣之下,泰国修建起许多空无一人而锃光瓦亮的办公大楼。

然而好景不长,1997—1998年,亚洲爆发了罕见的金融危机,给亚洲各国甚至全世界的经济都带来了巨大的冲击。在美国金融投机商乔治·索罗斯(George Soros)等一帮国际炒家的持续猛攻之下,自泰国始,菲律宾、马来西亚、印度尼西亚等东南亚国家的汇市和股市一路狂跌,一蹶不振。多个国家的企业大规模倒闭,工人失业,经济萧条。

1. 泰铢贬值点燃亚洲金融危机导火索

1997年7月2日,泰国宣布放弃固定汇率制度,实行浮动汇率制度,引发了一场遍及东南亚的金融风暴,但隐患早在之前的经济高速增长时期就埋下了。

1984年6月,泰国开始实行钉住"一篮子货币"的汇率制度,篮子中的货币及其权重分别为美元80%～82%,日元11%～13%,西德马克6%～8%,港元、马来西亚林吉特和新加坡元0%～3%。泰国中央银行每天公布中心汇率,浮动区间为中心汇率的±0.02%。在此制度的安排下,泰铢对美元汇率长期稳定在1美元兑24.5～26.5泰铢,形成实际上的钉住美元制度。

1984—1994年,由于美元对主要货币持续走弱,而泰铢是钉住美元汇率不动的,所以泰铢也随着美元一起贬值,从而大大地提高了泰国的出口竞争力,出口的快速增长有力地推动了泰国的经济发展。1986—1994年,泰国制造业出口年增长30%,制造业出口占总出口的比重由36%上升到81%,制造业占GDP的比重从22%增加到29%;农业出口比重由47.7%下降到13.9%,农业产值占GDP的比重由21%降为11%。在此期间,泰国经济以每年8%左右的速度增长,泰国成为令世界瞩目的"亚洲四小虎"之一。

当时,泰国积极实施鼓励外资的政策,处于加快金融业开放、推进本币可兑换及利率自由化的进程之中。泰国为了把曼谷建设成可与香港相匹敌的国际金融中心,在资本项目可兑换、利率浮动、引进外资金融机构以及衍生产品市场发育上采取了密集度很高、快得多的改革开放步伐。泰国从1992年就对外开放,对外资敞开大门,大量地向外资银行和当地银行提供低息美元贷款。当时泰国在资本账户开放方面,采取了两项重要的措施。一是开放离岸金融业务,推出了曼谷国际金融安排(Bangkok International Banking Facilities,BIBF)。根据这一安排,1993年泰国中央银行向15家泰国商业银行、35家外国商业银行在泰国的分行发放了BIBF经营许可证。凡获得经营许可证的商业银行均可从国外吸收存款和借款,然后在泰国(out-in)和外国(out-out)以外币形式贷款。二是泰国政府允许非泰国居民在泰国商业银行开立泰铢账户,进行存款或借款,并可以自由兑换。到1996年,泰国资本账户已基本放开。尽管资本账户放开为泰国带来了国际资本,但也造成了日后的泰铢危机。

在上述政策的推动下,大量外资持续流入境内,外商直接投资及外债均大幅增加。1994年,外国私人资本流出和流入泰国的规模达到15 000亿泰铢左右,较1989年增加了10多倍。并且流入泰国的外国资本多为短期资本,短期外债比重高达50%。泰国的银行从国际上借得短期资本,在国内却进行长期贷款,大量贷款流向房地产市场。此外,外国资本也大量流入泰国的股票市场。在外债及外商投资的推动下,出口导向型经济产生了较多国际收支顺差,本币面临着升值压力,而这反过来又进一步吸引境外资金流入。在上述各项因素的作用下,泰国的股票价格和房地产价格飞涨,泡沫经济逐步形成。

到了1995年,国际外汇市场出现逆转,美元对主要货币的汇率由贬值转为升值。由于美元持续、大幅度升值,泰铢实际有效汇率跟随美元不断走强,加之劳工价格也逐年攀升,对泰国的出口产生了严重的负面影响。泰国经济主要是靠出口带动的,出口量下降导致泰国经常项目逆差迅速扩大。1995年泰国贸易赤字达到162亿美元,占GDP的比率超过8%。而紧紧钉住美元的汇率制度除了削弱了泰国企业的出口竞争力,也将泰国自己推到了汇率风险的风口浪尖之上。

日本是泰国第一大贸易伙伴。1996年,泰国的经常性出口因为日本经济衰退的拖累而逆差骤然扩大,入不敷出,贸易形势日益恶化。为了弥补大量的贸易赤字,满足国内过度投资的需求,外国短期资本大量地流入了泰国的房地产、股票市场,房地产经济膨胀,银行呆账增加,泰国经济已显示出危机的征兆。泰铢已经被逼到了调整汇率的最后防线。

实际上,1993年泰国股市上的国外投资为30多亿美元,1995年已经上升到了60多亿美元,巨额的出口逆差已经使风吹草动的股市动荡不定,屡见下挫;1996年5月以后,泰国股指下跌幅度超过60%。与此同时,泰国商业银行的不良资产率已经达到了35.8%。1996年年底,泰国商业银行和金融机构的房地产贷款分别为总贷款的8.8%和24.4%,其中有相当一部分资金来自海外。1996年,泰国的房地产泡沫迹象已经十分明显,造成商业银行和金融公司经营状况恶化,巨额不良资产使其金融市场更加动荡不安。经济状况的不断恶化和金融市场的剧烈波动,加剧了市场各方对泰铢贬值的预期。

为了防止泡沫破灭后又形成银行的巨额不良资产,泰国央行被迫实行高利率政策。然而,此政策的出台使风雨飘摇的泰国经济雪上加霜。高利率进一步抑制了投资和消费的需求,加剧了经济衰退,造成了商业银行的巨额不良资产,而且也加大了企业的债务负担。企业由于银行的高利率,被迫向国际金融市场寻求低利息资本,从而进一步扩大外债规模,形成恶性循环。1997年,泰国经济疲弱、出口量下降、泰铢汇率偏高并维持与美元的固定汇率,给国际投机资金提供了一个很好的捕猎机会。

1997年2月,索罗斯等攥着对冲基金的金融大鳄们闻风而动,乘势进军泰国,对泰铢发动第一波攻击,大量借入泰铢,在外汇市场上将其兑换成美元。泰国中央银行运用20亿美元的外汇储备干预外汇市场,平息了这次风波,索罗斯空手而回。3月2日,索罗斯的量子基金以及其他国际投机者的对冲基金猛烈地冲击泰国外汇市场,引起泰国挤兑风潮,挤垮银行56家,股票市场狂跌70%;5月,国际金融市场中再次风传泰铢贬值,引发泰铢汇率大幅波动,而索罗斯们对泰铢发动的攻击,更加剧了泰国金融市场的不稳定性。泰国央行与新加坡金管局、香港金管局联手干预外汇市场,以百亿美元的代价使对冲基金一举遭受3亿美元的重创,力挽狂澜地把汇率维持在25泰铢兑1美元的价位。泰国政府不当的干预手段反而被金融大鳄们利用,他们不断散布谣言,说泰国政府束手无策,一时间泰国金融市场被搅得一潭浑水、阴云翻滚。那些以前大举进入泰国股市和房地产市场的短期资金疯狂撤退,泰铢贬值压力进一步增加,外汇市场出现了连续不断的恐慌性抛售。到1997年6月底,泰国的外汇储备下降到300亿美元,泰国政府失去了继续干预外汇市场的能力。

1997年7月2日,在曼谷,在经历了一个小时的闭门会议之后,泰国政府对外宣布,泰铢放弃钉住美元汇率制度,实行有管理的浮动汇率制度。当天,泰铢兑换美元的汇率一路狂跌18%,外汇及其他金融市场一片混乱,泰国金融危机正式爆发。

不仅在外汇市场,索罗斯大胜而归,在股票市场,索罗斯也获利颇丰。在泰铢危机前,索罗斯就大量买入泰国股票,进一步拉升泰国的股价,随后,动用现货股票、期货、期权大量抛空泰国股票。泰国政府为遏制国际资本拆借泰铢,大幅提高拆借利率,使得股价大幅下跌,索罗斯的做空获利满满。

对那些依赖外国资金进行生产并用泰铢偿还外债的泰国企业而言,这无疑是晴天霹雳,泰国的老百姓也如惊弓之鸟,挤垮了银行56家,泰铢贬值60%,股票市场狂跌70%,泰国人民的资产大为缩水。

2. 金融危机的蔓延

在泰铢贬值之后,尽管国际货币基金组织采取了一个试验性的拯救计划,以消除泰铢贬值产生的冲击波,然而一切都无济于事,东南亚国家的货币仍然受到了投机资金的沉重打击。人们对危机蔓延的担心以及对东南亚地区的不信任情绪,使得该地区的形势日益恶化。

泰国金融危机首先对菲律宾、印度尼西亚、缅甸及马来西亚的货币市场产生了巨大的冲击。

菲律宾比索在投机商的压力下频频退低,1997年7月11日,菲律宾央行宣布允许菲律宾比索在更大的范围内与美元进行兑换,事实上菲律宾同泰国一样开始实行浮动汇率制度。当天菲律宾比索暴跌至29.45菲律宾比索兑1美元,跌幅达11.5%,创4年来新高。一星期后,菲律宾比索的下跌幅度依然在11%的水平上。同一天,缅甸缅元也受到打击,从160缅元兑1美元下降到240缅元兑1美元。

受泰国金融危机的影响,马来西亚林吉特7月11日以2.5047马来西亚林吉特兑1美元收市,7月14日马来西亚林吉特以2.5350马来西亚林吉特兑1美元收市。在此期间,马来西亚中央银行对外汇市场进行了干预。马来西亚代总理兼财政部部长安瓦尔·易卜拉欣表示马来西亚将决心维护马来西亚林吉特的稳定。马来西亚中央银行也于11日决定将银行利率从前一天的9%上调至50%,以抑制猖獗的市场投机,阻止马来西亚林吉特的进一步贬值。以上这一系列措施都是为了维护2.550马来西亚林吉特兑1美元的心理关口。7月14日,印度尼西亚当局宣布,放弃维持其货币与美元之间比价的努力,今后,印度尼西亚盾与美元的比价将由市场来决定。

印度尼西亚为了支持印度尼西亚盾动用了大量外汇储备。在听凭比价波动的决定发布后,印度尼西亚盾对美元的比价立即从2680印度尼西亚盾兑换1美元跃至2800印度尼西亚盾兑换1美元,而在泰铢贬值之前,这一比价为2450∶1。这就是说,从7月2日以来,印度尼西亚盾大约贬值了14%。

在7月21日到25日的这周里,泰国的金融危机进一步动荡。泰国央行入市干预,却毫无用处。到周末,泰铢已跌至1997年的最低点,即32.7泰铢兑1美元,跌幅达21.5%。在同一周,马来西亚林吉特也下跌到1美元兑2.6530马来西亚林吉特,为马来西亚林吉特38个月来的最低汇率。

新加坡元亦随之下跌至1美元兑1.47新加坡元,为32个月的历史低位。稍后一些时候,香港的外汇市场受到冲击。一些大投机商开始大手笔买进港币期货以期出现抛空现货港币的机会。香港货币当局采取措施,大力干预市场,在外汇市场大量抛售美元,以7.71%的利率水平卖出1月期港币期货,这一利率水平高出6.56%的市场水平,将港币基本维持在7.74%的水平上。

这场金融危机还冲击了巴西证券市场,拉美最大的证券交易所——圣保罗证券交易所的指数下跌了15%,巴西货币巴西雷亚尔也受到贬值的威胁。

紧接着金融危机又袭击了中国台湾省、韩国和希腊。当这场风暴在国际货币基金组织和东南亚地区各国政府的积极干预和援助下稍稍平复时,一些国家和地区以及一些舆论亦认为风暴最危险、最困难的时期已过,8月下旬,风暴突然再度袭来。

一些国家和地区的货币再次受到急挫:马来西亚林吉特的比价在8月25日到8月29日的一周内下降了5%,下跌到历史最低点,即2.932马来西亚林吉特兑1美元;泰铢、印度尼西亚盾和菲律宾比索以及通常坚挺的新加坡元都在马来西亚林吉特下跌之后相继下跌;泰铢再创新低,报34.15泰铢兑1美元;印度尼西亚盾最低时降至3 070印度尼西亚盾兑1美元;菲律宾比索下降到了创纪录的水平,为30.45菲律宾比索兑1美元;新加坡元降为1.518 5新加坡元兑1美元。

受货币汇率下跌风暴的影响,东南亚股市更是狂跌不止:菲律宾股市跌幅惊人,8月28日创下十年来的最大单日跌幅,即9.28%,差点2 000点不保;印度尼西亚股市飞流直下,一举跌破500点大关,8月29日报收493.96点。

泰国实行浮动汇率制度之后,一贯主张应严格控制本国外汇制度的菲律宾、马来西亚和印度尼西亚也纷纷"改旗易帜",决定放宽本国汇率管理制度,将传统的固定汇率制度,或变为浮动汇率制度,或放宽本国货币的交易范围。

3. 印度尼西亚金融风暴再起

1997年的货币冲击仅仅是开始,危机在1998年深化并开始蔓延。1998年年初,印度尼西亚金融风暴再起,面对有史以来最严重的经济衰退,1月21日印度尼西亚盾兑美元突破10 000大关,IMF(国际货币基金组织)为印度尼西亚开出的药方未能取得预期效果。2月11日,印度尼西亚政府宣布将实行印度尼西亚盾与美元保持固定汇率的联系汇率制度,以稳定印度尼西亚盾。此举遭到国际货币基金组织及美国、西欧的一致反对。国际货币基金组织扬言将撤回对印度尼西亚的援助,印度尼西亚陷入政治、经济双重危机。2月16日,印度尼西亚盾兑美元再次跌破10 000大关。受其影响,东南亚汇市再起波澜,新加坡元、马来西亚林吉特、泰铢、菲律宾比索等纷纷下跌。4月8日印度尼西亚同国际货币基金组织就一份新的经济改革方案达成协议,然而国际炒家们依然不依不饶,直到国际货币基金组织最后的救市方案在7月底基本到位后,东南亚汇市才暂告平静。

1997年爆发的东南亚金融危机使得与之关系密切的日本经济陷入困境。日元汇率从1997年6月底的115日元兑1美元跌至1998年4月初的133日元兑1美元;5月、6月间,日元汇率一路下跌,一度接近150日元兑1美元的关口。随着日元的大幅贬值,国际金融形势更加不明朗,亚洲金融危机继续深化。

4. 危机结束

1998年8月初,乘美国股市动荡、日元汇率持续下跌之际,国际炒家对香港发动了新一轮进攻。恒生指数一直跌至6 600多点。香港特区政府予以回击,金融管理局动用外汇基金进入股市和期货市场,吸纳国际炒家抛售的港币,将汇市稳定在7.75港元兑换1美元的水平上。为了保护香港的联系汇率制度,内地向香港注入了大量的外汇资本,而同时坚定地宣布人民币不会贬值。经过近一个月的苦斗,国际炒家损失惨重,无法再次实现把香港作为"超级提款机"的企图。国际炒家在香港失利的同时,在俄罗斯更遭惨败。俄罗斯中央银行8月17日宣布年内将卢布兑换美元汇率的浮动幅度扩大到6.0~9.5∶1,并推迟偿还外债及暂停国债交易。9月2日,卢布贬值70%。这些都使俄罗斯股市、汇市急剧下跌,引发了金融危机乃至经济、政治危机。俄罗斯政策的突变,使得在俄罗斯股市投下巨额资金的国际炒家大伤元气,并带动了美欧国家股市、汇市的全面剧烈波动。亚洲金融危机来得突然,去得也迅速。到1999年出口和GDP都已恢复增长,除政治上动荡不安的印度尼西亚外,其他国家的股票市场已复苏,甚至超过危机前的水平。

5. 采取挽救措施

这场货币危机是由投机浪潮直接引起的,所以东南亚各国的政府反应和其所采取的应急性挽救措施明确地指向了投机活动。

打击投机活动的措施之一是严肃市场交易规则。菲律宾中央银行于7月22日宣布,停止美元期货交易3个月。菲律宾还将商业银行原获准持有相当于资金总额二成的外汇减为一成,并宣布凡违反规定的银行将被责令停业整顿。马来西亚为了打击货币投机大户,规定从8月4日起,本国银行同每一个外国客户进行的马来西亚林吉特的掉期交易最高额为200万美元,超过限额的银行必须暂停与有关外国客户的同类交易,直至符合规定为止。

东南亚国家采取的第二个重要措施是整顿金融体系,建立银行风险防范机制,避免金融业出现新的问题而影响经济发展。泰国政府于8月5日宣布,它将关闭42家有问题的金融公司,并建立银行储备金保险项目。此前几年,泰国、菲律宾和马来西亚等国房地产业盲目发展,供过于求,呆账严重,给金融业带来了巨大风险。根据这一教训,东南亚国家目前都明确规定,银行给某一行业的贷款不能超过贷款总额的20%。泰国、菲律宾等国家开始改革国内的金融体制以适应新的金融形势。韩国也开始了金融监管制度的改革。

东南亚国家采取的第三个主要措施是努力保持物价稳定。在菲律宾,石油等能源产品依赖进口,菲律宾比索贬值之后,能源产品价格的提高促使其他产品价格上升。为了减轻货币贬值对人民生活的影响,菲律宾政府从7月底开始,恢复了国家物价监督委员会,督导全国各地消费品的价格,处理哄抬物价的不法商人。其他国家也针对本国实际,采取了稳定物价的措施。

在这场危机中,投机商之所以连连得手,一个重要的原因是东南亚国家的外汇储备普遍不足,使中央银行干预市场的行动难以奏效。对此,马来西亚、菲律宾、泰国、新加坡和印度尼西亚等国于7月25日签署了一项协议,将8月初到期的通货交换条约延长一年,以联合打击货币投机活动。根据协议,任何签约国遇到国际收支周转紧急需要时,其他国家将提供短期流动性资金予以援助。

鉴于金融危机的爆发与蔓延同大多数东南亚国家近年来经济增长速度减缓,出口商品竞争力下降的现实情况密切相关,这些国家开始考虑把重点放在实行更为有效地吸引外资,提高本国产品的出口竞争力的措施上。他们利用这次货币贬值的机会,大力促进产品出口。泰国投资委员会在7月9日发表的声明中表示,将进一步采取措施以提高本国经济的出口能力和发挥本国的人力优势。泰国、菲律宾、马来西亚和印度尼西亚等国采取各种措施,对出口型企业进行扶持,鼓励增加出口商品生产。泰国中央银行建立了200亿泰铢的基金,为全国主要的出口型企业提供低息贷款。目前已有13个大企业申请了这类贷款。泰国投资委员会还对珠宝业等创汇企业提供了优惠条件,并首次允许外国人在珠宝业方面建立独资企业。

【案例评析】

亚洲金融危机虽已结束,但其影响是深远的。除了经济规模较小的越南和菲律宾外,印度尼西亚、泰国和马来西亚在这次危机后的10年中,经济增长从未超过危机前10年的平均水平。而1997年金融危机的爆发,给了我们多方面的启示。

1. 健康金融体系的重要性

保持较高的经济增长速度,是发展中国家的共同愿望。当高速增长的条件变得不够充足时,为了继续保持增速,这些国家转向靠借外债来维持经济增长。但由于经济发展得不顺利,到20世纪90年代中期,亚洲有些国家已不具备还债能力。在东南亚,房地产吹起的泡沫换来的只是银行贷款的坏账和呆账;至于韩国,大企业从银行获得资金过于容易,会造成一旦企业状况不佳,不良资产立即膨胀的状况。不良资产的大量存在,又会反过来影响投资者的信心。

毫无疑问,发展外向型经济是东南亚经济快速发展的重要原因。但外向型经济比重太大,因而国际市场的变动,尤其是汇率的变动对东南亚的经济产生了重大影响。东南亚各国出口商品成本上升,国际竞争激烈,导致贸易状况恶化,经常项目出现巨大赤字。1996年经常项目下各国赤字是泰国145亿美元、马来西亚51亿美元、菲律宾36亿美元、印度尼西亚82亿美元,分别占本国GDP的8.0%、5.2%、4.3%、3.8%。

所有被危机重创的国家的金融体系都十分脆弱,表现为高不良贷款率与低资本充足率。日本与受危机冲击的国家的经验告诉我们:经济繁荣时期盲目扩张信贷所形成的高不良贷款率将导致金融机构在经济低迷时期的破产。由不良贷款引发的一家或两家主要金融机构的破产会导致整个金融体系的崩溃,使经济更加萧条,正如泰国和其他一些东亚国家在亚洲金融危机中所发生的事件一样,不良贷款引起的信用紧缩也能导致像20世纪90年代日本那样漫长的通货紧缩。在健康的金融体系下,当内部或者外部冲击或经济周期因素导致经济发展减速时,银行挤兑和资本出逃一般不会发生,更不会发生金融体系紊乱的现象。不论什么原因,当一国货币受到攻击时,货币当局可以通过提高利率来保卫其货币。然而,由于脆弱的金融体系以及因此对更多金融机构破产的惧怕,泰国政府没有大幅提高利率以阻止资本出逃和防止国际投机攻击。当泰国遵照IMF的"处方"时,大量企业和金融机构的破产真的发生了。高利率通常会导致经济衰退,然而,在情非得已的情形下,相对温和的衰退要优于不可预知、不可控制的货币危机及由其引发的更严重的衰退。此外,当一国货币受到攻击时,货币当局可以选择让其货币贬值,然而,脆弱的金融体系使得这种选择不具吸引力,因为以本币计算的外债与资本比率增加可能会使金融和非金融机构破产。

2. 汇率应该既稳定又灵活

经验显示,一种稳定和有竞争力的汇率安排对出口导向的发展中国家是至关重要的,它能够保障出口企业维持竞争力,同时能够保证出口企业顺利开展业务而不受汇率波动的干扰。然而,在非灵活的汇率安排下,当货币被高估时将会导致国际收支危机和货币危机;当货币被低估时会造成泡沫经济和通货膨胀。当一种货币面临贬值压力时,灵活的汇率制度似乎能使货币错位更小。一个有趣的思想试验是,1994年,当泰国经济显露出过热的迹象时,假如泰国政府允许泰铢自由浮动,泰铢将会发生什么变化?应该说,泰铢会升值还是会贬值并不是很清楚。事实上,直到金融危机发生前不久,由于资本的源源流入,泰铢面临着升值压力。1997年4月泰国政府还在美国成功地发行了7亿美元的扬基债券。

这些国家为了吸引外资,一方面保持固定汇率,另一方面扩大金融自由化,给国际炒家提供了可乘之机。如泰国就在本国金融体系没有理顺之前,于1992年取消了对资本市场的管制,使短期资金的流动畅通无阻,为外国炒家炒作泰铢提供了条件。

3. 资本管制与资本自由化应稳健推进

为了维持固定汇率制度,这些国家长期动用外汇储备来弥补逆差,导致外债增加。而在外债中,中期、短期债务多,还债率高,还本付息压力大。在中期、短期债务较多的情况下,一旦外资流出超过外资流入,而本国的外汇储备又不足以弥补其不足,这个国家的货币贬值便是不可避免。

资本管制的自由化将推动资本流入,资本流入对填补国内储蓄与投资缺口是十分必要的,这将会使发展中国家实现比没有资本流入更高的增长率,然而,亚洲国家的经验显示:一个仍需改革其金融系统、提高企业管理水平的经济体,资本的自由流动将使汇率过分波动,因为它的经济周期并不能和发达国家同步,而且需要独立的货币政策。如果维持汇率稳定,它就得放弃货币政策的独立性;如果它既想维持汇率稳定又想保持货币政策的独立性,就会发生流动性泛滥或信用紧缩。"套利交易"使金融机构赚取大量利润。然而,金融机构的盲目信贷创造了股票市场和房地产市场的泡沫。当泡沫破灭时,很多金融机构不是无法运转就是濒临破产。重要大型金融机构的破产导致了银行挤兑与极大的恐慌。资本出逃和经常账户赤字引发了货币危机。金融机构的崩溃是金融危机的罪魁祸首。在韩国,大财团从国外大量借款。期限结构错配引起的流动性困难造成韩国的债务危机,债务危机接着导致货币危机,加剧了金融危机和经济危机。最显著的事实是:在危机爆发后,韩国政府才开始认识到其债务有多么严重。新兴市场国家太小、力量太弱,不能抵抗任何针对自己的攻击。甚至像中国这样大的经济体,都不敢保证自己的防御能力。在掠夺性袭击后,国际投机者饱食远飏,身后留下一片废墟。

【案例讨论】

1. 泰国金融危机发生的原因是什么?如何看待"索罗斯一手制造了亚洲金融危机"的观点?
2. 国际炒家是如何诱发金融危机的?泰国迅速开放资本账户是否合理?
3. 资本管制、资本自由流动与固定汇率制度、浮动汇率制度的关系是什么?
4. 亚洲金融危机对我国人民币汇率管理的启示是什么?

【参考文献】

[1] 余永定.亚洲金融危机的经验教训与中国宏观经济管理[J].国际经济评论,2007(3):5-8.

[2] 安辉.现代金融危机国际传导机制及实证分析——以亚洲金融危机为例[J].财经问题研究,2004(8):45-48.

[3] 余永定,陆磊.中国应从亚洲金融危机中汲取的教训[J].金融研究,2000(12):1-13.

[4] 俞乔.亚洲金融危机与我国汇率政策[J].经济研究,1998(10):43-51.

[5] 林毅夫.东南亚金融危机的经验教训与我国的产业发展政策[J].经济科学,1998(2):6-9.

第六章 保险市场

案例1 众安在线开启互联网保险之旅案例

【案例内容】

2013年经中国保险监督管理委员会同意,阿里巴巴的马云、中国平安的马明哲、腾讯的马化腾开始联手筹建众安在线财产保险股份有限公司(以下简称"众安在线"),注册资本金为14.69亿元,除注册地上海之外,全国均不设任何分支机构,完全通过互联网进行销售和理赔服务,作为中国第一家互联网保险公司,众安在线可谓是互联网保险行业的先锋,正式吹响了互联网保险的号角。

1. 互联网保险的概念

互联网保险不是简单地等价于将传统或创新的保险产品转移到互联网上,业界对互联网保险没有统一的定义。根据中国保险行业协会编著的首份《互联网保险行业发展报告》,互联网保险被定义为一种新兴的、以计算机互联网为媒介的保险营销模式,保险公司、保险专业中介机构通过互联网开展保险产品的销售或者提供相关保险中介服务。

2. 互联网保险的发展

我国的互联网保险起步较晚,但是发展迅速,在竞争中不断探索和完善。1997年11月28日中国保险信息网为新华人寿促成了第一单网络保险业务。1999年8月太平洋保险、平安保险和泰康人寿都分别开通了各自的电子商务系统,预示着即将迎来网络保险。2005年中国人保财险签售了国内第一张电子保单,标志着我国互联网保险时代的到来。2011年开通互联网保险业务的保险公司仅28家,占全国保险公司的13.33%,互联网保险保费收入32亿元,仅占全国保费收入的0.22%。根据《2016中国互联网保险行业发展报告》,2015年我国的互联网保险行业飞速发展,经营主体、投保客户数量不断增加,保费规模急剧增大,经营互联网保险业务的公司数量已达110家,较2014年增加25家,保费收入由32亿元增加至2 234亿元。2018年互联网保险进一步发展,保费收入稳定增长,高达1 134万元,这说明资本市场对其未来的发展潜力高度看好。

互联网保险不仅使保险行业市场主体和投保客户的数量迅速增加,产品种类也在逐渐丰富,从最初专注于经营标准化程度高、期限短的险种,比如理财型保险和意外险,到现在逐步扩展到分红险、万能险、健康险等一些相对来说条款复杂、保障程度高、期限长的险种,逐渐覆盖客户生活方方面面的保险需求,完成了一个高效的转变过程。此外,多种区别于传统保险的营销模式被开发了出来;第一是官网直销,公司自身在互联网交易平台上宣传保险品牌;第二是网络兼并代理,非保险企业代理保险企业销售相关产品、提供服务;第三是依托第三方提供的网站平台进行保险产品销售,如淘宝等第三方平台;第四是专业中介代理,独立的第三方对多家保险公司的保险产品进行代理销售,收取佣金,实现了网络兼并代理与依托第三方提供的网站平台进行保险产品销售两种营销方式的结合;第五是专业互联网保险公司,比如众安在线、泰康在线等专门经营互联网保险业务的保险公司。

3. 众安在线的发展现状

2013年成立的众安在线发展迅速,开业仅两个月保费就破千万元,达到了1 275万元,仅上市一年后,截至2014年11月9日,众安在线累计服务客户数量为1.5亿,累计投保件数超过6.3亿,保费收入为7.9亿元,同比增加98.39%。2014年11月11日,众安在线护航"双十一",当天保单数超过1.5亿,保费超过1亿元。通过几年的不断探索,众安在线终于在2018年跻身保险公司前15名,成为互联网保险公司的佼佼者。2018年,众安在线的保费收入为1 122 310.89万元,同比增长46.92%,而四大传统保险公司最多的同比增长12%。至今众安在线服务逾4.8亿用户,其中,80后、90后等新生代人群占比超过51%。众安在线之所以在成为领头羊之后还能保持如此大的优势,是因为其始终紧跟时代潮流,利用新科技优势,发现并挖掘年轻一代消费者的潜在消费需求,并且逐渐形成了科学合理的保险价值链和生态圈。

4. 众安在线的创新之举

在传统保险业低迷、整个行业处于瓶颈期的风口的背景下,众安在线躲过经济"寒冬",在保险行业中脱颖而出,抓住了互联网快速发展的浪潮,并结合自身的资源优势做出创新。

(1)运营管理模式创新

在组织结构上,突破传统的金字塔式结构,垂直的组织结构类似蜂巢,不再围绕职能部门,而是围绕价值链中的产品开发、产品销售等以产品为导向建立公司结构。值得一提的是,众安在线采用精算前置方式,让精算师与客户之间第一时间面对面交流,以精准了解实际风险,精准定价。在技术创新方面众安在线采用阿里云计算模式,完善自身IT系统,以高效多量地处理信息。

(2)产品创新

在互联网逐渐普及的背景下,众安在线将自己定位于"服务互联网"。首先,众安在线的保险产品设计追求简单化,把过去一张保单承保的风险项目拆分成若干个小单,定价容易,运营流程大大简化。在产品开发流程方面,完全体现互联网时代产品时效,高体验要求,高质量服务,开发周期缩短,最快半个月即可推出一款产品。其次,开发出网络安全、电子商务、网购消费者权益保护和社交网络等互联网产品保险业务,为互联网的经营者和参与者提供一系列整体解决方案,化解和管理互联网经济的各种风险,为互联网行业的顺畅、安全、高效运行提供保障和服务。比如,众安在线利用互联网的技术优势,挖掘互联网客户的潜在消费需求,开发了手机碎屏险、无人机第三者责任险等新产品。

(3)营销创新

众安在线注重网络营销的多元化创新。第一,多种经营模式并存,采用自主经营和渠道合作经营等多种模式,其中以淘宝为代表的第三方平台发展比较快。第二,采用嵌入式营销模式,到市场上挖掘客户需求,根据需求开发产品,再利用社交平台推广产品并进行产品营销，迎合时代发展潮流。第三，精准营销，用大数据等技术手段，根据客户的行为习惯将客户进行分类，精准针对不同类型的客户，采取不同的营销方式，优质客户与长尾客户同时抓。第四，社交化营销，在微信、QQ等社交平台上扩大产品的知名度，可操作性和灵活性强。

（4）服务创新

呼叫中心＋App在线理赔，客户的出险产品损坏，可拨打官方电话申请理赔，去最近的维修站点，最快1个小时就可完成维修工作。众安在线积极研发服务智能端，以提升用户体验，其中在线自助理赔是众安在线对于保单检验采用了先进的数据处理技术，自助理赔服务系统可快速核保核赔，完成自助赔付，十分便捷。

【案例评析】

众安在线是中国平安乃至整个保险业在互联网金融创新上的一次"破冰"。其突破了传统的保险营销模式，不设分支机构，完全通过互联网进行销售和理赔，由"保险＋科技"双引擎驱动，专注于应用新技术重塑保险价值链，围绕健康、消费金融、汽车、生活消费、航旅五大生态，以科技服务新生代，提供个性化、定制化、智能化的新保险，以"科技驱动金融做有温度的保险"为使命，秉承"简单、快速、突破、共赢"的价值观。相信其会继续乘风破浪，砥砺前行，开启真正的新保险时代。

1. 众安在线的优势

（1）资源渠道众多

众安在线携手阿里巴巴、腾讯、中国平安等重量级大股东。腾讯有着大量的客户资源和多元化的销售渠道与网络媒体，帮助众安在线扩大自身影响力，快速打入市场。阿里巴巴是国内最大的电商平台之一，旗下的淘宝、支付宝等不仅为在线保险提供了交易平台，使交易手段便捷，还提供了大量的个人客户和企业机构的信息，这些客户已经有一定的网上消费习惯，都有可能成为众安在线的消费者。中国平安是国内最大的保险集团之一，其保险业务复杂且成熟，具有丰富的保险研发销售经验，可为众安在线保险产品的研发提供借鉴。强强联手使得众安在线生来具有极其强大的竞争力，为其快速发展奠定了坚实的基础。

（2）大数据优势

阿里巴巴作为众安在线的大股东之一，旗下的淘宝是国内最大的电子商务平台之一，背后有大量的客户消费记录等相关信息，可以通过这些信息较为全面地了解客户，并深入挖掘相关信息，比如消费习惯、消费需求、消费心理、信用记录、收入情况等，将其作为保险产品研发的基础数据，通过大量的基础数据可描绘更加准确的客户画像，可助力开发出更加满足客户需求的保险产品，提升客户的体验感和参与感，扩大自身品牌的影响力。另外，在广大客户使用支付宝进行交易的过程中会产生大量的保险需求，比如常见的支付安全险和退货险，这些都是众安在线的创新产品，获得了市场良好的反响。

（3）销售成本低

作为专业的互联网保险公司，众安在线除了上海本部，不设置任何线下分支机构，所有的销售业务全部依靠网络进行。一方面，通过24小时的高效在线服务，客户能够直接在网络上询问相关条款，从根本上颠覆了线下销售人员与客户面对面销售的模式，在为客户提供个性化服务的同时，员工数量较传统保险销售大大缩减；另一方面，不设置线下分支机构意味着省去了大量铺设网点的费用，而这部分在传统保险业务的成本中占据了很大的比例。

(4) 交易平台安全可靠

互联网保险与网上支付直接相关,众安在线的大股东腾讯、阿里巴巴旗下的微信、支付宝直接覆盖我国绝大部分网上支付业务,是流行的支付方式,拥有广泛的客户群体,是大家公认的较为可靠、安全的交易平台,可让客户放心地进行交易。

众安在线与互联网的跨行业合作实现了两个行业之间的合作共赢。中国平安在合作的过程中不仅能打破保险行业产品、渠道同质化的瓶颈,还能共享阿里巴巴、腾讯的客户资源,扩宽潜在客户群体。阿里巴巴、腾讯等互联网企业则可以对中国平安的金融客户进行"二次开发",将中国平安旗下的银行、证券等子公司的客户转化为其自身的网络客户。

2. 众安在线面临的挑战

在消费观念、消费方式和结构日趋转变,传统保险行业发展乏力的背景下,各保险公司纷纷参与到互联网金融革命中,"e"时代金融销售攻坚战越演越烈。以众安在线为代表的一代互联网保险公司,在发展崛起的过程中都不可避免地遇到了诸多问题,这对于一个新兴领域来说是不可避免的,关键在于及时发现可能存在的问题,采取积极有效的措施应对,并且进一步加强自身的核心竞争能力。

(1) 信息和网络安全存在漏洞

互联网金融业务在网上进行,客户的个人隐私信息在网上存在一定的泄露风险,一旦出现网络安全没有保障的情况,将会导致消费者的恐慌,如2013年中国人寿的80万份保单信息在网站上泄露的情况。第三方支付安全和消费者隐私保护是互联网保险公司所必须重视的。

(2) 互联网不断发展,保险行业和第三方平台竞相争夺互联网市场

由于国家政策的开放,内、外资保险公司开始发展互联网保险,而且不断细分产品的市场份额,这将使专业互联网保险市场的竞争更加激烈。

(3) 客户投诉数量增加

客户购买保险业务的整个流程都在线上进行,互联网保险不像传统保险一样有推销员介绍保险的相关条款和说明,这样便导致客户与保险公司对部分条款的理解出现分歧,因处理不清楚而导致客户的投诉量增加。众安在线在2015年第一季度"每亿元保险的投诉量"平均为1.36件/亿元。

(4) 转变产品功能结构,应对理财产品脱离风险保障的核心问题

互联网保险理财产品本应该兼具保险保障与理财收益功能,一味地追求较高的收益率会使互联网保险理财产品基本上只剩理财功能,并且收益率极其不稳定。

(5) 资本结构不合理

众安在线的资产偿付能力很强,但是资产负债率为20%左右,远低于正常的资产负债率区间50%~80%,低的资产负债率可能会导致公司丧失一些获利机会。

3. 众安在线给互联网保险带来的启示

(1) 注重产品创新,满足多样化需求

互联网保险应该秉承开放、平等、协作以及共享的互联网精神,利用自身的大数据、云计算、社交网络以及移动交易等特点,研发新型产品,满足消费者个性化、潮流化的需求,如在保险费及保险金的支取上应该创新,在保险核保和核赔上应该更便捷。

(2) 以客户为中心，提供优质服务

互联网保险有一个特点即保险产品标准化，因此其复制性很强，同样的产品可以在任何一家保险公司购买到，而能真正吸引客户的便是服务。售后服务、保险理赔服务将是未来互联网保险公司的一个核心竞争点。

(3) 加强技术研发，提升保险经营能力

众安在线的业务范围大多只停留在财险领域，后续的保险承保、赔付、投资等，以及如何拓展自身业务，向寿险领域拓展，可以借鉴国内外专业的保险公司，汲取他们的保险经营经验，开创出自身的一种经营模式，才能适应环境的变化和满足客户的需求。

(4) 加强专业人才储备，提升核心竞争力

大数据对于整个互联网保险行业起着重要作用，因此数据分析处理方面的专业人才是竞争的焦点。金融行业最终是服务型行业，因此加强对服务型人才的储备也至关重要。如何吸引并留住关键人才是所有互联网保险企业需要解决的一个重要问题。

(5) 转变资本结构，适度提高杠杆率，通过各种融资渠道增加融资来源和资金储备

利用充足的资金及时把握住行业的发展机会，进行合适的投资工作，提升投资收益率。

在科技赋能保险的同时，众安在线还将经过业务验证的科技对外进行输出。2016年11月，众安在线、众安科技共与300多家客户签约，并实现海外输出的第一步，与日本财产保险SOMPO、东南亚O2O平台Grab等知名企业达成合作。众安在线在保持国内保险业务良好发展的基础上，还实现了利用科技产品拓宽海外市场的目的，这是保险与互联网合作模式的一次升华。保险行业不仅可以靠其基本的保险业务获取利润，还延伸了其互联网科技的触角到海内外，依靠其越来越强大的技术能力，将技术产品化为解决方案等，实现了巨大的突破和创新。

保险业掀起互联网创新革命，与其说是保险公司基于对市场转型研判的战略选择，不如说是基于对保险产品供给与普通消费者需求之间关系的深刻理解。保险公司的产品供给永远是以消费者的保险需求为导向的，消费者的消费方式、消费观念、消费结构等会对保险产品的消费需求产生影响，保险公司则会顺应其改变，开发出满足消费者需求的新的产品种类和营销模式，发现并解决用户的痛点。

【案例讨论】

1. 结合本案例讨论互联网保险的优势。
2. 比较分析互联网保险和传统保险的联系和区别。
3. 比较各大互联网保险的性价比。

【参考文献】

[1] 林相楠.互联网保险模式创新研究——以众安保险为例[D].北京:对外经济贸易大学,2018.

[2] 杨爽.我国互联网保险发展现状及商业经营模式研究——以众安在线为例[J].华北金融,2018(9):45-50.

[3] 张澳香,耿西亚.互联网保险的发展现状及分析——以众安保险为例[J].安徽警

官职业学院学报,2020,19(3):125-128.

[4] 舒林.中国互联网保险经营风险探究——以众安在线为例[J].产业与科技论坛,2018,17(3):199-200.

[5] 钱敏.专业互联网保险公司营销问题分析——以"众安在线"为例[J].农村经济与科技,2017,28(4):128.

[6] 关沂钒.互联网保险创新发展模式与路径选择——基于众安在线典型案例研究[J].现代商贸工业,2016,37(34):145-147.

案例2 由"相互宝"谈金融创新

【案例内容】

2018年11月27日,支付宝在其官方微博账号发布长文称,"相互保"升级为"相互宝"。升级后,用户获得的保障和体验都不会有变化,但是"相互宝"将不再对接"信美人寿相互保险社相互保团体重症疾病保险",产品彻底脱离保险,转型为互助计划。"相互保"刚兴起就戛然而止引发了业界热议,而转为"相互宝",成为网络互助项目给人们带来了新的冲击和思考。

1. "相互保"转变成"相互宝"

2018年10月16日,蚂蚁保、信美人寿相互保险社(以下简称"信美相互")联手推出的"相互保"正式上线。"0元加入,先享保障;一人生病,众人均摊"的营销口号迅速走红网络。上线仅8天就有超过1 000万人参保,上线一个月快速吸纳了2 000万人投保。约一个月后,11月14日京东金融与众惠相互共同推出的"京东互保"刚刚上线两天就悄然下架。媒体报道称,此次下架主要是因为该产品触动了传统保险公司的利益,受到各方投诉。11月27日信美相互方面发布了《一封公开信》,公开信显示,监管部门对这款团体重疾保险产品的业务开展情况进行了现场调查,指出信美相互涉嫌存在未按照规定使用经备案的保险条款和费率、在销售过程中存在误导性宣传、信息披露不充分等问题。监管部门认为信美相互未在"相互保大病互助计划"的宣传页面中对消费者进行充分的风险提示,如未明确标出"相互保"为保险产品,未明确指出保险人、被保险人,以及受益人各方主体。而关于"涉嫌存在未按照规定使用经备案的保险条款和费率",信美相互并未得到监管部门进一步明确的回复。2016年12月,监管重磅整治文件《中国保监会关于开展以网络互助计划形式非法从事保险业务专项整治工作的通知》发布,监管部门明确指出,"互助计划不是保险",不得使用任何保险术语,不得将互助计划与保险产品进行任何形式的挂钩或对比。

2. 从"相互保"到"相互宝"的技术实现

"相互宝"能迎来如此快速的发展,离不开其背后强大技术力量的支持。众所周知,蚂蚁金服拥有非常强大的云计算、大数据和人工智能的技术能力,这些技术能力支撑起余额宝、芝麻信用等产品的快速健康发展。而"相互宝"互助计划可以充分利用这些技术创新产品设计和运营规则,有效化解各类风险。比如:对用户进行精准画像,利用互联网平台快速识别并集中同质风险人群,通过分摊机制实现风险的分散;同时引入区块链技术,确保信息不可篡改，解决关键性数据的泄露和丢失问题，加强核心数据的安全性保障；等等。

尤为值得提及的是区块链技术在"相互宝"中的应用。在应用区块链技术之前，已有的互联网互助计划或传统保险平台的操作机制存在保费流向不透明、交易机制不明确、理赔系统不公开等诸多问题。在区块链技术的支持下，"相互宝"参与者可随时了解自己所捐经费的去向及用途。此外，当互助计划需要启动时，用户还可以亲身经历该互助计划的审核流程。在这种去信任化机制的推动下，在没有强信用中心参加的前提下反而产生了让每个"相互宝"的参与主体都感受到充分信任的氛围。而在这种公信力的环境中，互助计划得以有效推进，并形成良性循环。

未来随着应用的增加，"相互宝"将成为中低收入人群的保障补充，将有效缓解因病返贫问题，对改善民生意义重大。技术的支持使得在大范围人群中实现"互助保障"成为可能，这对完善我国社会保障体系具有极强的现实意义，以技术实现"互助保障"这一社会功能，值得发扬和鼓励。

3. "相互宝"的特点

（1）分摊费用上限

"相互宝"的分摊费用在2019年被设置了一个上限，188元封顶，剩余部分由支付宝承担，这也算是支付宝给用户的一个一年期福利，分摊费用比较低。2019年之后的分摊费用没有上限，这意味着未来仍然存在分摊很大一笔费用的风险，精算师估计一年的分摊费用可能高达600元以上，如果未来出现大规模成员退出的现象，这笔费用还要更高。如果"相互宝"始终设置分摊上限，那么费用风险将消除，这代表支付宝将完全承担赔付风险。

（2）管理费

管理费由原来"相互保"保障金额的10%降至8%，减轻了用户的费用负担，可避免用户流失以及吸引新的用户。

（3）成团条件

低于330万人，保障依然有效。这算是支付宝给用户的一颗定心丸，表明"相互宝"不会轻易解散可，用户可安心。

从"相互保"到"相互宝"，虽然只有一字之差，但发生了本质的变化。首先，信美相互退出，"相互宝"不再具有保险属性，变成了由蚂蚁金服独立运营的网络互助计划，性质与水滴筹无异。其次，保险的特点是刚性兑付，不管平台发生任何问题，中国职工保险互助基金会承诺对保险产品进行兑付；而网络互助产品则没有刚性兑付的保障。再者任何一款保险产品在中国银行保险监督管理委员会都有备案，接受监管，而网络互助产品的条款最终解释权归平台。最后，由于性质改变，"相互宝"对投保人多了一个限制条件：未向任何互助组织、慈善机构申请过疾病救助或募捐。也就是说之前通过水滴筹、轻松筹等方式申请过疾病救助或募捐的人，是无法投保的，这与"相互保"有较大区别。

4. "相互宝"和传统保险的区别

（1）缴费先后顺序不同

传统保险是所有消费者先交保费，每年交一次，固定数额。"相互宝"是有人得重疾以后，每个人再均摊出钱。这里的差别在于，传统保险公司因为需要先收费，所以需要精算师评估大病在人群中的发生率。

(2) 透明度不同

传统保险公司每年赔付了多少案例，拒赔了多少，对于外界公众是不透明的。"相互宝"每一个案例都是公开透明的，由多少人分摊，也都是透明的，并且运用了区块链技术，无法篡改数据。

(3) 赔付率不同

简单来说，综合赔付率就是赔给被保险人的资金额占收到的所有保费的比例。"相互宝"的赔付率是固定的，为90%，这是由收费模式决定的，因为是在发生保险案例后再均摊，90%赔给被保险人，10%做管理费。而传统保险公司各个保险产品的赔付率不同，比如寿险的赔付率在40%~70%不等，各个保险公司的产品的赔付率也不同。

(4) 立场不同

传统保险公司先收费后理赔，所以收完钱后，少赔就是多盈利。保险公司和被保险人的利益是对立的。尽可能少赔，对于保险公司是有利的。"相互宝"因为每发生一次理赔，挣一笔管理费，所以，"相互宝"的利益和重疾发生者的利益是一致的。尽可能多赔、减小理赔难度对于"相互宝"是有利的。

【案例评析】

1. "相互宝"变身的启示

虽然世界保险市场的历程已经清晰证明，对于个人、家庭和社会的风险保障解决方案，商业文明的发展最终都指向商业保险，但原始的互助社团、利用互联网运营的互助社团，对于中国而言，仍有非常重要的意义。

中国人口众多，贫富差距大，人群保障需求和支付能力千差万别，中国保险市场完全可以容纳下各种各样的、处于不同发展阶段的风险保障形式：无论是线下的互助社团、基于互联网的网络互助，还是受监管的相互保险社、商业保险公司都能够在中国找到巨大的发展空间。但是，发展的前提是合规合法，尤其对于那些不用自掏腰包出资承诺的互助社团而言，更应该完全透明地进行风险提示和信息披露，否则本不是保险、不受监管、没有资本金的产品，却要把自己宣传包装成保险的模样，本质就是误导。对于各种各样运用互助为大众提供风险保障的团体，无论他们在本质上出于何种目的，但凡合规合法、不误导、充分披露信息的值得鼓励和发展，根本原因在于中国民众的风险保障缺口巨大，而保障需求和支付能力差异同样巨大。由此可见，要想发挥风险互助的本质，为人们提供多样化的风险保障，中国还有巨大的创新和发展空间。国家在立法和拨款上，也都有境外成熟的经验可供参考。

2. "相互宝"给中国人的保险教育

有2 000多万人参与，"相互保"给中国大众完成了一次保险教育，提升了大家的保险意识，甚至不少人因此第一次购买了商业保险。一个多月就蹿升至2 000多万用户的"相互保"，也从某个角度证明了中国人对自身健康保障的强烈需求。经济上不够宽裕、保险意识不强的人，并不是不需要保险产品，只是传统保险门槛过高，他们无法承担。

保险教育是件大事，也是专业上的难事。保险教育的根本目标是将受教育者培养成理性成熟的保险消费者，让他们能够理性成熟地利用好保险，给自己和家人提供充足的保障。用低价、0元的低门槛获客，难以进行充分专业的客户教育。大部分用户加入是为其0元加入、低价而又有商业保险背书兜底的特征所吸引。只是，其费用分摊是否科学公平，未来保障是否充足，未来最需要保障的时候是否会反而失去了可保资格，这款产品的特点和其他风险点所在,等等,这些关键点都没有得到充分披露和没有对这些关键点进行保险教育。

其实"相互宝"作为保障补充是不错的选择,但是在2 000多万用户中,应该有很大比例的人群唯一依赖它作为重疾保障,从而失去了获得真正好的保险教育、真正理性成熟地配置好保险保障的机会。对于重大疾病风险而言,考虑其长期递增的特点,最好用长期保障型疾病产品去应对。即便有用户只用互助来管理重疾风险,也要清楚这种选择的优劣和背后的风险。

纵观全球前几大保险市场的发展,中国目前出现了一种令人担忧的现象,那就是认为提供保险服务可以很简单,卖保险可以不用获得资格。2015年保险销售人员资格考试取消了,营销人员短期内从300万人激增到800万人。只是随之而来的行业乱象,使得保险行业风险保障功能进一步弱化的问题更为凸显。

理性成熟的保险消费者需要理性成熟的保险监管机构、保险公司和保险从业人员共同培养。2015年保险业的新"国十条"认为中国保险业处于发展的初级阶段,初级阶段的主要特征就是基于各主体非成熟的参与者。唯有心存对保险职业的敬畏,从业者才能在创新中平衡好各方利益;唯有对用户充分尊重,才能真正做到充分披露信息。

3. "相互宝"及其相关金融工具对于金融创新的作用和意义

金融创新是指金融领域内部通过各种要素的重新组合和创造性变革所创造或引进的新事物,即变更现有的金融体制和增加新的金融工具,以获取现有的金融体制和金融工具所无法取得的潜在利润,它是一个被盈利动机推动、缓慢进行、持续不断的发展过程。随着社会主义市场经济体制的确立,金融发展将主要依靠社会经济机体的内部力量——金融创新来推动。国有商业银行的股份制改造、各种新型理财品种的推出、深圳中小板块的建立等都在一定程度上促进了我国金融体系的完善。

传统的中国保险行业还停留在人力经纪时代,大量的保险经纪人利用亲戚、朋友、同事等关系拓展业务。从"相互保"到"相互宝",仅从当初的上线来观察,一个多月就有2 000多万人参与,使"相互保"成为2018年中国最成功的互联网产品之一,这足以证明用户的需求庞大,也值得保险行业认真思考。中国的保险业被互联网等新技术改变是必然的趋势。从某种程度上讲,虽然"相互宝"并不是传统保险,但这个创新产品的产生及发展折射出来的是中国老百姓保险需求得不到满足的状态。

"相互宝"作为一种风险互助机制,代表其同类产品体现了解决保险行业某些问题的可能性,也暴露了解决这些问题所要面临的更多问题。将保险与互联网相结合,将保险与互助相结合,这些尝试都是好的,相关的反思都有利于中国进行一定的金融深化与金融改革。值得强调的是,加强金融监管、健全监管体系、逐渐与国际金融监管的标准趋同是金融深化和金融创新的必然要求。保险监管部门对此十分重视,通过各种方式和渠道加强监管,对消费者进行风险提示。任何形式的创新行为最终的目的都应是满足消费者的真实需求,并建立在消费者权益不受损害之上。

以目前的监管形势来看,从事保险这项业务的准入门槛是相当高的,想要姓"保",并非所有创新都可以。中国保险监督管理委员会原副主席魏迎宁认为,"相互保"具有保险和互助双重属性,形式上是保险,实质上是互助,是一种商业模式创新。未来互助会演化,最终,以区块链为底层技术的自组织保险将是发展方向。

【案例讨论】

1. 讨论互联网保险如何做好风险管理。
2. "相互宝"是否有助于提高全民投保率？并说明理由。

【参考文献】

[1] 雨林.从"相互保"到"相互宝"一字之差天壤之别[EB/OL].(2019-04-21)[2024-11-05].https://finance.sina.com.cn/money/insurance/bxyx/2019-04-23/doc-ihvhiewr7456633.shtml.

[2] 叶强.试论相互宝的起源与发展[J].上海保险,2019(11):48-50.

[3] 刘军.区块链技术在金融科技产品中的应用范式识别及监管路径——基于相互宝个案[J].湖南广播电视大学学报,2020(3):60-67.

案例 3 车险市场的"风雨改革路"

【案例内容】

进入 21 世纪以来,我国居民人均国内生产总值由 2001 年的 8 717 元上涨至 2021 年的 80 976 元,增幅为 828.94%。而收入的快速增加极大地刺激了人们对于财产保险的需求,同一时期,财产保险保费收入由 685 亿元增至 11 671 亿元,增幅超过 1 600%,财产保险市场前景广阔。中国银保监会始终致力于推动我国财险保险行业的高质量发展,而车险作为财产保险第一大业务发挥着举足轻重的作用,与人民的日常生活紧密相关。1950 年,刚刚创建的中国人民保险集团股份有限公司就开展了汽车保险业务,但由于宣传不够和认识偏颇,中国车险经过艰难的发展,直到 1995 年《中华人民共和国保险法》的颁发和 2000 年 2 月 4 日新的《机动车辆保险条款》的实施其发展才有所起色。截至 2021 年,我国车险保费收入已超过 7 770 亿元,在财产保险的收入中占比 56.8%,对财产保险公司的核心保费收入有着重要贡献。因此,对车险市场的产品、定价、服务等方面不断进行深入改革从而推动车险市场乃至财产保险市场的高质量和可持续发展显得尤为必要。

自 2001 年以来,中国车险市场改革历经了将近 22 年。在这 20 多年中,中国前 20 年的车险改革一直处于不断探索之中,进程相对较缓慢,而 2020 年的车险综合改革则是车险改革史上政策范围最广泛、力度最大的一次改革,且这一次改革取得了一定的成效。

1. 车险改革的探索:2001 年 4 月—2020 年 6 月

2001 年 4 月 9 日,为了贯彻落实全国整顿和规范市场经济秩序,中国保监会发文指出要继续整顿车险市场并检查保险公司内控制度的健全和落实情况。同年 9 月,中国保监会明确指出要逐步改革现行车险费率制度并首先在广东省进行车险费率改革试点。

2002 年 12 月 18 日,中国保监会明确从 2003 年 1 月 1 日起,全国各保险公司自行制定机动车辆保险条款费率,并报经中国保监会审批和公布实施。

2003 年 5 月 20 日,中国保监会通报了当前车险改革的成就和问题。

2006年4月4日,中国保监会发文明确要求各保险公司对现行使用的车险产品费率进行调整并于2006年4月1日前申报至中国保监会。同年7月1日,中国保监会颁布了《机动车交通事故责任强制保险条例》,以立法的形式强制要求机动车所有人或者管理人购买机动车交通责任强制保险(简称"交强险")。2008年1月,我国首次上调交强险责任限额,其中,有责任死亡伤残赔偿限额上调至110 000元,无责任死亡伤残赔偿限额上调至11 000元。

2009年10月21日,北京地区规定,商业车险费率浮动系数包括"无赔款优待及上年赔款记录""多险种同时投保""平均年行驶里程"以及"特殊风险"(即原"老、旧、新、特车型"系数)4项。

2010年7月31日,为了进一步深化商业车险费率的改革,中国保监会提出商业车险费率"三步走"战略,即在改革初期统一全行业的车险费率,再放开部分具有资质的公司进行车险自主定价。

2015年2月3日,中国保监会对深化商业保险条款费率管理制度改革提出意见。同年3月24日,中国保监会指出,保险公司可以在[−0.85,+1.15]范围内,自主制定核保系数和渠道系数费率调整方案,并选定6个地区首次试点。同年10月30日,试点地区由6个推广至12个。

2016年7月6日,商业车险改革试点范围推广至全国。2017—2018年,部分地区的自主核保系数和自主渠道系数的最低下限不断下调,部分地区最低下限可以达到0.65。

2020年9月,《示范型商车险精算规定》发布,明确提出将自主渠道系数和自主核保系数合并为自主定价系数等事项。

在车险改革探索时期,中国银保监会、国务院等政府机构和中国保险行业协会等行业自律组织也适时配套出台了一系列的政策文件(详见表1),从车险的条款、费率和监管等方面对车险市场进行了规范与完善。

表1 2001年4月—2020年6月的车险改革重要政策文件汇总

发布时间	政策文件名称
2001年4月27日	《国务院关于整顿和规范市场经济秩序的决定》
2001年9月6日	《关于在广东省进行机动车辆保险费率改革试点的通知》
2002年12月18日	《中国保监会关于消费者购买机动车辆保险注意事项的公告》
2003年5月20日	《关于机动车辆保险管理制度改革实施情况的通报》
2006年3月2日	《关于进一步加强机动车辆保险监管有关问题的通知》
2006年7月1日	《机动车交通事故责任强制保险条例》
2006年7月1日	《机动车商业保险行业基本条款(A款、B款和C款)》
2009年10月21日	《北京地区机动车商业保险费率浮动方案(征求意见稿)》
2015年2月3日	《中国保监会关于深化商业车险条款费率管理制度改革的意见》
2015年3月20日	《中国保监会关于印发〈深化商业车险条款费率管理制度改革试点工作方案〉的通知》
2016年6月27日	《中国保监会关于商业车险条款费率管理制度改革试点全国推广有关问题的通知》
2017年6月8日	《中国保监会关于商业车险费率调整及管理等有关问题的通知》
2018年3月8日	《中国保监会关于调整部分地区商业车险自主定价范围的通知》

续表

发布时间	政策文件名称
2018年3月30日	《中国银行保险监督管理委员会办公厅关于开展商业车险自主定价改革试点的通知》
2018年6月29日	《中国银保监会办公厅关于商业车险费率监管有关要求的通知》
2020年9月9日	《中国银保监会关于印发示范型商车险精算规定的通知》

资料来源：根据中国银保监会官网、中国保险行业协会官网、中国政府网的政策文件整理。

2. 车险综合改革：2020年7月—2021年8月

2020年7月9日，中国银保监会发布了《关于实施车险综合改革的指导意见（征求意见稿）》来公开征求意见。这次改革将"保护消费者权益"作为主要目标，将"降价、增保、提质"作为阶段性目标，以推动车险的高质量发展。同年9月19日，车险综合改革全面推广。这次改革是车险改革史上政策范围最广泛、力度最大的一次改革：既包括交强险改革，又包括商车险改革；既涉及条款改革，又涉及费率改革和监管改革。

（1）条款改革：提高责任限额，提升保障水平

车险包括交强险和商车险两部分，此次车险综合改革对于这两部分的条款都有所改动。

我国交强险自2006年出台以来，仅在2008年上调过责任限额，2020年这次调整在原来的基础上进一步提高了有责任赔偿限额和无责任赔偿限额的额度，从而为购买交强险的机动车所有者或者管理人提供更充分的保障。如表2的中国银保监会的数据所示，此次改革提高了除财产损失赔偿限额以外的死亡伤残赔偿限额和医疗费用赔偿限额，且对于有责任的死亡伤残赔偿限额提高了7万元。

表2 交强险责任限额对比

项目类型		改革前/万元	改革后/万元
交强险有责任赔偿限额	总责任限额	12.2	20
	死亡伤残赔偿限额	11	18
	医疗费用赔偿限额	1	1.8
	财产损失赔偿限额	0.2	0.2
交强险无责任赔偿限额	死亡伤残赔偿限额	1.1	1.8
	医疗费用赔偿限额	0.1	0.18
	财产损失赔偿限额	0.01	0.01

资料来源：根据中国银保监会发布的文件《关于实施车险综合改革的指导意见》整理。

商车险在此次综合改革中有四方面的改变。第一，车损险的主险条款在现有保险责任的基础上增加了机动车全车盗抢险、玻璃单独破碎险等7个方面的原有附加险的保险责任，并将地震及次生灾害纳入保险责任中。除此之外，还新增了车轮单独损失险、绝对免赔率特约险等5个附加险。第二，删除部分免责条款，如事故责任免赔率、无法找到第三方免赔率、违反安全装载规定免赔率等免赔约定。第三，将商业第三者责任险责任限额从5万元～500万元档次提升到10万元～1000万元档次。第四，首次将"道路救援、安全检测、代为送检、代为驾驶"4项增值服务纳入附加险。

长期以来，我国车损险投保率较高，但附加险投保率低。此次改革拓宽了车损险这一主险的保障范围，提高了第三者责任险（以下简称"三责险"）的责任限额，这有助于未来形成

"交强险+车损险+三责险"的投保模式,有助于车险市场的长期发展。

(2)费率改革:适当降低费率,改善行业结构

交强险是不以营利为目的的国家法定强制保险,国家为提高机动车所有者或者管理人对交强险的投保率,营造一个良好的车险环境,在此次综合改革中,将交强险道路交通事故费率浮动系数的波动范围由[-30%,30%]扩大到[-50%,30%]。改革实施后,根据以往驾驶的历史数据,交强险费用最多可以减为基准保险费用的一半,这在一定程度上减少了投保人的投保压力并可鼓励投保人坚持为车辆投保。总之,在车险综合改革前后,交强险保费的定价逻辑发生了变化(见图1)。

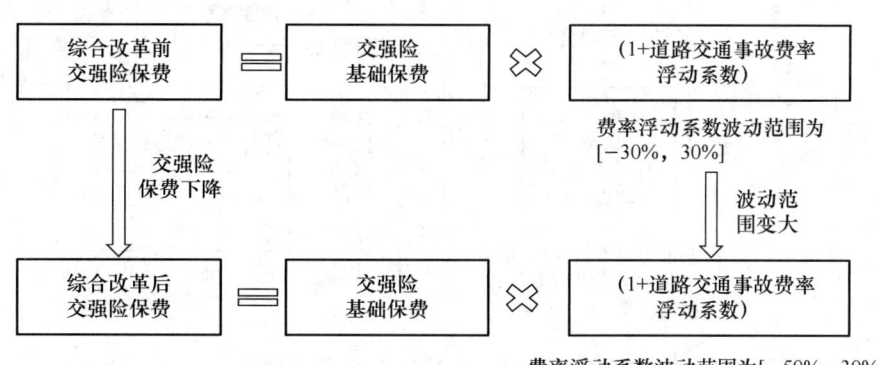

图1 车险综合改革前后交强险保费定价逻辑对比图

(资料来源:根据中国银保监会文件《关于实施车险综合改革的指导意见》和《机动车交通事故责任强制保险条例》整理)

商车险在车险综合改革前后存在较大变化。首先,新规后的商车险行业纯风险保费由原来的动态发布改为固定的2~3年调整一次,这一规定旨在帮助保险公司更好地确定本公司保险产品的价格。其次,商车险的附加费用率的上限由原来的35%下调至25%,而预期赔付率由65%提高到75%。再次,车险综合改革要求商车险应合理设定手续费比例上限,适当减少手续费收入。最后,车险综合改革指出将原来的自主核保系数和自主渠道系数合并为自主定价系数。初步将自主定价系数的范围定为[0.65,1.35],再择时全面放开自主定价系数的范围。除此之外,无赔款优待系数的计算依据也由原来考虑上年投保记录和出险次数调整为考虑3~5年投保记录和出险次数。车险综合改革前后商车险的保费定价逻辑发生了改变,前后保费定价逻辑对比见图2。

(3)监管改革:加强基础设施建设,促进险企高质量发展

为促进保险企业高质量发展,确保车险综合改革取得一定成效,《关于实施车险综合改革的指导意见(征求意见稿)》对于配套基础设施改革和加强改进车险监管提出了一些监管工具。对于基础设施建设,一是全面推行车险实名缴费制度,二是推广电子保单,三是加强车联网、新能源、自动驾驶等新技术、新应用的研究。对于车险监管,监管工具主要有费率回溯和产品纠偏制度、保费准备金不足制度、中介同查同处机制等。这些工具一方面保护了消费者的合法权益,另一方面维护了市场的秩序。

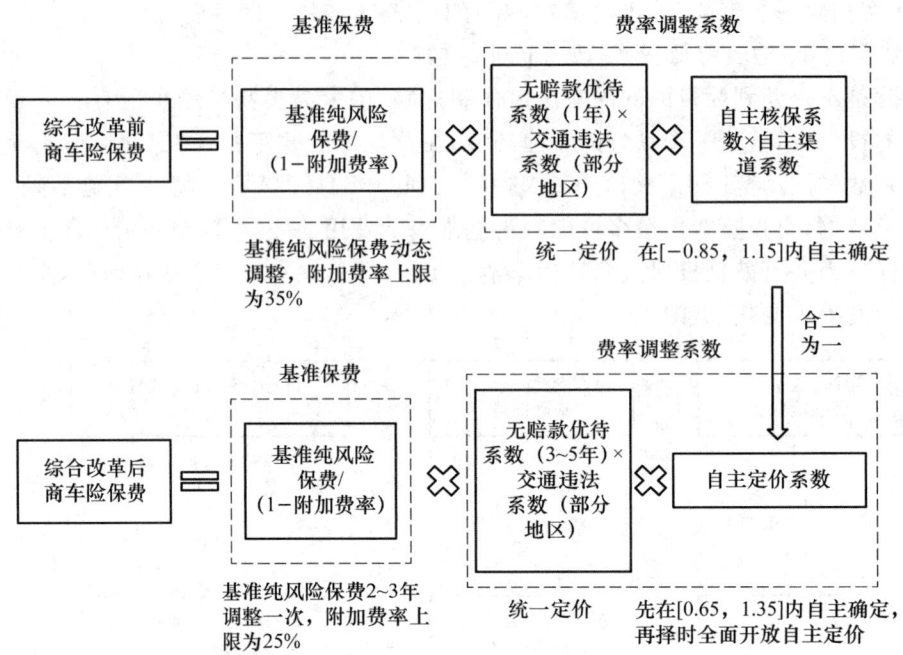

图 2 车险综合改革前后商车险保费定价逻辑对比图

(资料来源:根据中国银保监会文件《中国保监会关于印发<深化商业车险条款费率管理制度改革试点工作方案>的通知》和《关于实施车险综合改革的指导意见》整理)

3. 车险综合改革取得成效:2021 年 9 月—2022 年 3 月

从整体上看,车险综合改革一年左右的时间,"降价、增保、提质"的短期目标基本实现,而消费者的合法权益也受到了很好的保护。车险市场呈现保费价格、手续费率"双降"和保险责任限额、商业车险投保率"双升"的新局面。

2021 年 9 月,中国银保监会发言人发表讲话并指出,从 2020 年 9 月实施车险综合改革以来,我国车险消费者支出超过 1 700 亿元。同年 10 月,上海车险改革,商业车险保障水平提升,平均保额由综合改革前的 127 万元提高到 147 万元,保额 150 万元以上的保单占比达到 64.8%,保额 100 万元以上的保单占比达到 94.2%。交强险保额统一提升到 20 万元,而三责险投保率高达 99.7%。此外,上海商业车险单均保费为 3 476 元,同比下降 356 元,累计向消费者直接让利 20 亿元。同年 11 月,广东银保监局也表示广东省消费者车均缴纳保费较改革前下降 587 元,三责险平均保额由 97.2 万元升至 197.55 万元。同年 12 月,全国交强险改革的"降价、增保、提质"的阶段性目标达成,交强险亏损超过 20 亿元。

2022 年 3 月底,根据保险行业协会的统计,消费者车均缴纳保费为 2 808 元,较改革前降幅达 20%,约 89% 的消费者保费支出下降,其中降幅超过 30% 的占比达 63%。另外,2022 年 3 月底,全国车险综合费用率为 27.5%,同比下降了 10%。其中,车险手续费率为 8.2%,同比下降近 7 个百分点。

【案例评析】

随着后续车险综合改革在全国推广范围的扩大和力度的加强,从短期来看,车均保费将进一步下降,车险业务赔付率不断上升,保险公司费用率下降,从而使保险公司的盈利空间进一步受到挤压;但从长期来看,保险费率的下降和保障程度的提高有利于交强险和商业险投保率的上升。当长期商业险的保险费逐渐回升到初始平稳水平时,现有投保车辆基数的扩大和新制造的机动车数量的增加会促进车险规模的恢复与进一步扩大。因此,车险类的保险公司有必要采取一些举措来度过短期盈利缩减期,以期迎来量价齐升的长期红利期。

1. 以客户为中心,提高续保率

当前,中国新车销量逐年下降,现有的汽车保有量趋于稳定。因此,传统的依靠汽车数量增加和手续费等费用提高来实现盈利的模式已经不完全可取,取而代之的应该是以客户为中心,重视车辆的续保率,提高客户对于保险公司的认可度和忠诚度,形成用老客户带新客户的口碑效应。具体来说,在团队管理方面,保险公司应该推进续保服务团队建设,完善续保管理机制,比如定期与客户进行交流,从而了解客户对于已购买保险的体验和建议,动态监控续保过程等。在客户运营方面,保险公司应该以客户为中心,挖掘客户对于产品的潜在需求,丰富产品类型,提高客户黏性,完善后续理赔和增值服务等。在中介合作方面,加大与经销商合作的力度,在合作共赢的前提下共享部分销售渠道,开展协同展业,引导客户流向保险公司内部。

2. 把控业务风险,聚焦家用车业务

从车险综合改革的短期影响来看,整体上车险的赔付率有所提升。而对于一家保险公司来说,赔付率的高低与被保险车辆发生损失的概率和车辆损失程度的高低密切相关。由于车辆损失程度的高低在很大程度上难以预测,所以对于车险类的保险公司而言,通过对购买商车险的不同用途的车型加以筛选从而降低被保险车辆发生损失的平均概率,能够在一定程度上降低保险企业的赔付率,扩大盈利空间。一般而言,对于出租车、搅拌车、大型货车这类特殊用途的车型,保险公司的赔付率较高。而对于家用车,机动车所有者在使用时会更加爱惜,车的用途也会更加稳定,发生损失的概率相对较小一些。因此,对于车险类的保险公司而言,扩大家用车业务在车险业务中的比例,丰富针对家用车的保险产品的类型,提升保险产品的品质和服务,控制车险业务风险,把控业务成本才能实现规模和效益之间的正循环,以实现保险公司的高质量和可持续发展。

3. 识别时代趋势,完善产品定价

国家对于新能源的应用十分重视,而新能源汽车作为新能源应用的一个重要领域备受关注。相比于传统汽车而言,新能源汽车有结构简单、噪声少,以及可减少环境污染等优点,但也存在当前发展技术不成熟等缺陷。因此,新能源汽车与传统汽车的风险不一定完全相同,而新能源汽车车险业务管理能力的建设、风险的精准识别以及车险产品的精准定价都对车险类的保险公司提出了新的要求。所以车险类保险公司应及时识别这一趋势并进行前瞻性的规划,尝试运用人工智能、区块链等先进技术来挖掘新能源汽车的风险特征,并对不同的新能源汽车进行评分,建立科学的新能源汽车风险评估模型,完善这一类汽车的定价策略。

4. 优化后续服务,提升客户体验

在当前的车险市场中,产品同质化程度较高。因此,在前端费用难以上涨,产品本身难以具备较强竞争力的前提下,保险公司可以选择优化现有服务或者提供新的增值服务。此次车险综合改革在商业险的附加险中加入了道路救援、安全检测、代为送检、代为驾驶这4项增值服务。比如,道路救援服务,投保人一般可享受两次,若超过两次,可以选择主动升级至五次或者十次。这项服务可以在被保险车辆遇到紧急情况时使用。除了这4项服务以外,保险公司可以充分调研与记录驾驶人开车过程中可能遇到的各类问题,并利用自身资源来尽可能提供其他保险公司难以提供的服务。具体的优化服务方式有:第一,提高客户互动率,保险公司可以通过线上App和业务员追踪联系为客户提供后续服务,比如,保险公司可以与一些大的电商平台合作,为客户提供加油打折券、话费券、奶茶券等福利;第二,用数字化技术赋能保险行业,利用大数据来为客户画像和进行风险评估,从而让客户购买到最符合自身期望的保险产品。

【案例讨论】

1. 谈一谈车险综合改革对交强险和商车险发展的长短期影响。
2. 分析我国进行车险综合改革对不同经济主体的影响和意义。
3. 请结合现阶段车险综合改革的情况,展望未来车险市场的发展方向。

【参考文献】

[1] 吕飞.探索车险高质量发展之路[J].中国金融,2022(1):61-62.
[2] 王鑫泽.车险综合改革的地区实践[J].中国金融,2022(1):57-58.
[3] 国家统计局.中华人民共和国2021年国民经济和社会发展统计公报[J].中国统计,2022(3):9-26.
[4] 车险综改回顾与展望:阶段改革目标达成,龙头乘风彰显底蕴[EB/OL].(2022-07-05)[2024-03-01]. https://stock.finance.sina.com.cn/stock/go.php/vReport_Show/kind/search/rptid/710317058456/index.phtml.
[5] 车险改革力度空前,保障及规模并重实现双赢[EB/OL].(2022-07-10)[2024-03-01]. https://stock.finance.sina.com.cn/stock/go.php/vReport_Show/kind/search/rptid/647694129505/index.phtml.
[6] 中华人民共和国国家统计局.中华人民共和国2001年国民经济和社会发展统计公报[J].中华人民共和国国务院公报,2002(10):36-42.

案例4 保险资产管理行业的变革与发展

【案例内容】

保险行业作为金融行业的"三驾马车"之一,自恢复以来在短短几十年内发展迅猛,保费收入不断增加,可利用资金规模不断扩大。截至2021年年末,我国保险业总资产已达到24.89万亿元,而保险资金运用余额为23.23万亿元,占比高达93.33%。由于保险行业从个体来看保费缴纳与保险理赔在时间上不匹配,而从整体来看保险公司赔付总额在总保费收入中占比较低且稳定,所以保险公司一般有大量保险资金的盈余。另外,由于保险行业的竞争越发激烈,承保利润下降,这又使得保险公司越来越重视寻找其他增加盈利的方式。在这种背景下,我国保险资产管理公司应运而生。这类公司凭借专业化管理、分散投资、运用资产和负债相结合进行风险管理的手段,使得盈余的保险资金及其他资金的运用更加高效与专业,扩大了保险公司的盈利空间。中国保险资产管理业协会的数据显示,截至2021年年末,我国已经有32家保险资产管理机构和5家其他经营保险资产管理业务的机构,而参与调研的32家保险资产管理公司的资产管理规模合计将近20万亿元,同比增长了12%。因此,深入研究我国保险资产管理行业的发展历程、发展现状以及现存问题等方面对于完善我国保险资产管理行业并以此来促进中国保险行业的发展显得尤为必要。

1. 中国保险资产管理行业的发展历程

中国保险资产管理行业发展至今不到20年,目前经历了起步、改革、强监管3个时期,未来还将继续快速发展。

(1) 起步期(2003—2011年):投资渠道放开

2003年7月,中国人保资产管理有限公司的成立标志着我国保险资产管理行业开始走向市场化、规范化、专业化的道路。在我国保险资产管理行业的起步阶段,股票、基础设施项目、未上市股权、不动产等投资渠道逐渐放开,多项政策同期发布,实行"开放渠道"和"严加管控"的政策方针。这一举措丰富了我国保险资金的投资渠道,有利于我国保险资产管理行业的起步。2008年,住房抵押支持贷款证券等金融衍生品的运用导致金融风险被放大,金融危机席卷全球。在那之后,我国加强了对保险资金投资渠道的管控,这在一定程度上减缓了我国保险资产管理行业前进的步伐。

(2) 改革期(2012—2015年):市场化改革

2008年金融危机后,我国的保险资产管理行业陷入了保险资金利用效率低下、发展缓慢的状态。在2012—2015年这段改革期,国家为了加速保险资产管理行业的市场化改革,将保险资金原有的境内投资扩大到境外投资,并在原有投资渠道的基础上增加了金融衍生品、创业板上市公司股权、集合资金信托、创业投资基金等渠道。与此同时,我国保险监管机构还发布了相关通知来规范保险资金的运用。这一阶段通过"放开前端,关注后端"来管控风险。

(3) 强监管期(2016—2018年上半年):整治乱象

2016年,中国保监会发布了《中国保监会关于清理规范保险资产管理公司通道类业务有关事项的通知》,这一规定要求各保险资产管理公司对前期违法行为进行打击、防范金融风险、弥补自身短板。在这一时期,中国保监会还发布了《中国保监会 财政部关于加强保险资金运用管理 支持防范化解地方政府债务风险的指导意见》《中国保监会关于加强组合类保险资产管理产品业务监管的通知》等来加强对我国保险资产管理公司资金运用的管理。在该阶段,市场逐步由强监管期过渡到规范化和稳定化的发展期。

(4) 快速发展期(2018年下半年至今)

经过保险资产管理行业前一期的大力整治,从2018年下半年至今,中国银保监会又发布了《中国银保监会关于保险资产管理公司设立专项产品有关事项的通知》《中国银保监会关于保险资金投资银行资本补充债券有关事项的通知》等来进一步扩充原有的保险资金投资渠道。2020年,中国银保监会下发了《保险资产管理产品管理暂行办法》及三类产品实施细则等文件来规范我国保险资产管理产品的发展。在此阶段,我国保险资产管理行业在较良好的市场环境和政策环境下进入了快速发展期。

在我国保险资产管理行业的发展历程中,保险监管部门适时配套出台了一系列的政策文件(详见表1),这些文件逐步拓宽了保险资金投资渠道并且规范了保险资产管理行业的运营管理。

表 1　中国保险资产管理行业发展历程的重要政策文件

时期	重要政策文件
起步期(2003—2011 年)	《保险公司投资证券投资基金管理暂行办法》(2003)
	《保险资产管理公司管理暂行规定》(2004)
	《保险机构投资者股票投资管理暂行办法》(2004)
	《保险机构投资者债券投资管理暂行办法》(2005)
	《保险资金间接投资基础设施项目试点管理办法》(2006)
	《保险资金境外投资管理暂行办法》(2007)
	《保险资金投资不动产暂行办法》(2010)
改革期(2012—2015 年)	《保险资金参与金融衍生产品交易暂行办法》(2012)
	《保险资金参与股指期货交易规定》(2012)
	《中国保监会关于保险资金投资创业板上市公司股票等有关问题的通知》(2014)
	《中国保监会关于加强和改进保险资金运用比例监管的通知》(2014)
	《关于保险资金投资集合资金信托计划有关事项的通知》(2014)
	《中国保监会关于提高保险资金投资蓝筹股票监管比例有关事项的通知》(2015)
强监管期(2016—2018 年上半年)	《中国保监会关于清理规范保险资产管理公司通道类业务有关事项的通知》(2016)
	《中国保监会关于加强组合类保险资产管理产品业务监管的通知》(2016)
	《中国保监会关于进一步加强保险资金股票投资监管有关事项的通知》(2017)
	《中国保监会 财政部关于加强保险资金运用管理 支持防范化解地方政府债务风险的指导意见》(2018)
	《金融资产投资公司管理办法(试行)》(2018)
快速发展期(2018 年下半年至今)	《中国银保监会关于保险资产管理公司设立专项产品有关事项的通知》(2018)
	《中国银保监会办公厅关于保险资金参与信用风险缓释工具和信用保护工具业务的通知》(2019)
	《保险资产负债管理监管暂行办法》(2019)
	《中华人民共和国外资保险公司管理条例实施细则》(2019)
	《中国银保监会办公厅关于保险资金投资银行资本补充债券有关事项的通知》(2020)
	《保险资产管理产品管理暂行办法》及三类产品实施细则(2020)
	《中国银保监会办公厅关于保险资金投资公开募集基础设施证券投资基金有关事项的通知》(2021)
	《中国银保监会关于修改保险资金运用领域部分规范性文件的通知》(2021)
	《中国银保监会关于保险资金投资有关金融产品的通知》(2022)
	《中国银保监会关于加强保险机构资金运用关联交易监管工作的通知》(2022)

资料来源：根据中国银保监会官网的政策文件整理。

2. 中国保险资产管理行业的发展现状

(1) 总体规模

自 2003 年我国第一家保险资产管理公司成立以来，中国银保监会和中国保险资产管理业协会颁布了一系列重要的政策文件来补充保险资产管理行业资金运用渠道,推动保险资产管理行业市场化和规范化。

从整体市场规模来看,我国保险资产管理行业的规模不断扩大,管理费收入不断增加。2015—2021年,我国的保险资产管理机构管理的总资产规模从11.2万亿元增加到将近20万亿元,且2021年保险资产管理机构资产管理总规模相比上一年增长12%,呈现较好的发展态势(详见图1)。2021年,我国32家保险资产管理机构和5家其他经营保险资产管理业务的机构的保险资产管理费收入合计为95亿元,同比增长26%。

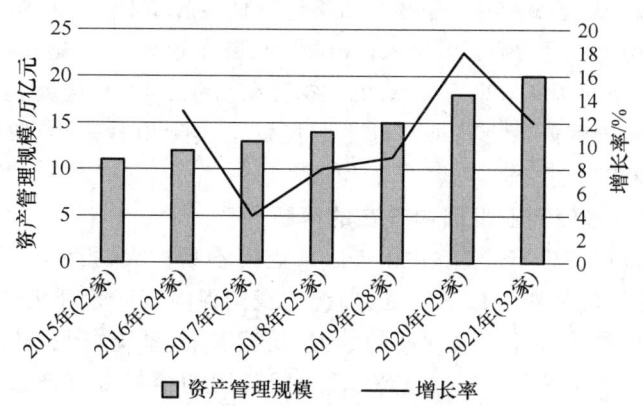

图1 保险资产管理机构的资产管理规模及增长率

(资料来源:根据《2021—2022年中国保险资产管理行业运营调研报告》整理)

从保险资产管理机构的数量与从业人员数量来看,我国保险资产管理机构不断壮大,吸引了越来越多相关专业的从业人员。我国保险资产管理机构到2021年已有32家,根据欧洲知名媒体机构Investment & Pensions Europe发布的《2021全球资产管理机构500强》榜单,中国有3家保险资产管理公司(中国人寿资产管理有限公司、平安资产管理有限责任公司、泰康资产管理有限责任公司)位列前100名,有9家保险资产管理机构位列前500名。随着保险资产管理机构数量的增加,从业人员数量不断上升,人员结构趋于稳定。2021年年末,这一行业的从业人员合计6 597名,较2020年新增595人,同比增长10%。

从保险资产管理产品的数量和规模来看,各保险资产管理公司已经拥有了丰富的资产管理产品,形成了一个包含债券、股票、基金、另类投资等多类型资管产品的体系。2020年,《保险资产管理产品管理暂行办法》及三类产品实施细则开始实施,当月保险资产管理产品注册数量达到42只,注册规模超过1 000亿元,同比增长211%。截至2021年年末,我国32家保险资产管理机构和5家其他经营保险资产管理业务的机构的保险资产管理产品存续余额超5万亿元,同比增长33%。因此,我国的保险资产管理产品还存在较大创新和挖掘的空间,而新规的落地实施对于保险资产管理行业的发展十分有利。

(2)资金来源与资金运用现状

保险资产管理机构作为金融媒介之一发挥着管理并运用资金的作用,这推动了保险资产管理机构合理利用资金来创造收益,扩大了企业潜在的盈利空间。从保险资产管理机构的资金来源来看,其资金包括系统内保险资金和第三方资产两部分。其中,第三方资产包括各类养老金(基本养老金、企业年金、职业年金等)、第三方保险资金和第三方非保险资金(银行资金和其他资金)。从横向来看,系统内保险资金始终是保险资产管理机构主要的资金来源,而第三方资产占比较小。截至2021年年末,我国系统内保险资金的规模达到16.14万亿元,占比76%。而第三方资产占比达24%,其中第三方非保险资金占比最高,第三方保险资金次之。从纵向来看,2017—2021年,我国系统内保险资金在保险资产管理资金来源中占比大体上不断缩小,但始终维持在70%以上,且这一比例在2021年有所上升。

从保险资产管理机构的资金运用来看,我国保险资产管理机构投资的资产包括银行存款、债券、股票、金融产品等。其中,金融产品又包含债券投资计划、集合资金信托计划、商业银行理财产品等类型。截至2021年年末,我国保险资产管理机构配置在债券、金融产品和银行存款上的资金分别为8.36万亿元、3.16万亿元、2.82万亿元,三者合计占比将近70%。这表明我国保险资产管理行业目前主要投资于风险相对较小、收益相对稳定的金融资产,追求稳健投资和长期投资。

3. 中国保险资产管理行业发展中存在的问题

虽然中国保险资产管理行业自2003年以来规模不断扩大,投资渠道不断扩充,监管不断完善,但仍然存在发展相对不成熟之处。首先,我国保险资产管理机构的资金来源相对单一。根据中国保险资产管理业协会网站的数据,长期以来,系统内保险资金在资金来源中占比超过70%,而第三方资产占比相对有限,这表明我国的第三方资产管理业务还存在较大的发展空间。其次,投资策略尚需提高与完善。当前,我国的保险资产管理产品已经覆盖债券、股票、基金、股指期货、不动产等领域,但仍主要以固收类产品的投资为主,对于股权类和基金类的产品投资相对较少。由于我国保险资产管理行业以绝对收益为目标,追求长期投资、价值投资、稳健投资、安全投资、多元投资和责任投资,追求长期稳定可持续收益,所以对于保险资产管理机构来说,如何在尽可能降低风险的情况下更充分地利用各类保险资产管理产品来保证更高的盈利显得尤为必要。最后,从我国保险资产管理行业的整体规模上来看,我国保险资产管理机构与世界顶尖保险资产管理机构在规模、专业化程度及精细化程度上还存在一定的差距。在2021年全球资产管理机构500强的排行榜中,中国人寿资产管理有限公司作为中国排名第一的保险资产管理公司在世界上排第38名,因此中国保险资产管理机构还存在一定的进步空间。

【案例评析】

解决我国保险资产管理行业的现存问题,规范保险资产管理行业的发展,并促进保险资产管理机构在保证较低风险的同时获得长期且稳定的收益,是我国保险资产管理行业健康并可持续地发展下去的重要着力点。因此,政府、保险资产管理机构等相关主体应该采取一些举措来促进这一行业的发展、规范与完善。

1. 拓展第三方业务,增加费用收入

第三方业务即第三方资产管理业务,这一业务目前在我国保险资产管理行业中仅占比30%左右。与之相比较而言,全球最大的综合性金融保险集团之一安联保险集团的第三方资产管理规模占比超过70%,而欧洲最大的资产管理公司之一法通集团的第三方资产规模占比甚至超过了90%。通过这两家集团的经验可知,拓宽第三方业务能够丰富保险资产管理机构的资金来源,削弱系统内部保险资金对于保险资产管理机构的牵制,为保险资产管理

机构创造更多的管理费收入,从而提升公司的盈利能力。具体来说,可以从以下几个方面着手。第一,发挥自身优势的同时吸引更多的养老资金。由于老龄化加剧已经成为时代大背景,这在一定程度上会刺激养老保险的高速发展,从而为保险资产管理机构带来更多的资金来源。因此,保险资产管理公司应该加强自身投资能力建设,提供更丰富且收益率更高的保险资产管理产品,从而吸引更多的养老资金,推动第三方资产管理业务的发展。第二,抓牢机构客户,争取零售客户和私人客户。私人客户相对于机构客户而言,需求的差异性更大,对财富管理的要求更加多样。因此,保险资产管理机构在面对这类人群时,应该充分了解客户需求,并尽可能地开发出满足不同个体的个性化产品。同时,机构应该由原来只注重资产管理的销售思路转换到同时注重私人客户的资产管理和投资服务两方面的销售思路上。

2. 完善产品与服务,提高投资能力

相比于成熟的保险资产管理市场,我国保险资产管理市场产品的创新性较弱,专业性不足,产品开发的速度较慢且个性化程度相对较低。因此,我国的保险资产管理机构应该加大产品研发的投入,深入与客户进行沟通协商,从而设计出满足不同客户多样化需求的保险资产管理产品。具体来说,可以从以下几个方面入手。第一,加强产品的研发与创新,完善保险资产管理产品。由于传统的投资领域较难获得超额收益,而另类投资和组合类投资收益会相对高一些。因此,对于大机构而言,可以通过完善组合类产品及另类投资产品来满足客户不同阶段的收益需求。对于小机构而言,可以通过差异化地进行产品设计来拓展第三方业务。第二,培养多元投资的能力。保险资产管理企业在充分发挥自身固定收益类产品的传统资产配置优势的同时,可以通过权益类资产来优化产品结构,丰富产品体系,并且提高产品的收益,从而吸引更多追求偏高收益的客户。第三,提高风险控制能力。对于保险资产管理公司来说,其主要会面临市场风险、信用风险、承保风险和业务风险等。企业可以通过招聘技术型人才,构建内部检测与风险控制模型,并及时完善、更新与评估全部保险资产管理产品及整个公司的风险状况,确保产品能够给企业带来一定的盈利。

3. 利用投资并购,实现规模扩张

一般而言,企业之间的投资并购一方面能够实现资源的优化配置,达到资源共享;另一方面可以提高资源利用率,降低交易成本,从而实现规模经济。以德国的安联保险集团和英国的法通集团为例,二者都通过投资并购实现了业务规模的扩张和专业投资能力的提升。当前,我国保险资产管理行业虽处于快速发展期,但还没有出现明显的投资并购的倾向,国内保险行业仍保持着相对稳定的增速。但随着后续保险资产管理行业改革的深入,我国保险资产管理行业可能会面临仅靠一家专业型保险资产管理公司难以满足客户多样性需求的情形,此时可以考虑通过并购同行业其他保险资产管理公司来实现业务领域的拓展和专业能力的增强。

4. 完善政策体系,提供良好的发展环境

我国保险资产管理行业发展至今已经历了 3 个阶段,且正处于快速发展期。前期一系列的政策文件一方面拓宽了保险资产管理公司的投资渠道,另一方面完善了对保险资产管理机构的监督。因此,为了给我国保险资产管理企业提供一个良好的发展环境,中国银保监会及有关部门可以采取如下举措。第一,积极落实《保险资产管理产品管理暂行办法》及配套实施细则,稳步拓宽行业创新的广度并加深创新深度,促进保险资产管理行业的高质量发展。第二,持续拓宽投资渠道。在过去将近二十年的保险资产管理的发展过程中,我国保险资产管理投资渠道已经覆盖了债券、股票、银行存款等方面,但对于金融衍生品等投资渠道的创新力度还有待进一步加大。第三,加强宏观审慎监管,避免保险资产管理行业爆发系统性风险。通过宏观审慎监管,政府及有关部门能够及时发现行业潜在变化趋势,进而在保险资产管理行业整体风险过大时可以通过适时颁布政策文件来约束部分机构对某一类或者某几类资产的投资。

【案例讨论】

1. 谈一谈我国保险资产管理机构的作用有哪些?
2. 系统内保险资金与第三方资产这两类资金来源分别有什么特点?
3. 针对我国保险资产管理行业的发展现状和问题,展望我国保险资产管理行业未来的发展方向。

【参考文献】

[1] 曹德云.推进保险资管高质量发展[J].中国金融,2022(3):52-54.

[2] 王舫朝,朱丁宁.第三方业务加速保险资管向财富管理转型[R].北京:信达证券股份有限公司,2021.

[3] 赵然,王欣.他山之石系列之一:保险资管行业的海内外比较[R].北京:中信建投证券,2021.

[4] 中国保险资产管理业协会.中国保险资产管理发展报告[J].中国金融,2016(6):76-79.

[5] 苏薪茗.保险资管行业发展分析[J].中国金融,2016(14):86-88.

第七章

金融衍生品市场

案例1 巴林银行倒闭

【案例内容】

1995年2月23日,一个年轻人匆忙地收拾好行装,逃离新加坡飞往德国,他就是证券交易商尼克·里森(Nicholas Leeson),一个28岁的年轻人,正是他导致巴林银行——一家拥有233年历史的老牌银行,在短短的几周内损失净值超过10亿美元,最终破产。

1. 巴林银行简介

巴林银行(Barings Bank)于1762年在伦敦开业,创办人为弗朗西斯·巴林爵士(Sir Francis Baring)。该银行成立初期,名为"约翰和弗朗西斯·巴林公司",1806年,弗朗西斯·巴林爵士的儿子亚历山大·巴林加入该公司并将该公司与Hope & Co的伦敦办事处合并,改名为"巴林兄弟公司"(Baring Brothers & Co)。其是世界首家"商业银行"。

巴林银行有别于普通的商业银行,其不开发普通客户存款业务,故其资金来源比较有限。1803年,刚刚诞生的美国从法国手中购买南部的路易斯安那州时,所用资金就出自巴林银行。1886年,巴林银行发行了"吉尼士"证券,购买者如潮水一样涌进银行,人们买下少量证券,等到第二天抛出时,证券价格已涨了一倍。20世纪初,巴林银行荣幸地获得了一个特殊客户:英国王室。由于巴林银行的卓越贡献,巴林家族先后获得了5个世袭的爵位,从而奠定了巴林银行显赫地位的基础。

巴林银行的业务专长是企业融资和投资管理。尽管是一家老牌银行,但巴林银行一直积极进取,在20世纪初进一步拓展公司财务业务,获利甚丰。20世纪90年代巴林银行开始向海外发展,在新兴市场开展广泛的投资活动,仅1994年就先后在中国、印度、巴基斯坦、南非等地开设了办事处,业务网点主要在亚洲及拉丁美洲的新兴国家和地区。截止到1993年年底,巴林银行的全部资产总额为59亿英镑,1994年税前利润高达15亿美元。其核心资本在全球1 000家大银行中排名第489位。

2. 破产过程

(1) 里森简介

里森于1989年7月10日正式到巴林银行工作。由于他富有耐心和毅力,善于逻辑推理,能很快地解决以前未能解决的许多问题,因此,他被视为期货与期权结算方面的专家,伦敦总部对里森在印度尼西亚的工作相当满意,并允许在海外给他安排一个合适的职务。

1992年,巴林银行总部决定派他到新加坡分行,成立期货与期权交易部门,让他出任总经理。

(2) 错误账户

无论做什么交易,错误都在所难免,但关键是看你怎样处理这些错误,在期货交易中更是如此。一旦出现错误,就会给银行造成损失,在出现这些错误之后,银行必须迅速妥善处理。如果错误无法挽回,唯一可行的办法,就是将这些错误转入计算机中一个被称为错误账户的账户中,然后向银行总部报告。

里森于1992年在新加坡进行期货交易时,巴林银行原本有一个账号为"99905"的错误账户,专门处理交易过程中因疏忽所造成的错误,这是一个在金融体系运作过程中正常的错误账户。1992年夏天,伦敦总部负责清算工作的哥顿·鲍塞给里森打了一个电话,要求里森另外设立一个"错误账户",记录较小的错误,并自行在新加坡处理,以免加重伦敦总部的工作。于是,里森建立了一个账号为"88888"的新错误账户。几周后,伦敦总部又打来电话,由于总部配置了新的计算机,要求新加坡分行按老规矩行事,所有的错误记录仍通过"99905"错误账户直接向伦敦报告。"88888"错误账户刚刚建立,就被搁置不用了,但它却成了一个真正的错误账户存于计算机之中。而且总部这时已经注意到新加坡分行出现的错误很多,但里森都巧妙地搪塞而过。"88888"这个被人忽略的错误账户,为里森提供了日后制造假账的机会。

(3) 借此作假

1992年7月17日,里森手下一名加入巴林银行仅1个星期的交易员金·王犯了一个错误:当客户(富士银行)要求买进20手日经指数期货合约时,此交易员误为卖出20手,这个错误在里森当天晚上进行清算工作时被发现。欲纠正这个错误,需买回40手合约,按当日的收盘价计算,其损失为2万英镑,并应报告伦敦总公司。但在种种考虑下,里森决定利用"88888"错误账户,承接40手日经指数期货空头合约,以掩盖这个错误。然而,如此一来,里森所进行的交易便成了"业主交易",使巴林银行在这个账户下暴露在风险部位。数天之后,由于日经指数上升200点,此空头部位的损失便由2万英镑增为6万英镑。此时,里森更不敢将这个错误向上呈报。

另一个与此同出一辙的错误是里森的好友及委托执行人乔治犯下的。里森示意乔治卖出的100份9月的期货全被他买进,价值高达800万英镑,而且好几份交易的凭证根本没填写。如果乔治的错误被泄露出去,里森将不得不告别他已很如意的生活。将乔治出现的几次错误记入"88888"错误账户对里森来说是举手之劳。

为了弥补手下员工的错误,里森将自己赚的佣金转入账户,但其前提当然是这些错误所引起的损失金额不能太大,但乔治造成的错误所引起的损失金额确实太大了。为了赚回足够的钱来补偿所有损失,里森承担着越来越大的风险。他当时从事大量跨式策略交易,因为当时日经指数稳定,里森从此交易中赚取期权权利金。若运气不好,日经指数变动剧烈,此交易将使巴林银行遭受极大损失。但里森在一段时日内做得极顺手,到1993年7月,他已将"88888"错误账户亏损的600万英镑转变为略有盈余。

如果里森就此收手,那么巴林银行的历史也许会改变。除了为交易遮掩错误,另一个严重的错误是为了争取日经市场上最大的客户波尼弗伊而犯下的。1993年下半年,接连几天,每天市场价格破纪录地飞涨1 000多点,用于清算记录的计算机屏幕故障频繁,无数笔交易入账工作都积压起来。因为系统无法正常工作,交易记录都靠人力。等到发现各种错误时,里森在一天之内的损失便已高达将近170万美元。在无路可走的情况下,里森决定继续隐藏这些错误。1994年,"88888"错误账户的损失到7月时已达5 000万英镑。事实上,里森当时所做的许多交易,是在被市场走势牵着鼻子走,并非出于他对市场的预期如何。他当时可能在想,哪一种方向的市场变动会使他反败为胜,能补足"88888"错误账户中的亏损,便试着影响市场往哪个方向变动。

(4) 最终破产

1995年1月17日,日本神户大地震,其后数日,东京日经指数大幅度下跌,里森一方面遭受了更大的损失,另一方面购买更庞大数量的日经指数期货合约,希望日经指数会上涨到理想的价格范围内。1月30日,里森以每天1 000万英镑的速度从伦敦获得资金,买进了3万份日经指数期货,并卖空了日本政府债券。2月10日,里森握有新加坡期货交易所交易史上创纪录的数量,即55 000份日经期货及2万份日本政府债券合约,交易数量越大,损失越大。所有这些交易均进入"88888"错误账户。对于账户上的交易,里森以其清查之职权予以隐瞒,但追加保证金所需的资金却是无法隐藏的。里森以各种借口继续转账。2月中旬,巴林银行全部的股份资金只有47 000万英镑。

1995年2月23日,里森影响市场走向的努力彻底失败。日经股价收盘降到17 885点,而里森的日经期货多头风险部位已达6万余份合约;其日本政府债券在价格一路上扬之际,空头风险部位已达26 000份合约。里森为巴林银行所带来的损失,达到了86 000万英镑的高点,导致了世界上最老牌的银行巴林银行命运的终结。

1995年2月26日,英国中央银行英格兰银行宣布:巴林银行不得继续从事交易活动并将申请资产清理。10天后,这家拥有233年历史的银行以1英镑的象征性价格被荷兰国际集团收购,这意味着巴林银行的彻底倒闭,荷兰国际集团则以"巴林银行"的名字继续经营它。

【案例评析】

1. 巴林银行倒闭的原因

(1) 直接原因——交易员的操作不当

巴林银行倒闭的导火索便是里森对期货市场判断错误,盲目进行交易,而里森的各种违规行为有其内在原因。

首先,里森对自己过分自信。过去多次成功的经历让里森建立了强大的自信心,根据以往的经验,他预料日本经济一定会强势反弹,孤注一掷将所有筹码都压在日经225指数期货上,这种过度自信甚至让他忽略了这一行为背后隐藏的巨大风险,以及风险发生的后果。

其次,里森过于看重自己的名誉和利益。里森是国际金融界公认的"天才交易员",正值事业上升期的年纪,他已经做出了许多令人惊叹的成绩,巴林银行的高管都对他赞赏有加,寄予厚望。里森挪用了花旗银行5 000万英镑的存款来补偿"88888"错误账户中的损失,为了尽快补上这一款项,避免日后被查出问题,他宁愿冒着巨大的风险也要大量购买日经指数期货合约。

最后,巨额的亏损使里森失去了理智。里森到后期已经对亏损的金额麻木了,甚至失去了对市场做出合理预期的能力,他已成为被市场风险操纵的傀儡。从行为金融学的角度解释就是"认知失调",即如果决策者投资项目,他们不愿意承认之前的投资决策失败,可能会继续向失败的项目投入更多的资源。

(2) 根本原因——巴林银行的内部缺陷

1) 前台业务和后台业务未分离

巴林银行最惨痛的教训在于没有实现前台业务和后台业务的有效分离。所谓前台业务,主要指交易业务;所谓后台业务,包括清算交割、业务稽核和业务准入。尽管后台业务与前台业务往往是并行发生的,一一对应,如一笔交易必然伴随着相应的清算交割和业务稽核,但并不等于后台业务是从属于前台业务的。巴林银行显然混淆了前台业务和后台业务之间的关系,将后台业务作为前台业务的附属品,这种将交易盈利作为重心的做法必然导致对风险因素和稽查工作的忽视,埋下严重的危机隐患。

里森在1992年去新加坡后,任巴林银行新加坡期货交易部兼清算部经理。作为一名交易员,里森的工作是代巴林银行的客户买卖衍生商品,并代巴林银行从事套利工作,只要做好自己的本职工作,是不会有太大的风险的。如果里森只负责清算部,那么他便没有必要,也没有机会为其他交易员的错误行为瞒天过海,也就不会造成最后不可收拾的局面。里森在职期间,用他身兼交易与清算两职的条件在公司财务方面犯下了不可挽回的种种罪行。实际上,二者之间应当是互相制约、互为犄角的一种协作关系,一般情况下二者应当严格分离,甚至后台不同性质的业务也应实现有效隔离(如清算交割与业务稽核应当分离),如此才能发挥内控机制的"牵制"作用。而里森集交易员与资金安排权力于一体,利益冲突的业务没有实现分离。

2) 对金融衍生产品的性质认识不清

金融衍生产品是以"虚拟资本"为衍生基础的,如股票指数的期货和期权,它们依赖的基础是股票运行的轨迹。这种金融衍生产品源于一般的金融投资工具,如股票、外汇、利率等。巴林银行事件涉及的投资对象就是金融衍生产品,与基础金融工具相比,金融衍生产品具有更加远离现实社会生产与流通的特征,也就是具有更明显的投机特征。现代的任何一家投资银行,真实地进行投资得到的收益,总是不如巧妙运气地得到的投机收益来得迅速和丰厚,强烈的短期巨大赢利目标驱使,使得铤而走险的投机意识渗透于任何一家投资银行的管理层与操作层,形成了投资银行的内在规定。金融衍生产品可能给投资者带来丰厚的收益,但同时更可能给投资者带来巨大的投资风险或损失。而巴林银行的管理层只看到其带来的收益而忽略了风险,因而纵容了里森投资的违规交易,造成了巴林银行的倒闭。

3) 松散的内部管理体制

无论是各国金融监管机构还是国际金融组织都普遍认为,金融机构内部管理是风险控制的核心问题,而巴林银行的内部管理却是非常松散的。

巴林银行在1994年年底发现资产负债表上显示5 000万英镑的差额后,仍然没有认识到其内部管控的松散。尤其具有讽刺意味的是,在巴林银行破产的两个月前,即1994年12月,在于纽约举行的一个巴林银行金融成果会议上,250名世界各地的巴林银行工作者还将里森当成巴林银行的英雄,对他报以长时间热烈的掌声。可以说,巴林银行的倒闭不是一人所为,而是一个组织结构漏洞百出、内部管理失控所致。

4) 超额的奖励制度

金融机构一般都会将毛利率的一定比例作为奖金发放给业务人员作为激励,这个比例一般相比其他行业较高。但是巴林银行的奖金比例高达50%,远远超出了平均水平,在动辄上千万元的金融交易中,这无疑刺激了业务员进行高风险操作进而获取高额回报,而使业务员忽视了投机行为背后的高风险可能带来的后果,置公司利益于不顾。

(3) 外部原因——金融监管薄弱

1) 外部监管薄弱

英格兰银行对海外资金有规定,英国银行的海外总资金不应超过资产的25%。英格兰银行作为英国的中央银行,并没有对巴林银行海外资金超出限制引起重视,如果英格兰银行及时采取措施,令巴林银行整改,巴林银行最终的悲剧可能就不会发生。

2) 内部监管薄弱

早在1994年8月,一份提交给巴林集团的BFS(Banking and Financial Services,银行与金融业务)内部审计报告提到,BFS的管理体制存在重大的风险,里森一个人就可以使控制体系失效。巴林银行不仅没有采取措施纠正BFS一个人说了算的体制,而且对BFS疏于监控,更令人不安的是,在有关里森交易的新闻传遍了日本和新加坡市场时,巴林银行尚对此一无所知。在这种情况下,英国总部还是一味地相信里森,对他提出的资金要求有求必应,没有提出任何质疑,竟在1995年2月向BFS汇去了8.9亿美元来维持期货交易保证金账户。由此可以看出,巴林银行高层对公司的风险管理严重疏于防范,没有较高的风险防范意识,内部监管薄弱。

(4) 其他原因——缺乏全球性的信息沟通与协调机制

据《金融时报》报道,英格兰银行行长于1995年1月5日曾对公共财政部和内务委员会中的国会成员讲,巴林银行在未通知英格兰银行的情况下,擅自将7.6亿英镑的资金汇到新加坡。虽然金融市场特别是金融衍生品市场已经越来越全球化,但是其法规大多数仍由各个国家自己制定,而且实施范围亦不超出本国国界。在巴林银行破产案中,巴林银行总部由英格兰银行及证券期货管理局管理,巴林银行新加坡分行受制于新加坡国际货币交易所。显然,缺乏全球性的协调及信息互不沟通也是巴林银行破产的主要原因之一。

2. 巴林银行倒闭的教训

① 参与金融衍生工具交易的公司要建立符合自己风险偏好的风险管理原则。投资者首先要明确自己对于金融风险是厌恶还是喜好以及厌恶或者喜好的程度,这是投资者制定投资策略的基础。此外投资者还要能够根据自己的风险偏好来制定投资策略。

② 要建立和健全金融风险管理制度。金融风险管理的一个基本原则就是分散风险。在此需要强调的是不但金融资产需要分散,管理风险的人员也需要进行分工负责,而不能像里森那样一个人身兼两职,这是因为没有制约的权利本身即风险的最大来源,分散管理是风险管理的基本要求。

③ 必须加强对金融机构的管理,建立衍生工具交易的严密内在监管制度,加强金融机构的外部监督,加强对金融机构高级管理人员和重要岗位业务人员的资格审查和监督监管。

【案例讨论】

1. 有人说,没有里森,巴林银行不会倒闭,你觉得呢?
2. 我们应该如何看待金融衍生产品?
3. 巴林银行的倒闭对我国金融市场的监管和发展有什么启示?

【参考文献】

[1] 巴林银行破产案[J].中国储运,2008(4):81-83.

[2] 李明辉.从巴林银行案和中航油事件看衍生工具的风险控制[J].当代经济管理,2006(4):92-98.

[3] 赵贺明.我国商业银行内部控制问题与对策[J].合作经济与科技,2008(12):111-112.

[4] 郑田.不见过程的落败——从内控看巴林银行倒闭[J].理财杂志,2005(4):10-11.

[5] 余鑫.对巴林银行破产倒闭事件的经济学思考[J].金融经济,2019(10):86-88.

案例 2 中航油巨亏事件

【案例内容】

2004年12月1日,中国航油(新加坡)股份有限公司(以下简称"中航油")通过新加坡交易所发布公告:公司正在寻求法院保护,以免债权人起诉。此前公司出现了5.5亿美元(约合45亿元)的衍生工具交易亏损。由于与9年前的巴林银行一样案发新加坡,一样是因金融衍生商品交易失控所引起的,该事件震惊了中国能源界、金融界和管理层,被业界称为中国版的"巴林银行事件",引起了国内外各界激烈的讨论。

1. 中航油巨亏事件始末

2003年下半年,中航油总裁陈九霖进入了石油期权交易市场,与日本三井住友银行、法国兴业银行等银行进行场外期权交易。2003年年底,中航油的仓位是空头200万桶,石油价格下跌,获得少量收益。2004年3月28日石油油价一路攀升,由于期权合约潜在亏损达580万美元,陈九霖决定延期交割合同。日后,他与J. Aron公司签署了第一份重组协议,即将合同进行展期,即平仓后,买进更大规模的卖出期权。2004年6月,油价持续走高,公司的潜在亏损额逐渐上升,已经达到了3 500万美元。作为总裁的陈九霖决定继续将合同展期,延后到2005年和2006年进行交易,并签订了第二份重组协议。2004年10月10日,国际原油价格达到历史最高位,中航油的原油期货合约已增至5 200万桶,油价达到历史高位,中航油面临巨额亏损,如果这时平仓,中航油将面临高达1.8亿美元的账面亏损。10月20日,中航油集团为筹集资金支付补仓资金,通过德意志银行新加坡分行配售15%的中航油股份,令集团持股比例由75%减至60%,集资1.08亿美元贷款给中航油。10月29日,巴克莱资本开始追债行动,要求中航油偿还2 646万美元。11月8日,中航油再有合约被逼平仓,亏损增加1亿美元。次日三井能源风险管理公司加入追债行列,向中航油追讨7 033万美元。11月16日,另一批合约被平仓,再亏7 000万美元。次日,Standard BankLondon Ltd追讨1 443万美元,并称如果未能在12月9日之前支付欠款,将会申请将之破产。11月25日,最后一批合约被平仓,总亏损合计3.81亿美元,债权银行陆续追债,合计追讨2.48亿美元,该公司同时已违反法国兴业银行牵头的1.6亿美元银团贷款条款,同样面临被清盘危机。11月29日,陈九霖被迫向新加坡法院申请破产保护,并指出中航油集团已承诺继续支付及偿还该公司欠款,并正与新加坡政府所有的淡马锡集团协商联合注资1亿美元协助公司重组的事宜。次日中航油终止所有原油期货交易,至此累计亏损5.54亿美元。

2. 中航油曾是国企跨国经营的楷模

中航油成立于1993年,由中央直属大型国企中国航空油料控股公司控股,总部和注册地均位于新加坡。公司成立之初,经营十分困难,一度濒临破产,后在总裁陈九霖的带领下,一举扭亏为盈,从单一的进口航油采购业务逐步扩展到国际石油贸易业务,并于2001年在新加坡交易主板上市,成为中国首个利用海外自有资产在国外上市的中资企业。经过一系列扩张运作后,公司已成功从一个贸易型企业发展成工贸结合的实体企业。2004年8月18日,中航油宣布,拟收购新加坡国家石油公司20.6%的股权,一举成为该公司的第二大股东。业内惊呼中国"第四大石油帝国"雏形已经悄然形成,发展势头直逼国内三大石油巨头。实际上,早在2002年,中航油集团便开始与中石油、中石化洽谈参股中航油总公司事宜,然而这既没有阻碍中航油的迅速发展壮大,也没有影响到中航油制定的宏伟目标,在海外获取了在国内难以取得的经营牌照,成为三巨头之外的第四家,同时也可能是海外第一家全业务石油企业,成为"中国首家具有完整供应链的海外中资石油企业"。短短几年间,其净资产增长了700多倍,事发前其资产达几十亿元之多,股价也是一路上扬,市值增长了4倍,一时成为资本市场的明星。

据新加坡交易所网站介绍,案发前中航油几乎100%垄断中国进口航油业务,同时公司还向下游整合,对相关的运营设施、基础设施和下游企业进行投资。通过一系列的海外收购活动,中航油的市场区域已扩大到东盟、远东和美国等地。2003年《求是》杂志也曾发表调查报告,盛赞中航油是中国企业"走出去"战略棋盘上的过河尖兵,报告称,公司的成功并无特殊的背景和机遇,完全是靠自己艰苦奋斗取得的。同时,国资委也表示,中航油是国有企业走出国门、实施跨国经营的一个成功典范。中航油的成功为其赢得了一连串的声誉,2002年中航油被新加坡交易所评为"最具透明度的上市公司",并且是唯一入选的中资公司。

【案例评析】

中航油从2003年下半年到2014年年末,其总裁陈九霖在石油期权交易上的一系列错误决策导致5.5亿美元的巨额亏损,这是在金融衍生产品应用上的典型失败案例。

1. 中航油巨亏事件产生的原因

(1) 企业快速扩张寄希望于投机

不管是国家还是企业,其发展的最初阶段必然是快速且跳跃的。可是当进入一定的阶段后跳跃式发展就不可能了,这个阶段国家或企业应该追求的是长期平稳健康的发展,这是真理可陈九霖及其团队没有重视。中航油的10个交易员不太可能进行如此大胆的违规交易,能够允许中航油交易员违反公司防范风险规定的必然是中航油决策层或者决策层中的个别人。

(2) 缺乏风险管理意识

中航油从2001年11月就开始涉足石油期货,公司总裁陈九霖在不了解原油期权交易业务、没有对交易风险做出正确评估的情况下,贸然进行期权交易,2002年下半年石油期权交易收益颇多,那时中航油就应该注意识别风险问题,一个业务在为公司赚取了大量利润的同时,公司应该认识到其可能产生巨大风险。然而,管理层在损失发生之时并没有及时汇报,还要求财务人员作假,这种缺乏风险管理意识的行为最终将企业陷入困境。

(3) 内部控制制度不健全使得企业治理机制失灵

在整个过程中,可以看出中航油内部控制制度不健全,企业治理机制失灵,良好有效的内控机制是企业发展的必要条件,陈九霖是一个风险偏好者,在作出决策的过程中,他在支配资金时没有受到任何约束,其权力凌驾于企业的监管机构之上,中航油内部风险控制制度形同虚设。而且中航油对规则的漠视到了非常可怕的程度,在进行潜在风险大到超过公司市值的交易时就没有进行过信息披露,而早在2004年10月就已经发生了巨额亏损,迟至12月才披露。

(4) 将金融杠杆利用到极致

这里有3个关键词。第一个是期权,该案例中的限价期权,赋予买方以特定的价格买入一定数量航空煤油的权力,为此买方支付一定的费用,即权利金,新加坡期货市场一般称为"保费",卖方则收取权利金。显然,这中间买方的风险是有限的,顶多就是期权作废,损失权利金;但作为卖方,中航油的风险极大,因为期权结算时,高于限价的部分都要中航油承担。可是由于中航油在2003年年底采用的是卖出看涨期权这种收益不大风险却很大的交易方式,因此一旦油价走向与中航油的预期相反,则中航油面临的风险就将被成倍放大。卖出看涨期权是金融衍生产品中风险最大的一个品种。目前国际通行的美式期权规定,持有看涨期权的交易者可以在行权期到来前,在规定的行权价格许可范围内按任意时间、任意价格行权。如果他不行权,损失的也仅是保证金;相反,出售看涨期权的交易方则随时可能被迫承担因交易对手行权而产生的损失,所以在国际上除摩根大通等大投行、做市商外很少有交易者敢于出售看涨期权。中航油投机失败发现方向错误后,没有买入看涨期权以对冲风险、减小损失。第二个是OTC市场。有别于在交易所进行的场内交易,OTC场外交易的风险更高,而其好处是灵活,买卖双方可以自行洽谈条件。第三个是借贷,2013年7月18日中航油与10家国际银行签署了1.6亿美元的银团贷款协议。而这就是中航油进行石油衍生品交易的资金主力,用借来的钱在高风险的OTC市场,进行高风险的期权交易。这样的做法稍有不慎,资金链接不上,便会导致崩盘。最后因国际油价的猛涨,引爆危机。

(5) 对企业的监管力度不足

为了防范期货投机交易所带来的巨大风险,1998年国务院颁布了《国有企业境外期货套期保值业务管理办法》,对于申请该项业务的企业实施严格的审批制度,并且限定获得资格的企业仅能从事与生产经营的产品或所需的原材料有关的品种套期保值交易。中航油在2013年获得了中国证监会批准的从事境外期货套期保值交易的资格。根据规定,不但需要申请套期保值的资金制度以及头寸,每月还必须向中国证监会以及外管局详细汇报期货交易的头寸、方向以及资金情况。事实情况是,不管是从交易规模,还是从交易方向来看中航油都是在进行巨大的投机活动。据中航油的公告,自2003年以来,在公司的利润结构中,原先的核心业务如中国进口航油采购和国际石油贸易仅仅占到总利润的16%,而公司依靠投机获得的回报则已经占到公司税前盈利的68%,几千万桶的仓位,显然已经远远超出套期保值的需要,几乎都是在投机。由于中航油是注册在新加坡的公司,所以其可以不受上述规定的约束,不在《国有企业境外期货套期保值业务管理办法》的监管范围之内。但问题是如果国有企业为了逃避监管,在境外注册一家公司从事期货交易,那么如何来防范这种危险?这正是中航油事件警示我们必须思考的问题。

2. 中航油巨亏事件带来的启示

在企业的经营中处处有风险,设立风险管理机制的同时也要明白不能以此规避所有的风险,还有环境因素等其他诸多潜在影响,企业管理者要增强风险意识,建立合理的内部控制监督和平衡机制,增加信息披露和企业运营的透明度,在此基础上还要从制度和法律上防范道德风险,使风险管理法规和措施落到实处。

(1) 加强企业管理者的风险意识

所有的跨国公司都拥有一套庞大的管理系统,这个系统涉及企业运营的方方面面,管理者对其负责事项负有监督管理的义务,要在运营过程中以高度的敏感性和专业性加强风险的分析、预警、管理以及处置。尤其是涉及海外上市或者衍生产品金融工具的场外交易这种高倍杠杆的投机,相关的挑战和风险大而复杂,需要管理者提高警惕,在熟悉业务的前提下科学合理地评估风险,做好风险对冲,把风险把控在一定范围内,发现亏损一定要及时平仓,不至于造成巨大的损失。

(2) 建立合理的内部控制监督和平衡机制

企业内部要进行多元控制,完善相关控制和监督机制使得各个部门相互制约、相互监督,各司其职。要防止一个管理者的权力过大,凌驾于企业的控制机制之上,这样容易在不受控制的情况下造成巨大损失。董事会和经理层之间要明确权限,经理人只能在其允许的范围内做出相关的决策,保证企业稳定持续地发展。

(3) 增加信息披露和企业运营的透明度

企业在经营过程中需要利用大量的信息和数据来进行风险管理,包括风险的识别、评估和应对措施,如果管理层没有做到有效沟通和信息的充分了解,就不能把控风险,进而会带来无法挽回的损失。按照国际现行的以权责发生制为原则的财务会计规则,金融衍生产品交易因为其交易的特性,其潜在的盈亏无法在当期财务报表中显性表现出来,从而形成了结构性的信息不透明。企业的管理层和监督层要及时地发现这种结构性信息不透明,并承担向公众披露的义务,增加企业运营的透明度。

(4) 从制度和法律上防范道德风险

企业经营者应该对违法行为承担相应的法律及刑事责任,这不仅要求企业在设计风险管理制度时落实到具体权责,更要求相关部门更改或制定制度以对企业经营者起到约束作用,避免其滥用职权,凌驾于制度之上。不单是对经营者,也要将风险管理制度同样落实到人力资源管理当中,制度的完成完全依靠人的行为。从员工的选拔开始,企业相关部门应该对员工进行全面考量,包括员工的道德观念、工作效率、对制度的遵守情况等。在培养员工的过程中,尤其要注意培养衍生产品管理人才,金融衍生产品具有高倍杠杆性,是风险最大的一种投机交易,受到众多风险偏好投资者的青睐,如果企业的相关管理人员不能深刻地了解背后的运行机制和风险范围,将给企业带来巨大的潜在风险。如果各部门的人才管理和培养能在其中搭建一个良好的桥梁,那么企业制度的有效实行将在很大程度上得到保障。

【案例讨论】

1. 中国企业"走出去",如何监管避免走入歧途?
2. 中航油巨亏属于什么金融风险?应如何预防?对于金融风险管理有什么启示?

【参考文献】

[1] 徐东华,陈纪南.中航油事件启示:有效利用期货市场[J].经济论坛,2005(11):51-52.

[2] 于冰洁.从风险管理角度浅析"中航油"事件[J].财会学习,2016(14):238.

[3] 赵曼竹.从中航油事件看金融衍生品的风险与防范[J].企业改革与管理,2018(16):52-53.

[4] 刘永爱,董义军.从中航油事件看金融衍生品的风险管理[J].对外经贸实务,2010(3):72-74.

[5] 臧培华.中航油事件对全面风险管理的经验启示[J].决策探索(中),2018(5):26.

案例3 轰然倒下的金融大厦:雷曼兄弟

【案例内容】

雷曼兄弟创立于1850年,是全球最具实力的股票、债券承销商和交易商之一,被称为美国第四大投行,在逾百年历史中,雷曼兄弟曾经历南北战争、两次世界大战、19世纪30年代的经济大萧条、1994年的信贷危机、1998年的货币危机和2001年的互联网泡沫,在一系列的经济危机中其金融经营一直处于领先地位。雷曼兄弟是《商业周刊》评出的2000年最佳投资银行,整体调研实力高居《机构投资者》榜首,被《国际融资评论》评为2002年年度最佳投行。然而,2008年9月15日,这个有着近160年历史的金融巨头由于资不抵债申请破产保护,最终宣告破产,成为美国历史上最大规模的破产案。

1. 雷曼兄弟的家族时期

雷曼兄弟的历史最早可以追溯到19世纪40年代,发源地是亚拉巴马州广袤的农田以及蒙哥马利。雷曼三兄弟为卖牛商人之子,来自德国的巴伐利亚,在蒙哥马利落脚。1844年23岁的亨利·雷曼(Henry Lehman)移民到美国,定居在亚拉巴马州的蒙哥马利,在那里开了一家名为"H. Lehman"的干货商店。1847年,因伊曼纽尔·雷曼(Emanuel Lehman)的到来,商店更名为"H. Lehman and Bro"。当1850年家中最小的弟弟迈尔·雷曼(Mayer Lehman)也到此地时,商店名字再次变更,变更为"Lehman Brothers"。

在19世纪50年代的美国南部地区,棉花是最重要的农作物之一。他们看准了蒙哥马利作为"棉花之都"的巨大潜力,于是专注于从事棉花生意,几年间这项业务的增长成为他们的运作之中最重要的一部分。1855年,亨利因黄热病而过世,其余的兄弟继续专注于他们的商品交易/经纪商业务。

1858年,雷曼兄弟在纽约市曼哈顿区自由大街119号开设了第一家分支机构的办事处,当年32岁的伊曼纽尔负责办事处业务,当时纽约市是全球的商品交易中心。雷曼兄弟扩展了商品交易业务,并进入财务顾问业务,这些为他们日后经营证券承销业务奠定了基础。1870年,雷曼兄弟协助创办了纽约棉花交易所,这是他们在商品期货交易方面的第一次尝试。1883年,雷曼兄弟成为咖啡交易所成员之一。1884年,伊曼纽尔设置了公司理事会,公司还在新兴市场从事铁路债券业务并进军了金融咨询业务。随着美国经济在19世纪下半叶的有力扩张,雷曼兄弟发展了商业银行和证券交易业务,并在1887年成为纽约股票交易所成员,获得交易席位。

早在1899年,雷曼兄弟就开始做首笔公开招股生意,为国际蒸汽泵公司招募优先股和普通股。但一直到1906年,公司才从一个贸易商真正转变成证券发行公司。同一年在菲利普·雷曼(Philip Lehman)的掌管下,雷曼公司与高盛集团合作,协助西尔斯罗巴克公司与通用雪茄公司上市。在随后的二十年间,差不多有上百家新公司的上市都由雷曼兄弟协助,其中多次都是和高盛集团合作。

菲利普·雷曼于1925年退休,由他的儿子罗伯特·雷曼(昵称"波比",Robert Lehman)接手公司并担任公司领导。在波比领导期间,公司在股票市场复苏时因侧重于风险资本而度过了资本危机大萧条。1928年,公司搬到鼎鼎有名的威廉一街。

20世纪30年代,雷曼兄弟签署了第一电视制造商杜蒙公司的首次公开募股,并为美国广播公司(RCA)提供资金协助。他也为快速增长的石油工业提供了金融协助,其中包括哈利伯顿(Halliburton)公司和科麦奇(Kerr-McGee)公司。

20世纪50年代,雷曼兄弟签署了数字设备公司的首次公开募股。稍后,他又协助了康柏公司上市。罗伯特·雷曼于1969年去世,当时已经没有雷曼家族任何一位成员在公司任职。

雷曼兄弟家族事业横跨4个世代:始于1850年亚拉巴马州的棉花田,一直延续到1969年罗伯特·雷曼过世为止,有将近120年的辉煌历史。这段时间雷曼兄弟不仅从市场筹资,而且协助伍尔沃斯、梅西百货等零售巨头筹资;扶植美国航空、环球航空、泛美航空等航空公司;代替康宝农场、宝石茶等企业筹资。

2. 雷曼兄弟的成熟时期

自1970年香港办事处开业,雷曼兄弟加快了海外扩展的脚步,并于1972年在伦敦和于1973年在东京设立了地区性总部。伴随信息时代的到来,雷曼兄弟在很多行业带头公司的发展中起了至关重要的作用。在20世纪80年代的兼并收购潮流中,雷曼兄弟扩展了自己国内和全球的业务。1984年,雷曼兄弟的投资银行家和交易员之间的争斗导致该公司被美国运通(American Express)公司收购并与Shearson公司合并。1986年,雷曼兄弟获得伦敦股票交易所的席位。1988年,雷曼兄弟获得东京股票交易所的席位。

1993年,美国运通公司将Shearson分拆出去,获得独立的雷曼兄弟公司,其再次以"雷曼兄弟"的名字著称于世。同年雷曼兄弟北京办事处开业,并为中国建设银行承销债券,开创了中国公司海外债券私募发行的先河。1994年,该公司以雷曼兄弟控股公司(Lehman Brothers Holdings Inc.)的名称在纽约证券交易所上市。1998年,雷曼兄弟被收入标准普尔500指数。2001年,雷曼兄弟被收入标准普尔100指数。2003年,雷曼兄弟收购了Neuberger Berman,奠定了公司在资产管理业务方面的领先地位。

2005年,基于分散化的收入来源和强劲的风险管理,标准普尔将雷曼兄弟的信用评级上调为 A+,公司管理资产增至创纪录的 1 750 亿美元,因卓越表现雷曼兄弟被《欧洲货币》杂志评为"年度最佳投资银行"。

2007 年,雷曼兄弟取得公司历史上最好的业绩,净收入和每股收益连续 4 年大幅提高,各个业务部分都快速发展;以交易量为标准,雷曼兄弟成为伦敦股票交易所排名第一的券商;雷曼兄弟为金融界有史以来最大的兼并收购——苏格兰皇家银行收购荷兰银行,充当财务顾问。

3. 雷曼兄弟的破产之路

2008 年 3 月 18 日,雷曼兄弟宣布,受信贷市场萎缩影响,其第一季度净收入同比大幅下降 57%,股价下挫近 20%。2008 年 4 月 1 日,为了平息市场对于资金短缺的疑虑,雷曼兄弟发行了 40 亿美元的可转换特别股;受此消息激励,雷曼兄弟的股价大涨 18% 至每股 44.34 美元;投资人表现出对雷曼兄弟的信心,认为他能够躲过类似贝尔斯登公司被并购的命运。2008 年 6 月 9 日,信用评级机构将雷曼兄弟的信用等级下调,其他评级机构也表示了对其信用前景的担忧。2008 年 6 月 10 日,雷曼兄弟宣布,预期公司第二季度净损失为 28 亿美元,并透露了最新融资 60 亿美元的计划。2008 年 8 月 5 日,雷曼兄弟宣布考虑出售其资产管理部门 Neuberger Berman 以寻求融资。2008 年 8 月 16 日,雷曼兄弟考虑出售价值高达 400 亿美元的商业不动产资产。2008 年 8 月 18 日,市场预期雷曼兄弟第三季度的净损失将达 18 亿美元,主要券商的研究报告纷纷调低了对雷曼兄弟的评级。2008 年 9 月 10 日,雷曼兄弟与韩国产业银行持续多日的入股谈判最终破裂,因市场对雷曼兄弟的生存产生担忧,雷曼兄弟的股票暴跌 45%。2008 年 9 月 11 日,雷曼兄弟宣布第三季度的亏损将达 39 亿美元,并宣布了公司的重组计划;雷曼兄弟将进一步采取措施大幅减持住宅抵押贷款和商业地产,与 Blackrock 合作降低住宅抵押贷款风险敞口,优化项目组合;雷曼兄弟的股价暴跌 46% 至每股 4.22 美元;信用评级机构穆迪评级警告要将雷曼兄弟的信用评级大幅下调。2008 年 9 月 12 日,雷曼兄弟寻求将整个公司出售;市场产生恐慌情绪,业务伙伴停止了和雷曼兄弟的交易,客户纷纷将与雷曼兄弟的合作业务转移至其他的银行和券商;美洲银行和英国巴克莱银行与雷曼兄弟谈判收购计划;美联储介入,召集华尔街主要银行商讨雷曼兄弟和保险巨头美国国际集团的问题;雷曼兄弟股价跌至每股 3.65 美元;其信用违约互换点差跳升至超过 700 基点。2008 年 9 月 14 日,美联储明确表示不会给雷曼兄弟以救援和资金保障,巴克莱银行退出谈判,美洲银行转而与同样陷于困境的美国第三大券商美林达成收购协议;同时,高盛集团、摩根士丹利、巴菲特控股的伯克希尔哈撒韦也表示没有兴趣收购雷曼兄弟;雷曼兄弟命悬一线。2008 年 9 月 15 日,无奈之下,雷曼兄弟依照美国《银行破产法》第 11 章,向纽约南部的联邦破产法庭提出了破产保护,负债达 6 130 亿美元;雷曼兄弟的所有从事经纪业务的分支机构及雷曼兄弟的子公司等不受此影响,继续正常交易和营业;当天,雷曼兄弟的股票价格暴跌 94% 至每股 0.21 美元。至此这个有着近 160 年历史的老牌投行成为历史。

雷曼兄弟倒闭后的几个小时内,货币市场共同基金出现了挤兑现象,在危机爆发的前一夜,人们都还认为这些基金几乎没有风险。几天之内,为金融和非金融公司提供信贷的核心融资市场几乎全部陷入困境,全球经济严重萎缩。一个经过几十年精心开发和不懈调整才形成的金融监管体系彻底溃败。

【案例评析】

华尔街上赫赫有名的投资银行雷曼兄弟在经历了近160年的风雨之后，在美国金融风暴越演越烈之时申请破产保护，这一事件对全球金融市场的影响将是长远而深刻的。

发生这一悲剧性事件的原因是多方面的，有整个市场基本层面的变化和不稳定而导致的系统性风险，也有雷曼兄弟自身的问题带来的特殊性风险。在市场层面，主要是因为从2007年夏天开始的次贷危机和在雷曼兄弟破产前后市场中所发生的信用恐慌等；在公司自身层面，雷曼兄弟发展过快过热，自身的资本充足率不足而导致杠杆率太高，所持的问题资产太多，以及公司的管理层没能够抓住机会很好地应对危机等。雷曼兄弟的问题当然也与美国证券监管部门的监管失误有关，这包括其监管理念、力度和具体监管要求等。白芝浩原则：为了避免金融恐慌的蔓延，中央银行应当切实履行最后贷款人职责，及时向那些濒临破产的金融机构发放贷款，金融机构则应提供充足的抵押品，并支付惩罚性高利率。

从雷曼兄弟自身分析，其破产的主要原因如下。

1. 信用风险——高杠杆和金融衍生品业务

信用风险是导致雷曼兄弟破产的直接原因。信用风险是指金融创新产品的交易一方不能履约或不能全部履行交付责任而造成的风险。美国次贷危机发生时，机构为了追求资本回报率而冒险开拓了包含600多万名原本不合格的次级贷款者的新市场，并通过金融创新大量地推出了房贷产品来降低次级贷款者申请贷款的门槛，这些次贷金融产品在住房价格下跌时，会出现资金缺口，进而变成高危产品。资本市场本来形同赌场，进行的是所谓的杠杆融资，即用少量的自有资金成倍地借钱，而雷曼兄弟更是在豪赌，除了赌次级债金融产品（包括MBS和CDO），还赌信贷违约掉期（CDS）。这些产品的投资原则之一就是大比例的投资杠杆，即投资收益和亏损都被大比例地放大——赚会赚得更多，亏也会亏得更多。雷曼兄弟正是通过这些金融创新产品，以较少的自有资本换取了大量的金融资产。2008年第二季度末，雷曼兄弟的负债为6 132亿美元，而净资产仅为263亿美元，其杠杆率达到了24.3。在住房价格高涨和经济繁荣时期，次贷产品创新的风险被隐藏起来，然而一旦房价跌至一定水平，原本看似可以无限增长的链条，立刻显出断裂的危机。次贷危机爆发后，次级抵押贷款信用风险迅速向外扩展，次级债金融产品和信贷违约掉期的信用评级和市场价值开始大幅缩水，引发了深度信用风险乃至信用恐慌。客户对雷曼兄弟的前景产生怀疑，进而取消或终止了与雷曼兄弟合作的业务，将其大规模转移到别处，造成雷曼兄弟的资产在短期内下降了63%；同时，雷曼兄弟债券人为降低风险，停止为其提供急需的短期贷款，而雷曼兄弟的清算公司，也是雷曼兄弟最大的债权人——摩根大通银行则在雷曼兄弟破产前清算了其账户，使雷曼兄弟失去了继续运营和交易的基本条件，最终迫使雷曼兄弟在信用恐慌中申请破产保护。

以雷曼兄弟为代表的投资银行与综合性银行（如花旗银行、摩根大通银行、美洲银行等）不同，他们的自有资本太少，资本充足率太低。为了筹集资金来扩展业务，他们只好依赖债券市场和银行间拆借市场，短期资金主要依靠回购业务进行筹集，通过在债券市场发行债券来满足中长期资金的需求，在银行间拆借市场通过抵押回购等方法来满足短期（隔夜、7天、一个月等）资金的需求。然后他们将这些资金用于业务和投资，赚取收益，扣除要偿付的融资代价后，就是公司运营的回报。也就是说，公司用很少的自有资本和大量借贷的方法来维持运营的资金需求,这就是杠杆效应的基本原理。借贷越多,自有资本越少,杠杆率(总资产除以自有资本)就越大。杠杆效应的特点就是,在赚钱的时候,收益是随杠杆率放大的;但当亏损的时候,损失也是随杠杆率放大的。杠杆效应是一柄双刃剑。近年来由于业务的扩大发展,华尔街上的各投行已将杠杆率提高到了危险的程度。

2. 运作风险——进入不熟悉的业务领域,且发展太快,业务过于集中

运作风险是投资银行因人为错误或系统控制失灵而导致损失的风险。运作风险的产生在很大程度上是投资银行冒进和管理疏漏的结果。作为一家顶级的投资银行,雷曼兄弟在很长一段时间内注重于传统的投资银行业务(证券发行承销、兼并收购顾问等)。进入20世纪90年代后,随着固定收益产品、金融衍生品的流行及其交易的飞速发展,雷曼兄弟也大力拓展了这些领域的业务,并取得了巨大的成功,被称为华尔街上的"债券之王"。

2000年后房地产和信贷这些非传统的业务蓬勃发展,雷曼兄弟和其他华尔街上的银行一样,开始涉足此类业务。这本无可厚非,但雷曼兄弟的扩张速度太快(美林、贝尔斯登、摩根士丹利等也存在相同的问题)。雷曼兄弟一直是住宅抵押债券和商业地产债券的顶级承销商和账簿管理人,即使是在房地产市场下滑的2007年,雷曼兄弟的商业地产债券业务仍然增长了约13%。这样一来,雷曼兄弟面临的系统性风险非常大。在市场情况好的年份,整个市场都在向上,市场流动性泛滥,投资者被乐观情绪所蒙蔽,巨大的系统性风险给雷曼兄弟带来了巨大的收益;可是当市场崩溃的时候,如此大的系统性风险必然带来巨大的负面影响。

另外,雷曼兄弟"债券之王"的称号固然是对他的一种褒奖,但同时也暗示了公司业务过于集中于固定收益领域。虽然雷曼兄弟也在其他业务领域(兼并收购、股票交易)有了进步,但他缺乏其他竞争对手所具有的业务多元化特征。对比一下,同样处于困境的美林可以在短期内迅速地将他所投资的彭博和黑石公司的股权脱手而换得急需的现金,但雷曼兄弟就没有这样的应急手段。在这一点上,雷曼兄弟和此前被收购的贝尔斯登颇为类似。

3. 市场风险——所持有的不良资产太多,遭受巨大损失

雷曼兄弟所持有的很大一部分房产抵押债券都属于第三级资产(level 3 assets)。雷曼兄弟作为华尔街上房产抵押债券的主要承销商和账簿管理人,将一部分(30%~40%)难以出售的债券都留在了自己的资产表上。这样债券的评级很高(多数是AAA评级,甚至被认为好于美国国债),但利率很低,不受投资者的青睐,卖不出去。雷曼兄弟(包括其他投行)将这些债券自己持有,认为这样风险会很低。但问题是这些债券并没有一个流通的市场去确定它们的合理价值。这些债券同股票及其他易于流通的证券不同,没有办法按市场(mark to market)来判断损益。在这样的情况下,持有者所能做的就是参考市场上最新交易的类似产品,或者是用自己的特有模型来计算损益(mark to model)。但计算的准确度除取决于模型自身的好坏以外,还取决于模型的输入变量(利率、波动性、相关性、信用基差等)。因此,对于类似的产品,不同金融机构的估值可能会有很大的差别。另外,由于这些产品的复杂程度较高,大家往往依赖第三方(比如标准普尔等)提供的评级和模型去估值,而不做认真细致的分析。最后,业务部门的交易员和高层有将此类产品高估的动机。因为产品估价越高(其实谁也不知道它们究竟值多少钱),售出的产品越多,那么本部门的表现就越好,年底的时候分得的奖金就越多。因此,很多人往往只顾眼前利益,而以后的事情以后再说,甚至认为很可能与自己没有什么关系。

市场情况好的时候，以上所述的问题都被暂时掩盖了起来，可当危机来临的时候，所有的问题都积累在一起大爆发。所以业内人士把这样的资产称为"有毒"资产。雷曼兄弟在2008年第二季度末的时候还持有413亿美元的第三级资产（"有毒"资产），其中房产抵押债券和资产抵押债券共206亿美元（在减值22亿美元之后）。而雷曼兄弟总共持有的资产抵押（三级资产总共）则高达725亿美元。这个情况和花旗银行及美林有所不同。美国的次贷危机早先是从住宅房产领域开始的，然后才逐步扩散到商业房产领域。这也是花旗银行和美林从2021年下半年的两个季度到2022年以来资产减值逐渐减少，而雷曼兄弟的资产减值逐步增多的原因。在风暴发生的高峰，雷曼兄弟的资产减值大幅增加。

实际上，如果雷曼兄弟不破产倒闭的话，市场的情况不能回暖，流动性不能改善，其持有的不良资产还会继续大幅减值，从而带来进一步的亏损。不仅如此，随着市场的恶化，其所持二级资产和金融衍生品也会受到较大的影响。为了避免雷曼兄弟的故事重演，要构建有效的内部控制和风险管理机制，加强资本充足性管理，控制高杠杆风险。

【案例讨论】

1. 投资银行在现代金融体系中的作用是什么？投资银行的主要业务有哪些？
2. 为什么美国救市唯独没有救助雷曼兄弟？白芝浩原则是什么？
3. 中外投资银行有何差异？投资银行破产倒闭会带来哪些负面影响？

【参考文献】

[1] 贾清显,陈妍.商业银行金融创新与金融风险内部控制——基于雷曼的案例分析[J].生产力研究,2010(3):85-87.
[2] 克莱因,加侬,王宇,等.雷曼兄弟已去,白芝浩法则永存——为什么美联储和财政部没有救助雷曼兄弟？[J].国际经济评论,2014(2):133-150.
[3] 敖金俐.从内部控制看雷曼的破产之路[J].会计之友,2011(3):72-74.

案例4 美国次贷危机

【案例内容】

美国次贷危机又称为次级房贷危机，也译为次债危机。它是指一场发生在美国，由次级抵押贷款机构破产、投资基金被迫关闭、股市剧烈震荡引起的金融风暴。它致使全球主要金融市场出现流动性不足危机。

美国房地产金融市场制度的确立可以追溯至20世纪，以1938年美国联邦住房按揭贷款协会的成立为标志。房地产按揭贷款证券化堪称金融史上的创举，为提高房地产资金的流动性，为美国人解决住房问题作出了巨大贡献，但同时也慢慢地衍生出过长和低质量的资金链条，为危机的产生埋下了伏笔。

1. 房地产泡沫与资产证券化等金融创新

在美国,抵押贷款市场是以借款人的信用条件为划分界限的。根据信用度的高低,放贷机构对借款人进行区别对待,从而形成了"次级"(subprime)及"优惠级"(prime)两个层次的市场。次级市场面向那些信用度低、收入证明缺失、负债较重的人。一般情况下,这些人难以从抵押贷款机构申请到优惠贷款,只能在次级市场寻求贷款以购买住房,这样的贷款被称为次级抵押贷款。次级抵押贷款对贷款者的信用记录和还款能力要求不高,贷款利率相应地比优惠级抵押贷款高很多,当然次级房贷机构面临的风险也自然增大。瑞银集团的研究数据表明,截至2006年年底,美国次级抵押贷款市场的还款违约率高达10.5%,是优惠级抵押贷款市场的7倍。

美国次级抵押贷款市场源于20世纪80年代次级抵押贷款的产生。20世纪80年代以来,随着美国金融市场的发展壮大,企业开始充分利用资本市场进行直接融资,从而取代了以往利用银行部门进行间接融资的发展模式。此外,金融自由化的热浪降低了银行业的准入门槛,更多形式的中介机构应运而生,银行靠传统的、日趋标准化的、面向企业的信贷业务已经无法保证自己能够获得持续稳定的收入增长。这就迫使银行渐渐退出传统的信贷业务,把新的业务增长点转向了质量较差的收入增长,他们通过适当地介入"高收益风险"的次级抵押贷款业务来优化以往"低收益风险"的信贷组合。

次级抵押贷款市场的贷款产品主要包括两个大类:无本金贷款和可调整利率贷款。无本金贷款产品往往以30年分摊月供金额,但在第一年可提供1%~3%的超低利息,而且只需付利息,不用还本金,然后从第二年开始按照利率市场进行利息浮动,一般还可以保证每年月供金额增加不超过上一年的7.5%。可调整利率贷款分为3年、5年、7年可调整利率贷款。可调整利率贷款允许贷款人每月支付甚至低于正常利息的月供,差额部分自动计入贷款本金部分。因此,贷款人在每月还款之后,会欠银行更多的钱。这类贷款的利率在一定期限之后,也将随行就市。这就意味着贷款者后期偿还贷款的压力很大。

由于次级抵押贷款存在高风险、高收益的特征,银行为了分担风险,会将次级抵押贷款打包成次级抵押贷款债券,将其出售给其他金融机构等,这些机构为了降低风险又会将次级抵押贷款债券打包出售给保险公司、对冲基金等机构,最后将次贷风险分散到全球。

21世纪初,由于美国网络公司股票价格泡沫的破灭,美国经济逐渐衰退。为了刺激经济发展,美联储在2001年到2004年连续17次降息,使利率从6.5%降至1%。低利率刺激了美国房地产市场的发展,美国人的购房热情不断高涨,进而刺激了美国抵押贷款市场的发展。由于优质贷款的市场已经饱和,所以次级抵押贷款的市场开始逐渐扩张。

在房地产市场持续向好的背景下,银行放宽了对借款人还款能力、信用记录的限制,产生了很多如不需信用评估、零首付、只付利息/本金(IO/PO)等次级贷款。为了转嫁长期持有资产(包括次级抵押贷款)的风险,银行通过证券化将次级抵押贷款以及其他贷款从资产负债表中转出,原有的不同类型的贷款被组合成在期限、评级、收益率等方面能适应不同投资人偏好的结构化产品,从最初的住房抵押贷款支持证券(MBS)、抵押债务权益到衍生品,原来的"贷出-持有"模式转变成"发起-分销"模式,由此在名义上降低了信用和利率风险,减少了资本占用,提高了资产的流动性,因而提升了银行的盈利能力。这样不仅原有的不合理激励机制更加扭曲,标准更加宽松,而且资本占用的减少促使了银行杠杆率的上升,从而产生了更多的次级抵押贷款。

在次级抵押贷款证券化的过程中,公共机构和私人机构首先发行住房抵押贷款支持证券(MBS),但由于以次级抵押贷款为抵押品的 MBS 评级一般达不到 BBB 级,所以许多投资者(如养老基金)按法律不能购买。为了增加 MBS 的交易量,投资银行与评级公司合作,利用"统计套利模型"提升资产的评级,将一些次级债务包装成"投资级债券",从而改善证券的发行条件,吸引投资人,降低发行成本。除了 MBS,投资银行还重新设计了按照信用风险分级的 MBS,称为抵押债务权益。CDO(Collateralized Debt Obligation,担保债务凭证)是资产证券化过程中重要的组成部分。CDO 的标的资产通常是信贷资产或债券,按照资产分类,它主要分为两类:CLO(Collateralized Loan Obligation)和 CBO(Collateralized Bond Obligation)。前者是信贷资产的证券化,后者是市场流通债券的再证券化,它们统称为CDO。CDO 本质上也是支付住房抵押贷款还款现金流的证券,但与普通 MBS 的主要区别在于其分级。投资者按照违约率的不同,将还款现金流分成高级、次级和股本级等不同档次的债券。投资银行在合成 CDO 期限、评级、收益等方面的灵活设计大大提升了其"可售性",使其受到了市场上不同风险偏好投资者的热情追捧,也为投资银行带来了丰厚的收益,其发行量不断攀升,助长了房地产市场的泡沫。在次级债最疯狂的时期,各种养老基金、政府托管基金、教育基金、保险基金外国机构投资者也都纷纷买入,次级抵押贷款的风险也随之转移和扩散。

此外,美国金融机构还在此基础上进一步发展新的金融衍生品,如 CDS(Credit Default Swap,信用违约掉期),进行对冲交易。CDS 是美国的一种相当普遍的金融衍生工具,1995年由 J.P. Morgan 首创。CDS 相当于对债权人所拥有债权的一种保险。从理论上讲,CDS 卖家售出 CDS,对相应的一份债权将来是否得以履约做出担保;而这样一来,作为买家的债权人就把债权违约的风险让渡给了 CDS 卖家。具体来说,CDS 所担保债权,一般是各种各样且信誉度各异的债券,如地方政府债券、新兴市场国家的债券、以住房按揭为抵押的债券(包括次级抵押贷款),以及小范围的或企业双方的债券和债权。CDS 买家所获得的保险承诺包括:倘若债权违约,或有债权评级下调等各种不利的"信用事件"发生,收入仍不受影响(视具体条款而定),一般的债权人起码可收回所持债券的面值。这样,CDS 买家所获得的保护,等于说他们在信用事件的条件下(债权产品违约率上升时),仍可获得预期的收入甚至利润。因为此时 CDS 卖家将支付给他们与所担保债券面值相当的现金。而在没有信用事件的条件下,如所担保的债券按期履约,CDS 卖家将从买家获得定期的保险费收入,也能由此获取利润。总的说来,一旦信用事件发生,CDS 卖家要承受的损失相当大。

次级抵押贷款证券化业务非常复杂,交易链条长且参与主体多。首先,信贷机构找到合适的信贷资产打包后,将风险收益销售给独立的 SPV(Special Purpose Vehicle,特殊目的载体);其次,SPV 在投资银行的帮助下设计多样化的结构性债券,同时这些产品还要通过内外部信用增级方式增级后,交评级机构对其进行评级;再次,投资银行帮助 SPV 把产品销售给投资者;最后,投资者托资金管理人来接收和管理每期现金流。这种复杂的证券化业务使得产品的说明有上百页甚至更多,最终投资者根本没有能力去收集和考察单笔原始基础资产相关信息,同时市场也认为,根据大数定律,投资者也没有必要去了解每笔资产的质量。于是,投资者的决策就主要依赖信用评级机构的评级结果。然而,当金融市场受压时,单一性的信息来源立刻成为最大的风险因素——市场上的任何风吹草动,特别是当外部评级机构的评级遭受质疑时,投资者的信心就会下降,逃向质量(flight to quality)

成为其理性的做法，证券化产品也由之前的信息不敏感型资产变为信息敏感型资产。2007年前后美国市场对证券化产品的投资需求变化可以作为佐证。2006年ABS的发行量为7 538.8亿美元，到2007年下降到5 097.3亿美元，到2008年只有1 394.9亿美元，其中，住房权益类证券化产品的下降速度最快，从2006年的4 839.1亿美元迅速下降到2008年的38.2亿美元，降幅达99.2%。

2. 房地产崩盘与利率上调

随着房地产泡沫的产生，美联储迫于国内通胀的压力，从2004年6月到2006年，连续17次上调联邦利率。基准利率的上升使得住房抵押贷款的利率相应上升，这样就使得一些想要通过贷款购房的购房者望而止步，使得房地产的需求量下降，美国住房市场开始大幅降温。同时，2004—2005年新增的次级抵押贷款的合同进入了可调动利率阶段，借款者的压力突然加大，有些借了次级抵压贷款的人开始无力偿还债务。而且随着住房价格的下跌，购房者难以将房屋出售或者通过抵押获得融资。

2007年，利率上升和房价持续下降使房贷市场上借款人的还贷压力不断增大，正处于还贷中后期的借款人由于无法承受利率提高的巨大负担，只能选择违约，进而引起了抵押贷款公司的破产。

2007年2月13日，美国抵押贷款风险开始浮出水面。当日，美国第二大次级抵押贷款公司——新世纪金融(New Century Finance)公司发出2006年第四季度盈利预警。汇丰控股宣布业绩，额外增加在美国次级房屋信贷中的准备金额达70亿美元，合计105.73亿美元，升幅达33.6%。消息一出，当日股市大跌，其中恒生指数下跌777点，跌幅为4%。2007年4月，新世纪金融公司因无力偿还债务而申请破产保护，裁减员工比例超过50%。随后30余家美国次级抵押贷款公司陆续停业。

2007年8月，随着大量次级抵压贷款形成的坏账浮出水面，基于这些次级抵压贷款的证券也大幅贬值，次贷危机全面爆发。受次贷危机影响，2007年8月，美国第五大投行贝尔斯登宣布旗下两只对冲基金倒闭，随后贝尔斯登、花旗银行、美林(Merrill Lynch)、摩根大通、瑞银集团等相继爆出巨额亏损。投资者的恐慌情绪开始蔓延。

3. 美联储救市

为应对金融动荡，美联储等西方央行开始采取联手行动，向金融市场投放资金，以缓解流动性不足，增强投资者信心。从2007年9月到2008年4月，美联储连续7次降息，将基准利率由5.25%大幅降至2%。除此之外，美联储还宣布降低直接面向商业贷款的贴现率，并通过向投资银行开放贴现窗口、拍卖贷款等方式，持续向金融市场投放资金。但这些措施未能阻止次贷危机向美国经济基本面扩散：失业率上升，消费水平下降。2007年第四季度，美国经济重要指标GDP下降了0.2%，为2001年第三季度以来最糟糕的表现，而当时美国正陷入上一次经济衰退。

2008年3月，次贷危机越演越烈，华尔街陷入流动性危机。2008年3月16日，为防止金融市场出现灾难性暴跌，在美国财政部和美联储的极力撮合下，贝尔斯登被摩根大通收购。美联储则为这个并购案提供了大约300亿美元的担保。2008年7月中旬，美国房地产抵押贷款巨头"两房"遭受了700亿美元的巨额亏损，最终被美国政府接管。作为美国最大的汽车厂商，通用公司的股价跌至50余年来的最低水平，破产危机隐现。2008年9月15日，美国第四大投行雷曼兄弟宣布破产。同日，美国第三大投行美林被美国银行(Bank of

America)收购。华尔街的五大投行倒闭了3家。雷曼兄弟的破产彻底击垮了全球投资者的信心,包括中国在内的全球股市持续暴跌,欧洲的情况尤为严重,诸多知名金融机构频频告急,欧元兑美元汇率大幅下挫。2008年9月16日,评级机构穆迪评级(Moody's)和标准普尔(Standard & Poor's)调低陷入困境的保险业巨头美国国际集团(AIG)的评级,AIG的股价开始暴跌。2008年9月21日,美联储宣布批准美国第一大投行高盛集团(Goldman Sachs)和第二大投行摩根士丹利(Morgan Stanley)实施业务转型,转为银行控股公司,即普通商业银行。至此,次贷危机使美国前五大投行全军覆没。2008年9月25日,全美最大的储蓄及贷款银行——总部位于西雅图的华盛顿互助银行(Washington Mutual Inc.),被美国联邦存款保险公司(FDIC)查封、接管,成为美国有史以来倒闭的规模最大的银行。

次贷危机后,不仅金融市场遭受全面打击,流动性出现严重不足,美国的经济也受到严重冲击。2008年第四季度,美国GDP下降6.1%,失业率节节攀升并于2009年创下50多年来的最高纪录。随后,美国政府在2009年出台了全面的经济刺激计划,美联储经过多次降息后,将利率降至接近于零的水平,并一直维持不变。

除此之外,美联储先后出台了4轮量化宽松(Quantitative Easing,QE)政策,通过购买大量的资产支持证券、出售国债,为市场注入流动性。之后,一连串危机拯救措施的效果开始显现,美国经济逐渐复苏,主要股指恢复到次贷危机前水平。

然而,次贷危机的影响是深远的,危机不断蔓延,逐渐从私人部门扩散到其他国家的公共部门。2009年12月8日,全球三大评级公司下调希腊主权评级。从2010年起,欧洲其他国家也开始陷入危机,西班牙、爱尔兰、葡萄牙和意大利等国同时遭遇信用危机,整个欧盟都受到债务危机的困扰,受影响国家的GDP占欧元区GDP的37%左右。由于欧元汇率大幅下跌,欧洲股市暴跌,整个欧元区面临成立十多年来最严峻的考验。

【案例评析】

从表面上看,次贷危机是由房地产贷款者无法按期偿还贷款所导致的一连串连锁反应。但是,美国次贷危机的发生有其深层次的原因。

1. 经济环境——美联储的宽松货币政策

美国房地产泡沫的形成首先应归因于2000年以来实行的宽松货币政策。2000年前后美国网络泡沫破灭,美国经济陷入衰退。从2001年年初美国联邦基金利率下调50个基点开始,美联储的货币政策开始了从加息转变为减息的周期。从2001年1月至2003年6月,美联储连续13次下调联邦基金利率,该利率从6.5%降至1%的历史最低水平。可以说,正是这一阶段持续的利率下降,推动了美国房地产市场的持续虚假繁荣,其也是次级抵压贷款市场泡沫形成的重要因素。持续的利率下降使很多蕴含高风险的金融创新产品在房地产市场中有了产生的可能性和扩张的机会。重要的表现形式就是浮动利率贷款和支付利息贷款大行其道,占总按揭贷款的发放比例迅速上升。与固定利率相比,这些创新形式的金融贷款只要求购房者每月担负较低的、灵活的还款额度。这样虽然减轻了购房者的压力,促进了美国房地产市场的繁荣,但也埋下了次级房贷市场泡沫的祸根。

随着美国经济的反弹和通胀压力的增大,从2004年6月起,美联储的政策开始逆转,启动了加息周期,至2006年8月,联邦基金利率上升到5.25%。由于此前市场预期利率长期走低,借款人较偏好浮动贷款利率,加息后贷款利息负担大大加重,特别是次级抵押贷款的借款人主要是抗风险能力弱的低收入人群,很多人在此情况下无力还款,房贷违约率上升。正是信贷的骤松骤紧刺破了美国房地产市场的泡沫。

2. 金融创新——金融风险管理意识缺失

进入21世纪,世界经济金融的全球化趋势加大,全球范围利率长期下降、美元贬值,以及资产价格上升,使流动性在全世界范围内扩张,激发了追求高回报、忽视风险的金融品种和投资行为的流行。

美国次级房贷在刚推出时,曾被认为是一项了不起的金融创新,因为它圆了没有充分财力置业且信用欠佳的人的购房梦想。相比普通抵押贷款6%~8%的利率,次级房贷的利率有可能高达10%~12%,而且大部分次级抵押贷款采取可调整利率的形式,随着美联储多次上调利率,次级房贷的还款利率越来越高,最终导致拖欠债务比率和丧失抵押品赎回率的上升。对其中的高风险,放款机构不是没有意识到,他们也在积极将这些风险进行转嫁,于是新的金融衍生品应运而生。出于对高额利润的追求和对房地产市场的盲目乐观,投行在不断发行CDO的同时,与此有关的新的金融产品也产生了,如CDS,将CDO向保险公司投保,在保险公司的保障下,CDS再次成功。这样,对冲基金和投行的风险有了保障。在这种保证金的乘数作用下,越来越多的投资者,包括养老基金、教育基金、理财产品,以及其他国家的相关金融机构也纷纷买入,但原始的保证金却并没有随着新基金的不断扩容而增加。

在一个低利率的环境中,次级房贷衍生产品能使投资者获得较高的回报率,这吸引了越来越多的投资者。在信贷环境宽松或房价上涨的情况下,放贷机构因贷款人违约收不回贷款,他们可以再融资,或者干脆把抵押的房子收回来再卖出去,不亏还赚。但在信贷环境改变,特别是在房价下降的情况下,再融资,或者把抵押的房子收回来再卖出去就不容易实现,或者办不到,或者亏损。在较大规模地、集中地发生这类事件时,危机就出现了。

3. 评级金融机构不作为——放大信息不对称

由于证券化产品过于复杂,很多机构投资者对证券化产品的定价缺乏深入了解,所以信用评级是资产证券化中的重要一环,它成为投资者了解证券风险和收益的重要途径。评级金融机构接受了以统计模型为基础的理念,以及由此产生的风险评级方法,次贷危机爆发前,标准普尔和穆迪评级等著名评级机构曾经给予大量CDO以AAA的评级。泛滥成灾的"AAA"证书使银行失去了对风险的敏感性。结果是,证券化产品偏高的信用评级导致机构投资者的非理性追捧,最终导致信用风险的累积。但在贝尔斯登投行的对冲基金于2007年6月爆发危机后不久,各大信用评级机构立刻下调对此类债券的评级,整个次级抵押贷款市场立刻陷入恐慌,次贷危机就此全面升级为金融危机。

4. 金融自由化——监管缺位

1945—1973年,无论是在美国还是在全世界,管制的资本主义都占支配地位。这种形式的资本主义的特征有:①政府对经济和金融系统实行严格管制;②为保证低失业率而对宏观经济的主动调控;③国家制定大量社会福利政策;④大型企业与工会的合作关系;⑤大型企业之间比较克制的竞争;⑥国际贸易和资本流动受国家和国际机构的控制。20世纪80年代,这种处于统治地位的资本主义形式发生了急剧变化,新自由主义形式的资本主义取代了原来国家管制的资本主义形式。新自由主义形式的资本主义的特征有:①放松对经济和金融的管制,允许自由市场的存在;②政府不再对宏观经济进行积极调控,追求低通胀率而非低失业率;③社会福利急剧减少;④大型企业和政府打击、削弱工会力量,劳动市场格局改变,资方完全控制劳方;⑤自由、残酷的竞争取代了有节制的竞争;⑥商品、服务和资本在不同国家之间相对自由地流动。新自由主义的理论家认为:如果没有国家的监管,金融市场会更有效率,人们就能把有限的资源投入回报率最高的领域。但是他们忽略了一个重要的事实:没有监管的市场非常容易导致金融危机,而且在新自由主义条件下金融危机会变得更加严重。

解除对金融的监管是新自由主义形式的资本主义的一个重要特征。没有国家严密监管的金融市场是非常不稳定的。1945—1973年,在国家管制的资本主义条件下,美国中央银行和政府迫使金融资本尽量把钱借贷给实体经济部门的企业。在这种情况下,金融机构不能按照自己的意愿去追求最大限度的利润,相反,他们被分成各种不同的类型,只能从事指定类型的业务。1980—1982年,美国国会通过了两个重要法案,解除了对金融机构的监管。这样,美国的银行及其他金融机构就可以自由地追逐最大利润。因此,越来越多的金融机构被吸引从事投机性业务。此类业务能给金融机构带来很高的回报,导致次级抵押贷款和由按揭所支撑的证券以及其他的所谓"创新"不断增加。例如,避险基金(对冲基金)每年的回报率高达25%,而要获得如此高的利润率,只有一种途径——把大量的钱借出去,提高债务水平。因此,风险不断地增加且范围扩大,扩散并转移到整个金融体系,为金融危机的全面爆发埋下了隐患。

【案例讨论】

1. 资产证券化是什么?金融自由化和金融监管该如何平衡?
2. 美国次贷危机对我国金融机构的启示有哪些?美国次贷危机对我国经济的影响有哪些?
3. 金融危机的传导机制是什么?
4. 金融危机的发生对经济有哪些不利影响?如何度过金融危机?

【参考文献】

[1] 张陆洋,孔玥.美国次贷危机大系统因素分析——对中国防范金融风险的启示[J].金融论坛,2020,25(2):3-7.

[2] 李雅丽.资产证券化风险管控——基于次贷危机案例研究[J].西南金融,2019(5):12-20.

[3] 易宪容,王国刚.美国次贷危机的流动性传导机制的金融分析[J].金融研究,2010(5):41-57.

[4] 余永定.美国次贷危机:背景、原因与发展[J].当代亚太,2008(5):14-32.

[5] 张明.次贷危机的传导机制[J].国际经济评论,2008(4):32-37.

[6] 廖岷.从美国次贷危机反思现代金融监管[J].国际经济评论,2008(4):38-41.

第八章 另类投资市场

案例1 北京"淡马锡"的打造
——北京国有资本运营管理有限公司

【案例内容】

党的十八大以来,我国一直在探索国有企业改革的方式与途径,先后提出了强化顶层设计、"1+N"系列国企改革政策、激发国企内生动力的"两类公司"政策等。2021年是我国第十四个五年规划的开局之年,为激发市场活力,发挥国有经济的战略支撑作用,"十四五"规划多次强调要进行国有经济的经济布局优化和结构调整。

新加坡的淡马锡控股公司作为国企改革的典范,其运作模式"淡马锡模式"在世界范围内闻名,其平衡政府监督和市场自由度的商业模式不断被借鉴和模仿。北京市政府积极响应国家号召,深化国资国企改革,旨在将北京国有资本运营管理有限公司(以下简称"北京国管")打造成北京"淡马锡"。

1. 北京市政府与北京国管间的委托代理关系

委托代理理论的含义是在信息不完全对称的情况下,委托人和代理人之间由于所有权和控制权的分离而引发一系列矛盾,而代理人因自身利益而损害委托人利益,代理成本也因此产生。在本案例中,北京国有资本运营管理有限公司与北京市政府的委托代理关系为,北京市政府是委托人,北京国管是代理人,代替北京市政府和北京市国资委进行资本管理、基金投资和商业运营。这样一方面能够解决由政府部门与企业间的信息不对称问题导致的道德风险、逆向选择等问题;另一方面能够平衡政府的监管有效性和企业运营的市场化,提高资金的使用效率,保障北京市政府各项政策的贯彻落实。

2. 北京国管成立的背景

为抵御2008年全球性金融危机,国务院做出了扩大内需、促发展等十项重大决策,以加快国有企业改革,进一步发挥国有企业的作用。北京市政府积极响应国家政策,深化北京国资国企改革,成立了北京国有资本运营管理有限公司。

(1)发展历程与主要成就

北京国有资本运营管理有限公司是国内最早开展私募股权投资的地方国有企业之一,自2008年成立以来,始终遵循北京市政府的政策导向和北京市国资委的战略安排。因为国家级重大技术的研发具有耗时长、费用高、风险大的特点,所以短期逐利的社会资本难以真正发挥其作用。而近年来,随着由中美贸易摩擦问题导致的一系列技术"卡脖子"问题日益凸显,我国迫切需要加快关键创新技术的研发,实现核心科技项目的突破。在这个关键时点,合理运用国有资本显得尤为重要,北京国管的重要程度达到了新的高度。北京国管在加强监管的同时用市场化手段管理、运营国有资本,完成了国有资本的保值增值。根据北京国管官网公布的数据,北京国管2020年年末的总资产达到了3.2万亿元,北京国管已发展为中国最大的地方性国有企业,其总资产达到了北京市国资委的55%。

(2) 投资领域

北京国管的投资与北京市的产业结构优化密切配合,北京国管大力支持战略重要型产业的发展,先后出资了汽车行业、电子产业、农业、航空业、环保业等,投资了首都汽车产业、京东方 TFT 液晶显示器等,大力支持重点行业的发展。

3. 基金管理

(1) 基金投资

北京国有资本运营管理有限公司积极响应北京市委、市政府的号召,推动构建了"1+3+N"的股权投资基金体系。北京市"1+3+N"基金体系的具体内涵是:"1"个投资基金的综合服务平台,以充分发挥北京基金业协会在打造平台过程中的主体作用;积极推行"3"个试点政策,即人民币投贷基金、合格境外有限合伙人(QFLP)、合格境内有限合伙人(QDLP);"N"个成体系的措施保障并完善股权投资的发展。

在"1+3+N"基金体系的政策指导下,北京国有资本运营管理有限公司用全球的视角集合世界资源,与国内外多家顶尖投资机构保持密切的合作:与高盛集团(Goldman Sachs)、凯雷(Carlyle)、摩根大通(J. P. Morgan Chase & Co)等全球领先金融机构建立了良好的合作关系,与国内顶级投资机构如中信产业资本等密切合作,投资了高盛集团、凯雷、中信产业基金,重点投资领域集中在战略重要型、发展潜力足的新兴产业,如科创、医疗、环保等领域。北京国有资本运营管理有限公司已发展为北京市第一家完全具备各项母基金、VC(风险投资)基金、PE(私人股权投资)基金管理能力的大型地方国有企业。

(2) 市场化的基金管理体系

北京国有资本运营管理有限公司始终坚持市场化的国有资本有效管理和运营,构建了总规模超200亿元的五大基金互惠协同的基金管理体系。

(3) 主要管理的基金情况

1) 政府引导基金

政府引导基金是由政府出资,不以营利为目的,吸引多元化资本支持创业企业发展的专项财政资金。北京国有资本运营管理有限公司管理北京市政府高达1 200亿元规模的政府引导基金,以充分发挥财政资金的杠杆放大作用,大力支持符合北京首都职能的优质项目,保障项目顺利落地,有效地引导并带动多元化社会资金投资。

2) 北京京国瑞国企改革发展基金

北京京国瑞国企改革发展基金由北京国有资本运营管理有限公司与9家北京市属国企联合组建,北京京国瑞国企改革发展基金紧紧围绕北京市政府的政策方向和战略定位,采用直接投资方式支持国企改革项目以及政府重大工程的推进,主要投资于环保、制造、集成电路、消费等领域,以促进各项资源的优化配置,推动北京市产业结构优化升级、经济结构调整。

3) 北京京国益基金

北京京国益基金设立于2017年,主要用于北京市政府支持的公益性项目,帮助解决老旧小区综合治理、生态修复等问题,主要的资金来源是北京市财政资金。

4. 北京国管完整的商业模式和独特的业务优势

北京国有资本运营管理有限公司建立了一套具有强劲市场竞争力的募投管退的商业模式。

(1) 前期投资机会搜集

北京国有资本运营管理有限公司是中国最大的地方性国有企业之一,同时也是北京市唯一的国有资本运营管理有限公司,有能力获得大量的投资机会,得益于五大基金协同发展的基金管理体系,通过强化各个平台联系,通力合作,共享项目经验,分享投资机会,在互惠合作中获取大量的项目机会。

(2) 项目判断与执行

北京国有资本运营管理有限公司对旗下划入的14家市属企业进行了尽职调查与追踪,以全面了解企业的各项财务指标和运营状况,深入挖掘投资潜力和判断投资潜力。北京国有资本运营管理有限公司定期与五大基金协同发展的基金管理平台进行沟通,共享前沿信息与人才储备。在多方的支持和配合下,北京国管拥有了价值预估、机会筛选、风险评估等多维度判断方法,以全面判断每个项目的价值。

(3) 投后管理与增值

一方面北京国有资本运营管理有限公司通过资源整合,调动合作公司的协同力量,整理了多方资源以创造合作机会;另一方面北京国管切实为被投资公司寻求资金与资源,以做好人才引进工作,有效对接产业链上下游渠道。这两方面共同助力国有资本的保值增值。

(4) 退出阶段

北京国有资本运营管理有限公司拥有较强的政府背景,自2008年成立以来,相较于其他风险投资的特征,其十分重视投后管理与平稳退出。北京国管拥有强大的议价能力,可保持与被投企业间的良好沟通,推动其顺利退出。

【案例评析】

1. 北京国有资本运营管理有限公司的成功经验总结

北京国有资本运营管理有限公司在打造北京"淡马锡"的进程中已跃升为全国首位的地方性国有企业,在基金投资和国有资产管理方面也取得了不菲的成绩,先后投资了京东方科技集团股份有限公司、北京汽车集团有限公司等多家国内领先上市公司。其经验值得国有企业改革政策下地方性市属企业借鉴。本案例将从政策有力支持、三层管理架构、国有资产的保值增值、人才队伍建设4个方面剖析北京国管成功的经验。

(1) 政策有力支持

新加坡的淡马锡控股公司和北京国有资本运营管理有限公司的成立原因和背景具有相似之处,两者都面临着逐利的短期社会资本不愿或无力进入高风险、耗时长的重大项目中的问题。新加坡建国之初,由于人们对经济发展的信心普遍较弱,社会资金不愿投入大型基建项目,促使新加坡政府财政部创立了国有控股性质的资产经营公司——淡马锡控股公司。北京国管成立于金融危机之时,北京市政府为早日稳定经济秩序,通过财政资金的支持力量,解决重点领域关键项目的资金短缺问题,支持新兴科技创新企业的发展。

(2) 三层管理架构

传统的国有企业管理模式为"政府-企业"两层架构,被大多欧美国家广泛采纳。在两层架构的管理模式中,政府直接与被投资企业对接,参与公司的经营与管理。政府直接监管企业,虽然能使政府掌握实际控制权,时刻监管企业的盈利状况,但两层架构在实践中通常会面临政府过度干预企业正常经营,影响市场正常的自由度的问题。因此,越来越多的地方国企开始探索从直接管理企业、管理资产向管理资本转变。北京国有资本运营管理有限公司所采纳的"淡马锡"模式正是"政府-平台-企业"三层架构的管理模式。三层架构的管理模式在政府和国企之间又增加了一道隔离,即国企的实际控股者。北京国管能够平衡政府的有效监管效果和企业的市场化经营,既保障了国企正常的经济效益,也保障了国企应该发挥的社会效益。

(3) 国有资产的保值增值

2018年发布的《国务院关于推进国有资本投资、运营公司改革试点的实施意见》指出,要加快构建国有资本市场化运作的专业平台,创立"两类公司",即国有资本投资、运营公司。其中,"两类公司"在经济建设中扮演的角色有所不同。国有资本投资公司的主要职能是核心业务控股,以国家战略性政策为导向,引导产业结构优化升级,对国有资本进行管理。国有资本运营公司的主要职能是实现国有资产的保值增值,优化资本管理方式,提高运营效率和资本回报率。"两类公司"制度是"政府-平台-企业"三层架构的管理模式的核心,北京国有资本运营管理有限公司始终贯彻落实国家"两类公司"政策要求。一方面,作为北京市地方性国有企业,北京国管根据北京市的首都职能和定位,主要投资能源环保、科技创新、高端制造、医疗健康、现代服务、消费升级等领域,在重大项目的建设中发挥着重要作用;另一方面,北京国管通过基金投资和完善的商业运作模式保障了资本的合理流动性和保值增值,经过价值评估和投后管理,资产实现了有效的增值。根据北京国管和淡马锡控股公司公布的数据,2020年年末淡马锡控股公司的总资产为2.87亿元,而北京国管的总资产达到了3.2万亿元。

(4) 人才队伍建设

北京国有资本运营管理有限公司的人才队伍呈现年轻化、高素质、专业化的特点。在人才结构上,北京国管的员工平均年龄在30岁左右,且校招员工人数过半。根据北京国管官网的统计调查,在人才队伍的学历结构上,硕士以上学历超过84%。同时北京国管也广泛吸收了一批专业化人才队伍,金融、财会、法律等相关专业的人才比例超过了87%。

2. 北京"淡马锡"打造的难点与优化建议

新加坡的淡马锡控股公司成立于1974年,发展时间早于北京国有资本运营管理有限公司,也拥有更丰富的经验。北京国管自2008年成立以来,不断创新业务模式,打造优质项目,但在打造为北京"淡马锡"的进程中遇到了许多问题,不断对标新加坡的淡马锡控股公司,以解决不同发展阶段的困境,从差异中进一步探索未来的发展方向。

(1) 加强制度保障,明确权责边界

新加坡政府高度重视对淡马锡控股公司的监管,其董事会由财政部部长带头组建,委员的任命需经过总统的同意,所有任免程序都被记载在新加坡宪法中以严格遵守,保障政府的科学监管。而为了保障董事会不干预淡马锡控股公司的商业决策,他们的工资均由政府负责,以给予淡马锡控股公司在政府的监管下足够的发展空间。对比新加坡"淡马锡"模式,我国大部分是政府的文件,没有上升至法律高度,有些地方政府的监管会面临超出自身职责权限的问题,造成了对地方国企的过度干预,从而影响了地方国企的正常经营。因此,就需要政府部门完善地方国企发展和人员任命的相关制度,明确职能边界。

(2) 完善三层架构,减少过度干预

坚持"政府-平台-企业"三层架构的管理模式,通过"两类公司"发挥北京国管的平台性作用,始终保持政府与企业"一臂距离"。政府给予政策导向和重大战略决策指引的同时,应落实"政企分开"和"所有权与经营权分离"制度,预防过度干预导致的委托代理问题,造成道德风险、逆向选择等后果。在"政府-平台-企业"三层架构的管理模式中,政府、北京国管和企业应严格遵守各自的权限边界,充分发挥职能。政府部门发挥监管作用,对国有资本的保值增值进行监管和评估。北京国管代替北京市国资委发挥出资人作用,优化资金配置,根据首都职能和战略定位推动产业升级调整。

(3) 重视人才培养,完善激励政策

新加坡的淡马锡控股公司始终坚持阳光透明的人才选拔制度,并通过建立人才数据库在世界范围内储备专业人才。淡马锡控股公司为维护公司决策层的稳定,还建立了人才激励制度,鼓励专业人才在淡马锡控股公司长期发展。淡马锡控股公司通过建立收益共享、风险共担机制,促使员工提升责任感。北京国管应借鉴淡马锡控股公司全球人才吸引和培养机制,在人才选拔上,不局限于资历或年龄,建立人才长效激励制度,提高专业人员的集体荣誉感。

【案例讨论】

1. 结合案例内容讨论政府投资基金的作用有哪些?
2. 如何发挥政府投资基金的积极作用?
3. 试总结政府投资基金的运作模式及管理经验。

【参考文献】

[1] 张宁,才国伟.国有资本投资运营公司双向治理路径研究——基于沪深两地治理实践的探索性扎根理论分析[J].管理世界,2021,37(1):108-127.

[2] 王家峰.国家治理的有效性与回应性:一个组织现实主义的视角[J].管理世界,2015(2):72-81.

[3] 徐向艺,方政.子公司信息披露研究——基于母子公司"双向治理"研究视角[J].中国工业经济,2015(9):114-128.

[4] 肖钦.地方国资国企改革的现实困境与路径优化——深圳国资国企的探索与启示[J].经济体制改革,2021(5):106-111.

[5] 陈赟.国企管理如何学习淡马锡模式[J].通信企业管理,2021(8):26-30.

[6] 刘晓婷.国企改革背景下的企业创新和相对绩效评价——基于中国上市国有企业的实证研究[J].中国注册会计师,2020(4):50-54.

[7] BERLE A A, MEANS G C. The Modern Corporation and Private Property[M].

New York: Macmillan Co., 1947.

案例 2　S 基金与私募股权二级市场

【案例内容】

私募基金的一般存续期为 7~10 年，因此，基金份额是缺乏流动性的，同时，私募股权所投资的是非公开发行的股权，因此，在退出之前其所投资公司的股权也是缺乏流动性的。为了解决缺乏流动性的问题，私募股权二级市场(secondary market)应运而生。

S 基金(secondary fund)也称为二手份额转让基金，即以购买其他私募基金份额或投资组合，持有增值并卖出获取收益为运作模式，是私募股权和创业投资市场化退出、促进金融资本与产业资本循环畅通的一种重要投融资方式。它是专注于私募股权二级市场的基金，投资于私募股权投资基金的二手份额或投资项目组合。私募股权二级交易(S 交易)是指转让或受让投资者已经持有的一级市场基金份额或被投企业股权权益的交易，通常指的是与有限合伙人(LP)或基金权益相关的受让。S 基金与传统私募股权基金的不同之处在于：传统私募股权基金直接收购企业股权，交易的对象是企业；而 S 基金从投资者手中收购企业股权或基金份额，交易对象为其他投资者。

1. 萌芽期(1982—2003 年)

海外私募股权二级市场起源于 20 世纪 80 年代的美国。1982 年，美国风险投资基金集团(Venture Capital Fund of America)设立，成为全球首个以购买私募股权利益为经营内容的投资公司，并于 1984 年募资了 600 万美元，成立了历史上第一只 S 基金。此后，着重于二级市场的私募股权基金陆续在全球涌现。1998 年，科勒资本(Coller Capital)在英国成立了首只全球布局的 S 基金。2000 年，科勒资本与列克星敦合伙公司(Lexington Partners)从英国国民西敏寺银行(NatWest)手中购买了私募股权投资组合，促成了全球首个价值超过 10 亿美元的 S 交易活动。2000—2001 年，在互联网泡沫危机的影响下，许多大型金融机构开始出售旗下设立的直接投资组合，使得海外私募股权二级市场出现大幅增长。至此，海外私募股权二级市场从萌芽期逐步迈入成长期。

2. 成长期(2004—2007 年)

2004—2007 年，受益于实体经济的恢复，全球私募股权一级市场增长迅猛，成为推动二级市场发展的主要动力。此外，互联网泡沫危机的余温也持续推动着此阶段二级市场的发展。投资者对于资产流动性的需求大大增加，希望寻找新的退出途径以加快资金循环，降低投资风险。在这一阶段，海外私募股权二级市场快速成长，从小规模市场逐渐演变为功能突出的大型交易市场。

3. 发展期(2008 年至今)

2008—2019 年，海外私募股权二级市场经历了"先抑后扬"。2008 年，金融危机爆发使全球资本市场极度受挫，造成了海外私募股权二级市场的短暂低迷，但同时金融危机也为海外私募股权二级市场的发展带来了机遇。在传统退出路径遭遇瓶颈之际，众多投资者及大型金融机构(如花旗银行、雷曼兄弟等)出于对降低投资风险、增加收益与流动性的考虑，选择进入海外私募股权二级市场进行投资,使得海外私募股权二级市场恢复快速发展趋势。2010年,海外私募股权二级市场年交易量突破了200亿美元;2014年,海外私募股权二级市场迎来了加速增长期,交易量突破了400亿美元(数据来源:Coller Capital);2017—2019年,海外私募股权二级市场发展迅猛,交易量由515亿美元迅速增长至778亿美元(数据来源:Setter Capital)。

2020年,受新冠肺炎疫情影响,全球私募股权二级市场全年交易量回落至600亿美元左右;2021年,随着宏观经济环境逐渐稳定,全球私募股权二级市场再度蓬勃发展,交易量突破了1 000亿美元,达到了历史性的1 320亿美元。

从海外私募股权二级市场的发展历程来看,S交易的场景已经从最初投资人由于财务困窘而不得不折价出售份额的情况,演变为由母基金和S基金等较为成熟的投资人发起,为降低投资风险、增加收益与流动性以战略性调整资产配置为目的的投资行为。海外私募股权二级市场的多元化功能得到充分发挥,海外私募股权二级市场成为股权投资市场不可或缺的一个组成部分。

【案例评析】

1. 主要交易方式

私募股权二级市场的交易方式主要可以分为LP主导型交易(LP-Led)和GP主导型交易(GP-Led)。LP主导型交易主要由LP发起交易,由LP制订出售份额的方案并主动找寻买方达成交易。GP主导型交易则由GP担任发起人和主导人的角色,多元化地设计交易结构以促成交易的达成。

LP主导型交易是私募股权二级市场中最传统的交易类型之一,也是2020年以前最主要的交易方式之一。早期,在LP主导型交易中,LP通常因资金短缺而以较低价格出售份额;目前,LP主导型交易多以战略性调整资产配置为主要目的,由母基金等基金出资方牵头发起。

GP主导型交易在传统私募股权二级市场中并不常见。在传统私募股权二级市场中,GP的职责基本只是同意LP转让基金份额;而在当今私募股权二级市场中,GP作为重要的利益相关方,通常协助LP进行基金估值、投资组合尽调等工作。目前,随着私募股权二级市场的发展,GP主导型交易的数量显著增加。2016年,GP主导型交易量只占私募股权二级市场总交易量的19%;2020年GP主导型交易量首次超过LP主导型交易量,占总交易量的50%以上(数据来源:Lazard);2021年,GP主导型交易量占总交易量的52%,交易金额达到680亿美元(数据来源:Jefferies)。

GP主导型交易相较LP主导型交易更为复杂,同时也拥有更多的收益回报。GP主导型交易中部分交易模式如下。

(1)要约收购(tender offer)

GP根据LP提供的转让份额等信息向潜在买家发起竞标,然后选择一位买家并询问LP是否接受其要约,整个交易由GP掌握和主导。应用场景:LP有转让意向,但其自身无法找到合适买家,因此交易落地由GP主导完成。

(2)基金重组(fund restructuring)

基金重组是指当老基金载体即将到期而GP无法按时退出投资项目时,通过搭建新基金载体从而继续原有投资活动的创新交易模式。应用场景:基金到期仍想要继续投资活动的折中操作。

(3) 捆绑式(stapled)交易

捆绑式交易指新老基金的捆绑销售,通常在 GP 筹集新基金时出现。卖方在收购 GP 管理的老基金份额时,还需承诺对该 GP 筹集的新基金出资。应用场景:基金募集与转让退出的绑定操作。

(4) 直接型交易(direct secondary)

直接型交易指通过转让 GP 对企业的直投或直投组合而非基金份额,进而出售对企业的直接所有权的交易方式。应用场景:基于具体项目股权的直接转让。

(5) 管理团队拆分型(spin-off)交易

管理团队拆分型交易是直接型交易的变体,指的是买方 LP 收购投资组合时,支持其管理团队离开原公司并成立独立的私募股权公司。应用场景:原 LP 份额转让的同时原 GP 也可以退出。

2. 主要交易资产类型

中国私募股权二级市场目前的主要交易资产类型为成长基金,相较于海外私募股权二级市场类型较为单一。海外私募股权二级市场的交易资产类型较为丰富。以 2021 年为例,根据 Greenhill 发布的数据,并购基金是海外私募股权二级市场中最主要的交易资产类型,占比 65%;其次是风险基金/成长基金,占比 18%;房地产基金、基础设施基金、信贷基金占比较小,分别占 6%、5%、2%;包括母基金/S 基金在内的其他基金占比 4%。虽然母基金/S 基金在交易资产中占比较小,但由于近几年新成立的优质 S 基金的迅速增长使得该部分资产供给增加、市场交易价格提升,所以母基金/S 基金的交易价格在 2020—2021 年大幅上涨。

3. 海外私募股权二级市场主流买方机构

目前,全球私募股权二级市场的买方主要集中在北美以及欧洲地区。以 2021 年为例,在全球私募股权二级市场的买家中,北美买家占比 67.9%,欧洲买家占比 30.4%(数据来源:Setter Capital)。海外私募股权二级市场部分主流买方机构如下:黑石集团(The Blackstone Group)、LGT Group Foundation、Ardian、合众集团(Partners Group)、汉领资本(Hamilton Lane)、汉柏巍(Harbour Vest)、列克星敦合伙公司、科勒资本、Whitehouse Liquidity Partners。

【案例讨论】

1. S 交易的难点在哪里?
2. S 交易对监管有什么启示?
3. 我国培育 S 基金有什么意义?

【参考文献】

[1] 郭艳芳.论"穿透式"监管原则在私募基金监管中的适用[J].证券市场导报,2018(12):68-75.

[2] 杨晓彤."上市公司+PE"并购:合作模式、风险与对策[J].国际商务财会,2018(12):28-31.

[3] 杨超,谢志华,宋迪.业绩承诺协议设置、私募股权与上市公司并购绩效[J].南开管理评论,2018,21(6):198-209.

[4] 王建伟,钱金晶.并购重组市场化改革问题及监管对策研究——基于深市并购重组交易的经验数据[J].证券市场导报,2018(10):44-51.

[5] 陈磊.产业投资基金的积极作用[J].中国金融,2017(24):53-54.

案例3 基础设施开发新模式——REITs基金

【案例内容】

1. 基本概念

REITs(Real Estate Investment Trusts,不动产投资信托基金)是一种以基础资产的未来现金流收益为支持发行收益凭证,汇集投资者资金,由专业投资机构进行经营管理,并将收益按比例分配给投资者的信托基金。

具体投资流程为:REITs 以基础资产所产生的未来现金流收益为偿付支持,通过结构化方式的 SPV(Special Purpose Vehicle,特殊目的载体)进行信用增级,并发行资产支持证券,从而盘活存量资产。证券公司与基金公司子公司筛选优质基础资产,并发行相应 ABS(Asset-Backed Securities,资产支持证券)。其中现金流来自与基础设施项目有关的租金、收费等各类收入。特殊目的载体的作用是在资产证券化的过程中,购买、包装底层资产并将其聚合成一个资产池,从而达到信用增级的目的。最后,取得公募基金管理资格的证券公司(含资管子公司)或基金管理公司(基金发行主体与 ABS 发行主体需隶属于同一实际控制人),在交易所发行公募 REITs 基金并投资于上述资产证券化产品。

通俗来说,相当于基金经理找来投资者,用募集来的钱投资房地产或者基建项目,这些项目会产生一定的回报,比如租金,在扣除了基金经理的管理费等后,将赚到的钱分给大家。这个基金经理则是 REITs 管理公司,其工作是管理该房地产信托基金,并向其股东征收管理费,扣除相关费用后,向其股东定期发放分红。如果管理得当,通过这些房地产投资项目可以得到可观的固定收益。

2021 年 6 月,全国首批 9 只公募基础设施 REITs 正式上市交易,均实现了超额配售。11 月,第二批的 2 只基金也成功发行。2022 年 2 月 9 日,北京市通州区发布了"REITs 十条",支持基础设施领域不动产投资信托基金加快发展,全面提升新基建、园区开发、公共服务设施、保障性租赁住房等投资建设领域金融服务功能,促进优质基础设施资产良性循环。

2. 我国 REITs 市场的发展历程

(1) 初步探索期(2001—2013 年)

这一阶段我国 REITs 市场主要处于探索和研究阶段,境内并无正式 REITs 产品上市。2004 年,《国务院关于推进资本市场改革开放和稳定发展的若干意见》发布,我国开启了资产证券化业务的探索。2007 年以央行为代表的多个 REITs 专题研究小组成立了,这意味着中国监管部门开始了中国境内 REITs 市场的研究建设工作。从市场来看,这一阶段以境外发行的 REITs 和银行间 REITs 产品为主,代表产品有越秀 REITs、凯德商用中国信托、天房集团保障房计划等。

(2) 类 REITs 阶段(2014—2019 年)

这一阶段我国 REITs 市场不断成长完善,产品以类 REITs 产品为主。类 REITs 产品的实质仍是债务性融资。2014 年央行和中国银监会联合发布了《中国人民银行 中国银行业监督管理委员会关于进一步做好住房金融服务工作的通知》,提出积极稳妥开展 REITs。2015 年住建部发布了《住房城乡建设部关于加快培育和发展住房租赁市场的指导意见》,明确提出积极推进 REITs 试点。2018 年深圳证券交易所战略规划纲要提出全力开展 REITs 产品创新。截至 2020 年,类 REITs 产品累计发行 93 单,达 1 752 亿元,存量规模为 1 377.8 亿元。类 REITs 产品以商业不动产为投资标的,以私募方式发行,与覆盖商业不动产的 REITs 产品相比,类 REITs 产品还只是"半成品"。一方面,类 REITs 产品权益属性较弱,债权属性较高的优先级和夹层级分别占 3% 和 20%,平均收益率约为 5.5%;另一方面,类 REITs 产品以私募方式发行,投资门槛高,市场流动性不足。

(3) 公募 REITs 阶段(2020 年至今)

这一阶段我国 REITs 市场开始由私募的债务融资属性的类 REITs 产品,转向公募的权益融资属性的公募 REITs。我国在 2020 年 4 月启动了公募 REITs 在基础设施领域的试点工作,随后又出台了一系列的相关政策,尤其是 9 只基础设施 REITs 产品正式上市交易,这标志着基础设施公募 REITs 试点进程又向前迈进了关键一步。

我国公募 REITs 产品发行情况(2021 年 6 月—2022 年 3 月)如表 1 所示。

表 1 我国公募 REITs 产品发行情况(2021 年 6 月—2022 年 3 月)

发行时间	基金名称	规模/亿元	投资标的	基础资产
第一批 (2021 年 6 月)	富国首创水务 REITs	18.51	污水处理项目	合肥首创、深圳首创
	中航首钢绿能 REITs	13.39	固废处理项目	北京首钢生物质能源公司
	红土盐田港 REITs	18.41	物流园区	深圳盐港现代物流发展有限公司
	中金普洛斯 REITs	58.37	物流园区	普洛斯物流园
	博时蛇口产园 REITs	20.81	产业园区	万融大厦、万海大厦
	华安张江光大 REITs	14.95	产业园区	张江光大园
	东吴苏园产业 REITs	34.93	产业园区	国际科技园五期 B 区, 苏州工业园区 2.5 产业园一、二期
	平安广州广河 REITs	91.14	公路	广河高速(广州段)
	浙商沪杭甬 REITs	43.60	公路	杭徽高速公路(浙江段)
第二批 (2021 年 11 月)	华夏越秀高速 REITs	21.32	公路	汉孝高速
	建信中关村 REITs	28.83	产业园区	互联网创新中心 5 号楼项目、 协同中心 4 号楼项目、孵化加速器项目
第三批 (2022 年 3 月)	国泰君安临港产业园 REITs	10	产业园区	智造园区
	华夏交建 REITs	93.99	公路	嘉通高速
	国金铁建重庆渝隧 REITs	47.93	公路	渝遂高速(重庆段)
	鹏华深圳能源清洁能源 REITs	35	电厂	深圳能源东部电厂

【案例评析】

1. 公募 REITs 发行要点

① 80%以上投资于单一基础设施 ABS,且基础设施 ABS 持有基础设施项目公司全部股权。

② 基金通过 SPV(如基础设施 ABS 或项目公司)取得基础设施项目完全所有权或特许经营权。

③ 每年收益分配不得低于 1 次,收益分配比例不低于基金年度可供分配利润的 90%。

④ 基础设施项目原始权益人应当参与基础设施基金份额战略配售,战略配售比例不得低于本次基金份额发售数量的 20%,且持有基础设施基金份额的期限自上市之日起不少于 5 年。

⑤ 扣除向战略投资者配售的部分后,基础设施基金份额网下发售比例不得低于本次公开发售数量的 70%。

⑥ 基金可对外借款,但不得超过基金资产的 20%,且借款用途限于项目维修、改造等。

2. 政策要点

① 重点区域:优先支持京津冀、长江经济带、雄安新区、粤港澳大湾区、海南、长三角等;支持国家级新区、有条件的国家经开区。

② 重点行业:优先支持基础设施补短板行业,包括仓储物流、收费公路、机场港口等交通设施,水电气热等市政工程,城镇污水垃圾处理、固废危废处理等污染治理项目;鼓励信息网络等新型基础设施,以及国家战略性新兴产业集群、高科技产业园区、特色产业园区等开展试点。请注意这里的基础设施不包含住宅和商业地产。

3. 发行管理

① 各省发展改革委主要从项目是否符合国家重大战略、宏观调控政策、产业政策、固定资产投资管理法规制度,以及鼓励回收资金用于基础设施补短板领域等方面出具专项意见。

② 在省发展改革委出具专项意见的基础上,国家发展改革委将符合条件的项目推荐至中国证监会,由中国证监会、沪深证券交易所独立履行注册、审查程序,自主决策。中国证监会的各省区市派出机构、沪深证券交易所与省发展改革委加强协作,做好项目遴选与推荐工作。

③ 中国证监会制定公开募集基础设施证券投资基金相关规则。沪深证券交易所比照公开发行证券相关要求建立基础设施资产支持证券发行审查制度。中国证监会的各省区市派出机构、沪深证券交易所、中国证券业协会、中国证券投资基金业协会等有关单位对基础设施资产支持证券发行等环节相关参与主体进行监督管理。

REITs 已经在美国等许多国家发展为成熟的市场,借鉴并对比这些成功国家的经验,我国的 REITs 在以下方面还存在一些问题。

(1) 缺乏相关法律规定

我国尚未建立起关于 REITs 的法律架构。虽然我国现有的《中华人民共和国公司法》《中华人民共和国信托法》《中华人民共和国证券投资基金法》《信托投资公司资金信托管理暂行办法》可以作为参考,但它们并不能为 REITs 提供明确的法律保障,在没有相应法律保障的情况下,国内的REITs将存在一定的法律风险。

要明确SPV的法律主体地位。SPV的法律主体地位是否清晰明确,是决定其是否能够实现真实出售、破产隔离的关键所在。我国现行类REITs所使用的SPV以资产支持计划为主,但专项计划的法律地位模糊,其究竟是属于合同关系还是独立实体,在法律界仍然存在不小的争论。因而基础资产向SPV的转让虽然获得了监管层的认可,但在法律上是否可对抗第三人,还存在一定的不确定性。通过相关立法确定我国SPV的组织形式和主体地位,完善我国的REITs并引导市场从主体信用走向资产信用,是现阶段必须解决的事情。

(2) 缺乏专门的税收优惠政策

目前国内还没有就类REITs产品制定专门的税收优惠政策,类REITs产品设计时需要将资产装入私募基金,涉及土地增值税、企业所得税、营业税、契税、房产税等税收负担,特别是资产重组时土地增值税会导致重组成本过高。而且企业和投资人的所得税不能减免,这就给国内REITs的投资回报率带来了很大压力。而税收优惠政策是项目发行方是否选择REITs方式进行融资的核心要素,关乎REITs产品整体的成本和效益,配套的税收优惠政策是影响REITs吸引资金的重要因素,可以使得原始持有人增加持有意愿,也是政府用来实现刺激推动和稳定REITs市场健康快速发展目标的重要工具。

首先,需要解决基础资产经营过程中面临的双重征税问题。以经营性物业为例,在REITs需要收取增值税、房产税和所得税3笔税收时,分配投资者后还需缴纳企业或个人所得税。虽然业界已经为此找出了市场化的对策,但也导致了操作的复杂化,并且由于各方面政策的限制,能否起到避税效果也存在不确定性。可以向国外学习,一方面设定好REITs的最低收益组成比例及收益分配比例要求,另一方面免去SPV层面的税负,即体现"税收中性"的优势。

其次,在转让阶段,可以在国家鼓励的领域有针对性地给予税收优惠,以刺激REITs在该领域的使用和发展。比如在租赁住房(包括保障房)领域可以探讨将土地使用权转移(或项目公司股权转移)时产生的土地增值税、所得税等进行减免或递延。在基础设施领域,可以将其转让时产生的所得税进行减免或递延。此外,还可以参考企业上市评估增值税费的征收方式,不在资产"上市"之时征收所得税,而是在原始权益人在二级市场转让易变现时再征收,使更多发行人愿意将资产先行"入池"。

最后,对于基础设施及PPP(政府和社会资本合作模式)项目,可探讨对其财政付费类的收入进行税收豁免,以加强项目的现金流。

(3) 仅对机构投资者开放

目前国内的REITs仅对机构投资者进行销售,而海外REITs的投资门槛较低,通常对个人投资者也开放;不断丰富投资人结构,引入成熟市场投资人,有利于资产市场的规范化和发展,也有利于提升市场流动性。建议鼓励QFII(合格境外机构投资者)资金参与投资,形成新的发展助力。

(4) 转让门槛高

国内REITs的转让门槛非常高,限制了产品的流动性。例如,中信启航产品的优先级受益凭证每次转让额度不低于500万元,劣后级受益凭证不得低于3 000万元。为了缓解流动性、大额交易带来的压力,建议推进做市商机制,引入大宗交易方式,稳定价格和流动性。

【案例讨论】

1. 如何对 REITs 进行监管？监管的主要对象是证券还是基金？
2. REITs 与基础设施债券相比有什么优势？强制分红有什么好处？
3. 投资 REITs 应注意哪些风险？REITs 会在中国取得成功吗？

【参考文献】

[1] 李雪灵,王尧.基础设施投资管理中的 REITs:现状、问题及应对策略[J].山东社会科学,2021(10):77-83.

[2] 张捷.公募 REITs:基础设施融资新方式[J].宏观经济管理,2021(8):14-21.

[3] 彭琨.基础设施公募 REITs 投资思考[J].中国金融,2021(5):36-38.

[4] 孟明毅.不动产信托投资基金的美国经验借鉴[J].经济与管理评论,2020,36(1):124-136.

案例 4　对赌协议方式下的私募股权投资案例
——小米、俏江南的对比

【案例内容】

　　私募股权投资是企业融资的重要途径,然而在私募股权投资的过程中存在着高度信息不对称的问题,其是一种兼具高回报和高风险特征的投资,具有极大的不确定性。投融资双方通过签订对赌协议的方式来解决信息不对称问题,降低投资的风险,激励融资方积极经营企业,防止对赌失败给企业带来损失。因此,研究如何合理地应用对赌协议进行私募股权投资具有重要意义,本案例选取了小米与晨兴资本对赌成功案例和俏江南与鼎晖投资对赌失败案例,将对赌协议方式下的私募股权投资成败案例进行对比分析。

1. 晨兴资本投资小米案例

(1) 小米与晨兴资本对赌动因分析

　　融资方是于 2010 年 3 月成立的小米科技有限责任公司(以下简称"小米"),其主要业务是智能手机的研发,投资方是我国最早的风投机构之一晨兴资本。小米与晨兴资本对赌的原因主要有两个:一是处于发展期的小米快速成长,需要采取高风险融资满足大量的资金支持;二是晨兴资本的卓越投资能力与支持小米长远发展的投资理念能够给予处于初创期的小米足够的发展空间,其获得了小米的认可。

(2) 小米与晨兴资本私募股权投资对赌过程

　　对赌前:依据法律小米将股票划分为 A 类和 B 类两类,其中 A 类股票拥有 B 类股票 10 倍的表决权,小米的创始人雷军和林斌几乎掌握了全部的 A 类股票,拥有 91% 的表决权。但为了降低晨兴资本投资的风险,对赌协议条款规定五年内小米若未完成发展目标,投资方将撤资,小米会面临转移所有权的风险。小米与晨兴资本在签订对赌协议前,根据小米的经营绩效和产业地位等确定了其估值,结合融资规模拟定了对双方相对公平和可降低共同风险的对赌条款。

对赌中:2010年晨兴资本与小米双方签订了对赌协议,晨兴资本获得小米17.19%的股权,晨兴资本与小米在对赌协议中的标的是业绩承诺和上市时间,业绩承诺以销售额衡量,具体条款规定了小米从2011年至2015年由低到高的销售目标,防止某一年份因业绩压力过大而无法完成业绩目标。合理的上市时间与业绩目标紧密结合,在完成每阶段业绩目标的基础上更易推动上市任务的完成。

对赌后:小米与晨兴资本对赌成功,成功地完成了对赌协议中的业绩目标与上市任务,顺利地得到了晨兴资本2 500万美元的资金。合理的估值在对赌中起到重要的作用,小米在确定业绩对赌目标时,一方面考虑小米产品主打高性价比战略路线,利润相对低,所以估值不宜过高;另一方面,由于智能手机行业竞争激烈、互联网企业增长缓慢等发展现状,小米选择了互联网企业的思维估值模型。晨兴资本以对赌方式投资小米后,小米业绩持续增长,最终在2018年成功上市,在香港交易所小米成为首家同股不同权的上市企业,同时也是规模最大的科技股上市公司。

2. 鼎晖投资投资俏江南案例

(1)俏江南与鼎晖投资对赌动因分析

融资方是于2000年在北京开业的俏江南,投资方是于2002年成立的我国顶尖另类资产管理机构之一鼎晖投资。俏江南引入鼎晖投资的对赌资金的原因有两个。一是俏江南处于迅速扩张时期,对资金的需求量大。2008年金融危机后大量资金流入餐饮行业,在全聚德、小肥羊等餐饮企业纷纷上市后,高端餐饮品牌俏江南的管理层决定扩张规模,但由于银行贷款门槛高、限制多,俏江南选择以与鼎晖投资订立对赌协议的方式引入私募股权资金,以为扩张筹集大量资金。二是俏江南处于业务扩张期,为提升品牌知名度,决定与著名的投资机构鼎晖投资合作以扩大影响力,同时鼎晖投资也能为俏江南扩张规模提供更专业的建议。

(2)俏江南与鼎晖投资的对赌过程

对赌前:2008年金融危机后大量资本涌入餐饮业,短时间内红杉资本、IDG等投资机构投资餐饮企业并顺利于港股、A股上市,中国餐饮行业一片向好的趋势给了拥有奥运会供应商标签的俏江南充分的信心,俏江南的创始人张兰接住了资本的橄榄枝,确定与鼎晖投资进行合作。

对赌中:2008年俏江南与鼎晖投资签订了对赌协议,鼎晖投资向俏江南投入了约2亿元,得到了俏江南10.53%的股权。根据双方签订的对赌协议条款,俏江南只需要于2012年完成上市目标,并未约定业绩要求。对赌协议要求俏江南于2012年年底前完成上市,否则将触发股权回购条款,俏江南将失去对公司的控制权。单一的对赌目标为公司按目标推进业绩提升提高了难度,也使公司的压力集中于后期准备上市阶段,增加了对赌失败的风险。

对赌后:2011年俏江南向中国证监会提交了上市申请,但由于餐饮业使用现金交易较多,无法可靠计量其销售量与成本和考察其报表的真实性,故中国证监会停止了对俏江南的审核。在A股上市的希望破灭后,张兰开始寻求港股上市的机会,但中央八项规定的出台使得定位于高端餐饮服务的俏江南的经营受到了巨大的打击,经营业绩也受到了较大的影响,俏江南未达到上市的要求。俏江南与鼎晖投资的对赌融资以失败告终,俏江南的创始人张兰失去了对俏江南的控制权。

【案例评析】

造成小米和俏江南对赌方式下的私募股权投资结果差异的原因主要是成长阶段不同、对赌条款设计不同、管理层对企业价值评估的能力不同。

1. 成长阶段不同

在行业发展方面,小米在 2011 年引入私募股权融资时,手机行业正处于一个快速发展的时期。在市场结构上,手机品牌众多且占市场份额小,小米具有巨大的市场发展潜力。在市场需求上,高性价比的小米手机具有明显的价格优势。小米把握了手机行业迅速发展的时机,具有自身鲜明特征的小米成功地在手机行业分得了一碗羹。而俏江南在签订对赌协议时,餐饮行业正趋于成熟,不同餐饮品牌竞争激烈,俏江南只专注于餐饮行业的高端市场,在行业竞争加剧的情况下,俏江南的消费价格明显偏高,其不具备独特卖点,在餐饮行业竞争中处于不利地位。

在经营策略方面,小米一直致力于从成本、研发、质量等多个方面打造自身的品牌优势。反观俏江南,则采取了一味扩张的经营策略,二线城市的俏江南分店利润不及预期,且目标消费群体小众化。在政策出台后,俏江南在高端餐饮市场遇冷,虽然尝试了外卖、电商等转型,但其高昂的成本使得其转型失败。

2. 对赌条款设计不同

小米和俏江南的对赌目标选择和结构存在差异,小米对赌条款设计的合理性体现在三方面:一是小米选择了销售业绩和上市目标为对赌的目标,按照不同阶段的业绩最终推动上市目标完成,避免了管理者为某一对赌目标做出短视行为,以防急功近利的经营行为危害小米的持续发展;二是分散目标完成的压力,逐年增长的销售额目标避免了压力集中于某阶段;三是对赌目标由低到高确定销售额,能够帮助管理层和投资者了解公司的发展情况,修订对赌条款,做到及时止损。

反观俏江南,其对赌目标的设置缺乏合理性,俏江南将短期内上市作为对赌目标,上市的成败直接关系到对赌的成败,具有极大的风险性;缺乏业绩对赌目标,忽视了企业的长远发展。俏江南和鼎晖投资在对赌过程中,主要关注上市这一单一目标,未充分考虑长期发展目标,忽略了长期经营业绩,导致了企业在面临突发的市场风险、政策变化时没有预警能力和抵抗能力。

3. 管理层对企业价值评估的能力不同

小米在签订对赌协议前,在进行了充足的市场调研后选择了适合小米的互联网公司估值模型进行估值,明确了小米在智能手机研发行业的产业链地位和市场发展潜力。小米在明晰了智能手机市场的需求和待融资数额后,在对赌协议规定的时间范围内完成了业绩条款要求,并成功上市,顺利跻身市场领先地位并一直处于行业前列。

俏江南在与鼎晖投资进行对赌融资时高估了自身的价值,主要原因是管理层对企业的未来发展盲目自信,未聘请估值机构进行专业的价值评估,估值的不合理使双方在订立对赌协议时选择了将短时间内上市作为单一的对赌目标。这一上市的对赌目标给俏江南带来了极大的压力,最终俏江南未能达成上市目标,导致管理层丧失了对俏江南的控制权,损失惨重。

【案例讨论】

1. 同样是对赌方式下的私募股权投资,晨兴资本投资起步不久的小米为何会成功?而被看好的俏江南与鼎晖投资的对赌为何会失败?
2. 在私募股权投资中引入对赌协议的风险有哪些?如何有效控制这些风险?
3. 对赌协议是"馅饼"还是"陷阱"?针对对赌协议的利与弊探讨在私募股权投资中企业应如何合理运用对赌协议。

【参考文献】

[1] 关静怡,刘娥平.股价高估、业绩承诺与业绩实现——基于上市公司对赌并购的经验证据[J].财经论丛,2021(7):68-78.

[2] 邱国栋,汪玖明.风投运作变异的本土分析与治理对策——基于"对赌协议"的研究[J].中国软科学,2020(11):26-41.

[3] 刘臻煊,朱考金,柯迪.对赌协议、利益不一致与企业创新投入[J].科技进步与对策,2020,37(20):10-19.

[4] 饶斌,周晓波.上市公司并购重组的对赌协议规划及风险控制[J].江西社会科学,2020,40(3):211-220.